JN312178

川端基夫
KAWABATA Moto'o

日本企業の
国際フランチャイジング
新興市場戦略としての可能性と課題

新評論

はじめに

　国際フランチャイジングの研究は、アメリカを中心に1970年代から着手されてきたテーマである。しかし、日本では実態の進展が遅れてきたこともあり、まとまった研究がなされてこなかった。本書は、この問題に正面から取り組んだ、わが国で最初の研究書である。

　さて、フランチャイジングと聞いてまず思い起こされるのは、街中で目にするコンビニエンス・ストア（以下コンビニ）や外食チェーンの店舗であろう。それらの看板は、いまや日本の風景の中にすっかり溶け込んでしまった感も強い。しかし、近年では、そのような馴染みのある看板を新興市場で目にすることも増えてきた。つまり、フランチャイズ企業の海外進出が急増してきているのである。

　この背景には、少子高齢化や人口減少の影響で、日本市場ではこれ以上の成長が期待できなくなったという認識が広がってきていることがある。要するに、各企業は国内市場に見切りをつけ、自社の将来を海外市場（特に新興市場）の開拓に託するようになり始めたのである。したがって、海外進出は、小売業や外食業のみならず、学習塾チェーンやウェディングサービスといった少子化の影響を受けやすい企業にも拡大してきている。

　もちろん、こういった日本の流通・サービス業の海外進出は、百貨店やスーパーを中心に以前から見られたものであり、筆者もすでに1990年代までの傾向についてはまとまった分析を済ませている（拙著『小売業の海外進出と戦略』新評論、2000年など）。しかし、特に2000年以降（21世紀以降）の進出傾向は、次の三つの点でこれまでとは異なったものとなってきている。

1点目は、進出する業態の変化である。1990年代までは百貨店やスーパーによる海外進出が主流であったが、2000年以降は専門店やコンビニあるいは外食チェーンといった、より小型の店舗を多数展開する業態の国際化が中心になってきている。特に、コンビニや外食企業の中には海外店舗数が国内を上回る企業も出現している。

2点目は、進出形態（市場参入モード）の変化である。百貨店やスーパーなどは直接投資による進出を行ってきたが、専門店、コンビニ、外食といった多店舗展開型の業態の進出では、投資を伴わない「フランチャイズ」方式の採用が増大してきている。フランチャイズは「契約」による技術移転が基盤となっているため、その増大は「投資による国際化」から「契約と技術移転による国際化」への転換が進みつつあることを意味する。

3点目は、消費財メーカーによるフランチャイズ方式での海外市場進出である。国内市場の縮小は、消費財メーカーにとっても深刻な課題となってきている。そのため、従来のように現地の小売店に任せて（小売店に卸売りを行って）商品を販売するだけでなく、メーカー自らが自社商品の専門店を現地で多店舗展開し、海外の消費市場で自社商品のブランド確立を行うケースが見られ、その手段として投資負担の少ないフランチャイズ方式を採用するようになってきているのである。つまり、流通業の国際化の担い手は、小売企業のみならず消費財メーカーにも拡大しつつある。

これらの変化は、流通・サービス分野の国際化のあり方そのものが変化してきたことを意味するが、それと同時に、日本の流通業の国際化研究の視点を、小売国際化から国際フランチャイジングへと拡大すべきことをも示している。

実は、これまでの流通業の国際化研究には、イギリスを中心とする欧州で発展してきた「小売業の国際化研究」の視点と、アメリカで発展してきた「フランチャイジングの国際化研究」の視点とが存在してきた。欧州では、各国の市場規模が小さいこともあり、小売業の海外進出（越境現象）が古くから多数確認されてきた。そのため、小売業の国際化研究が盛んとなってきたのである。フランチャイズ企業の国際化現象も、小売国際化研究の枠組みの中で捉えられ

てきた。

　一方、アメリカではフランチャイジングの歴史が長く、小売業のみならず外食やホテル、各種サービス業など様々な分野にフランチャイジングが浸透してきた。海外進出についても、外食やホテル、コンビニといったフランチャイズ企業の国際化が一般の小売業（百貨店やスーパー）の国際化よりも先んじて拡大してきたことから、フランチャイジングの国際化研究が中心を成してきた。

　では、日本はどうかというと、流通業の国際化は小売業（特に百貨店）の領域で先行的に進んできた歴史があり、フランチャイジングの国際化が遅れてきたことから、イギリス流の小売国際化研究の視点が受容されてきた。その結果、アメリカ的な国際フランチャイジングの研究が大きく遅れてきたのである。

　しかし、先に述べたような近年の三つの変化は、小売国際化の枠組みの中で捉えるよりも、国際フランチャイジングの枠組みの中で捉えるべきものであることは明らかである。つまり、日本においても国際フランチャイジング研究への着目が必要となってきているのである。

　本書は、このような現状認識と問題意識に基づき、国際フランチャイジング（フランチャイズ方式での国際化）という観点から、これまでの流通・サービス分野の国際化（海外市場進出）を捉え直し、理論的検討と実態の分析を通して、その可能性と課題を検討したものである。本書が新しい時代の日本企業の国際化行動を正しく捉え、これから海外市場をめざす企業の戦略立案の一助となることを願っている。

もくじ

はじめに 1

第1章 拡大する国際フランチャイジングと本書のねらい　13

1　フランチャイジングとは何か……………………………………13
2　国際フランチャイジングとは何か………………………………16
3　マスター・フランチャイジングの3類型………………………19
4　市場参入戦略としてのフランチャイジング……………………21
5　世界の国際フランチャイジングの現状…………………………23
6　日本の国際フランチャイジング…………………………………27
7　日本の国際フランチャイジングをめぐる新しい動き…………30
　（1）国内市場の縮小　30
　（2）途上国での関連法の整備　31
　（3）政府による支援姿勢　31
　（4）レギュラーチェーンによる
　　　国際フランチャイジングの開始　32
　（5）製造業による国際フランチャイジングの開始　32
　（6）アジアでの日本食ブームの高まり　32
8　国際フランチャイジング研究の意義……………………………33
　（1）「契約」による企業の国際化研究への貢献　34
　（2）小売ノウハウの国際移転研究への貢献　34
　（3）市場参入戦略研究への貢献　35
　（4）小売国際化研究への貢献　35
　（5）アントレプレナー研究への貢献　36
9　本書のねらい………………………………………………………37

第2章 日本の国際フランチャイジングの歴史と特性　39

1　日本における発展の歴史を捉える意義…………………………39

2 日本のフランチャイジングの黎明……………………………39
  3 日本における「フランチャイジング」の意味………………41
  4 初期の日本のフランチャイジング特性………………………45
  5 外資によるビジネス・フォーマット型
    フランチャイジングの開始……………………………………47
  6 日本の国際フランチャイジングの幕開け……………………52
  7 外食チェーンによる国際フランチャイジングの発展史……56
  8 コンビニ企業による国際フランチャイジングの歴史………61
  9 専門店・サービス業による国際フランチャイジングの歴史……64
    (1) ファッション関連企業による
        国際フランチャイジングの歴史　64
    (2) その他の専門店・サービス業による
        国際フランチャイジングの歴史　68
 10 歴史から捉えた日本の国際フランチャイジングの特徴……72

第3章 日本の国際フランチャイジングの現状と特徴　73

  1 外食の国際フランチャイジングの現状………………………73
    (1) 出店数──味千ラーメンと吉野家の中国集中出店　73
    (2) 進出先──アジアへの偏りと中国進出の急増　77
    (3) 進出形態──直接投資（子会社・合弁）での進出の多さ　78
    (4) 海外事業の担当組織の強化　79
  2 コンビニの国際フランチャイジングの現状…………………81
    (1) 店舗数──ファミリーマートが突出　81
    (2) 進出先──東アジア、特に韓国と台湾への偏り　84
    (3) 進出形態──直接投資（子会社・合弁）での進出の多さ　85
    (4) 商社の影響　87
  3 専門店・サービス業の国際フランチャイジングの現状……89
    (1) 店舗数──公文による海外進出が突出　89
    (2) 進出先──欧州や中東、豪州、南米などへの拡大　92
    (3) 進出形態　93
    (4) 中国市場での製販分離　95

第4章 欧米での研究の系譜と理論的課題　　97

1　研究の概観……………………………………………………97
2　国際化研究の始まりと実態への関心………………………100
3　進出要因・意思決定や進出手法に関する関心……………105
4　国際フランチャイジングの理論への関心…………………108
　（1）資源ベース理論（Resource-Based Theory）　110
　（2）エージェンシー理論（Agency Theory）　112
5　個別企業の進出後のオペレーション実態に対する関心…115
6　新しい研究視角の登場………………………………………116
7　新興市場への進出研究………………………………………117
8　欧米での研究の特性…………………………………………118
9　日本企業の国際フランチャイジング研究の理論的課題…122

第5章 フランチャイジングの理論的分析フレーム
　　　　──主体特性と統治の観点から　　125

1　国際フランチャイジング研究の課題………………………125
2　フランチャイズ・システムと特性の捉え方………………127
　（1）商品のオリジナリティをベースとする海外進出　129
　（2）ノウハウのオリジナリティをベースとする海外進出　130
3　システムのブランド価値の管理と
　　組織の「統治（ガバナンス）」問題………………………130
4　フランチャイズ・システムの分析フレーム
　　──ガバナンスの手段と強さ………………………………134
5　本部による統治と直営比率、そしてマニュアル化………137
6　個別企業の戦略的なガバナンス問題
　　──何を統治し、何を統治しないのか……………………139

第6章 ノウハウ依存型システムのガバナンス問題
―コンビニと学習塾の実態から― 143

1 実態分析にあたって………………………………………………143
2 ノウハウ依存型システムの特性と
　ガバナンス・レベルとの関係……………………………………144
3 日系コンビニの国際フランチャイジングにおける
　ガバナンス問題……………………………………………………146
　（1）コンビニの主体特性とフランチャイズ化　146
　（2）日系コンビニの直接投資の多さとガバナンス　147
　（3）サブ・フランチャイジングにおける直営店比率の高さと
　　　ガバナンス　151
　　　　タイの場合　152
　　　　中国の場合　154
　　　　台湾の場合　156
4 学習塾の国際フランチャイジングにおけるガバナンス問題……158
5 まとめ………………………………………………………………160

第7章 商品依存型システムのガバナンス問題
―製販一体型専門店の実態から― 163

1 商品依存型システムの特性とガバナンス・レベルとの関係……163
2 ファッション専門店の主体特性とガバナンス……………………165
　（1）ファッション専門店の主体特性　165
　（2）ファッション専門店のガバナンスのあり方　167
3 日系ファッション専門店の国際フランチャイジングにおける
　ガバナンス…………………………………………………………168
　（1）子会社からストレート・フランチャイズへ　169
　（2）ストレート・フランチャイズから子会社へ　170
　（3）ファッション専門店にとっての
　　　ストレート・フランチャイズ方式の可能性　172
　（4）サブ・フランチャイジングの未発達　173
　（5）進出形態とファッション専門店のガバナンス　174

（6）進出先の市場特性とフランチャイジングの可能性　175
　　　（7）欧州のファッション専門店の国際化実態　178
　4　自動車ディーラーの国際フランチャイジングにおける
　　　ガバナンス実態……………………………………………………179
　　　（1）自動車ディーラーの主体特性　179
　　　（2）自動車メーカーによる国際フランチャイジングの
　　　　　ガバナンス実態　180
　　　（3）ディーラーによる国際フランチャイジングの実態　182
　5　100円ショップの国際フランチャイジングにおける
　　　ガバナンス問題……………………………………………………184
　　　（1）100円ショップの主体特性とガバナンス　184
　　　（2）100円ショップの国際フランチャイジング実態　187
　6　スポーツ用品メーカーによる国際フランチャイジングにおける
　　　ガバナンス問題……………………………………………………189
　　　（1）スポーツ用品店の主体特性　189
　　　（2）スポーツ用品店の国際フランチャイジング実態　190
　7　まとめ………………………………………………………………192

第8章　中間型システムのガバナンス問題
　　　——外食企業の実態から（味千ラーメンと吉野家を中心に） 195

　1　中間型システムとは………………………………………………195
　2　味千ラーメンと吉野家の国際フランチャイジング……………196
　3　味千ラーメンの国際フランチャイジング実態…………………199
　　　（1）味千ラーメンとはどのような企業か　199
　　　（2）味千ラーメンの国際化と中国進出の経緯　201
　　　（3）「ラーメンレストラン」業態の創造　203
　　　（4）トンコツスープはなぜ受容されたのか　205
　　　（5）中国事業のキーパーソン　206
　　　（6）ガバナンスとインセンティブ　207
　　　（7）リスクを回避する仕組み　209
　　　（8）しなやかなガバナンスをめざして　210

4　吉野家の国際フランチャイジング実態……………………………212
　　　(1) 吉野家とはどのような企業か　212
　　　(2) 吉野家のアメリカ進出　214
　　　(3) 吉野家のアジア進出　215
　　　(4) 海外展開の仕組みと海外パートナーの重要性　216
　　　(5) 海外パートナーの選定基準　218
　　　(6) アメリカ事業がもたらしたグローバルモデル　219
　　　(7) 台湾事業がもたらしたグローバルモデル　222
　　　(8) 吉野家におけるガバナンス　224
　　5　味千ラーメンと吉野家に見る中間型システムのガバナンス……225

結　章　国際フランチャイジングの発展に向けて　　　　　227

　　1　本書を終えるにあたって……………………………………………227
　　2　主体特性とガバナンスの関係………………………………………228
　　　(1) 主体特性と戦略的方向性　228
　　　(2) 新たな戦略的模索をめざして　229
　　3　今後の国際フランチャイジングの課題
　　　　──海外市場での新たな価値創造をめざして……………………231
　　　(1) 海外パートナー企業に関する問題　232
　　　(2) 海外店舗オーナーに関する問題　232
　　　(3) 店舗開発に関する問題　233
　　　(4) 商品調達に関する問題　234
　　　(5) 法規制に関する問題　234
　　　(6) 従業員・人材に関する問題　234
　　　(7) 知的財産の問題　235
　　　(8) ノウハウ移転のマニュアル化・システム化問題　235
　　　(9) 文化（制度・慣習レベル）に関する問題　235
　　　(10) 文化（地域暗黙知レベル）に関する問題　236

付表　日本企業による国際フランチャイジングのデータベース　237
　　付表1　主要外食企業の国際フランチャイジングの歴史　238
　　付表2　ファッション関連専門店の国際フランチャイジングの
　　　　　　歴史　250
　　付表3　ファッション関連以外の専門店・サービス業の
　　　　　　国際フランチャイジングの歴史　255

おわりに　262

参考文献一覧　266

日本企業の国際フランチャイジング
―― 新興市場戦略としての可能性と課題 ――

第1章

拡大する国際フランチャイジングと本書のねらい

1　フランチャイジングとは何か

　小売業や外食業、サービス業といった商品やサービスを一般の消費者(消費市場)に向けて販売する企業にとって、事業拡大に伴う販売拠点(店舗)の増大は不可欠である。企業成長と販売拠点増大は表裏一体の関係にあると言ってよかろう。販売拠点を増大する場合は、当然のことながら新たな販売拠点(店舗)の立地場所を自ら探索し、自社の資金で店舗を建設して、店長や店員も社員として自ら雇用するなど、マネジメント全般を自己責任で行うこととなる。したがって、これには、時間や手間、資金が必要となり、大きな事業リスクも発生する。

　しかし、店舗増大には別の手法もある。資本的に独立した販売業者(販売店)を「契約」によって組織化し、自社の看板(商標)を掲げさせて自社の商品やサービスを販売してもらう手法である。各店舗は同じ看板を掲げるため、一見すると自社の販売拠点(店舗)の体をなすが、基本的には個々独立した経営体である。この場合は、店舗開発や社員雇用・教育に要する時間と手間や資金が大幅に節約できるだけでなく、失敗時のリスクも減少する。したがって、新たな市場への進出といった意思決定も容易となる。つまり、時間とコストを

節約しつつ、リスクを抑えながらスピーディーに市場地域を拡大することが可能となる。前者のように自社の資金で販売拠点をチェーン化したものは「レギュラーチェーン」と呼ばれるが、後者のように「契約」によって販売拠点をチェーン化したものは広義の「フランチャイズ・チェーン」と呼ばれる。

　このフランチャイズにおける契約内容は、歴史的に見ると緩やかなものから次第に拘束力を強めたものへと進化してきており、それに伴って個々の販売拠点は単に「代理」的に販売する店（代理店）から「加盟店」と呼ばれるものへと変化してきた。例えば、フランチャイズの原型をつくったのは19世紀末の農機具メーカーの「マコーミック」やミシンメーカーの「シンガー」とされる（Hackett［1976］、Dicke［1992］）。それらは、自社製品の販売網をスピーディーに構築するために多くの独立した販売店を代理店として組織したが、これらは緩やかな企業間協定と言うべきものであり、本部と加盟店はほぼ対等な関係を保っていた。

　しかし20世紀に入り、自動車メーカーのフォード社が代理店への統制力をより強化していわゆるディーラー制（特約店制）を構築する頃から、両者の間には商品供給を媒介とした実質的な支配－被支配関係が生まれる。また、自動車の普及に伴って成長したガソリンを扱う石油精製会社「サン石油」も、同じ商標を外部の販売店（ガソリンスタンド）と共有することで商品にブランド価値を付加しつつ、一つの組織として統制を強化するスタイルを構築した。これらは1930年代のこととされ、このような経営形態が「フランチャイズ」の原型となっていくのである。

　その後、第２次世界大戦が終わって1950年代に入ると、メーカーのみならずホテルや外食チェーンが、商品そのものではなく、むしろ看板（商標）の貸与とノウハウの提供を契約の柱として独立経営者を組織化する手法を考案する。つまり、ホテルという施設全体やレストラン店舗全体（看板、施設・店舗デザイン、商品・メニュー・サービス、経営ノウハウなど）をワンパッケージにして提供し、それに対する何らかの対価（内容は多様）を受け取る手法であり、これも「フランチャイズ」の一つの形態となっていく。このタイプは、フラン

チャイズ・パッケージをそっくり提供する点で、経営者そのものを組織化するという意味が強まるのが特徴であろう。つまり、それまでの既存店の組織化とは異なり、店舗自体はゼロから立ち上げさせるのであって、いわばノウハウも顧客ももたない事業家をゼロから経営者に育成することが本部の重要な役割となったのである。我々がよく知るファーストフード店、その後に登場するコンビニもこのような手法をとっている。

さらに、不動産業界などでは、独立した事業者を同じ商標の下に組織し、本部が情報や教育サービス提供したり、統一した宣伝を行ったりして大手と対抗しようとするタイプも現れ、それもフランチャイズの一つと見なされるようになった。

以上のように、フランチャイズには三つのタイプが存在する。すなわち、最初に述べたメーカーが商標とともに商品を販売することを基本とする「製品・商標型フランチャイズ」(1)、次に述べた看板（商標）や店舗デザイン、商品・メニュー・サービス、ノウハウなどのパッケージの提供を基本とする「ビジネス・フォーマット型フランチャイズ」、そして最後に述べた不動産業界に見られる「コンバージョン型フランチャイズ」である。ただし、三つ目のコンバージョン型はビジネス・フォーマット型に含める場合も多いので、より一般的には、「製品・商標型フランチャイズ」と「ビジネス・フォーマット型フランチャイズ」の2区分が採用されている。本書も、それにならうこととする。

なお、商標や商品・ノウハウを供与する側の企業は一般に「本部（フランチャイザー、略してザー）」と呼ばれ、それらの供与を受ける側の独立経営者は一般に「加盟者（フランチャイジー、略してジー）」と呼ばれる。したがって、「フランチャイズ」とは、「本部（ザー）」と「加盟者（ジー）」との間で交わされる契約によって成立する企業組織の形態をさすと言える。そして、そのような組織形態で行われる事業のことを「フランチャイジング」と言うのである。

---

(1) これをプロダクト・フランチャイジングと呼ばれることも多いが、厳密にはプロダクト・フランチャイジングには商標貸与が含まれていないので、本書では「製品・商標型フランチャイジング」と呼ぶことにしたい。

2　国際フランチャイジングとは何か

　企業の成長に伴う販売拠点の増大＝商圏の地理的拡大は、やがては国境を越えた活動、つまり海外進出へと発展することも多い。そもそも加盟を希望する者は国内だけに存在するとは限らないため、海外の加盟希望者とフランチャイズ契約を結べば、それが海外進出（国際化）の始まりとなるからである。

　一般に、企業の海外進出には投資（資本移動）を伴うものと伴わないものとがある。後者の中の一つにフランチャイズ方式（契約）での海外進出があり、これを「国際フランチャイジング」と呼ぶ。つまり、企業（本部）が海外の企業または事業者（加盟者）との間で、商標や商品・ノウハウを供与する代わりに対価を受け取る「契約」を結び、その契約によって国境を越えて事業を拡大させていくことである。

　さて、国際フランチャイジングの歴史は戦後のアメリカから始まる。前述のビジネス・フォーマット型フランチャイズと呼ばれるスタイルを開発したのは、1950年代におけるアメリカのホテルや外食関係のフランチャイズ企業であった。例えば、ヒルトンホテルやマクドナルド、ケンタッキー・フライドチキンなどがその典型である。ケンタッキー・フライドチキンは1956年に、マクドナルドは1967年に共にカナダに進出したのが国際化の始まりである。

　国際フランチャイズ協会（International Franchise Association）[2]の調査によれば、1969年時点でアメリカのフランチャイズ企業の14％が国際化を遂げていたとされる。ただし、その進出先のほとんどは隣国のカナダであり、その点ではささやかな国際化であったと言える。しかし、その後はアジアや欧州にも進出して本格的な国際化が進み、1973年時点ではすでに208以上のフランチャイズ企業が9,500以上の加盟店を海外に有していたとされる（Hackett［1976］p.65）。もちろん、このころにはすでに日本にもマクドナルドやケンタッキー・フライドチキン、ウインピー、ミスタードーナツと言ったアメリカのフランチャイズ企業が進出していた。したがって、国際フランチャイジングが本格化するのは、

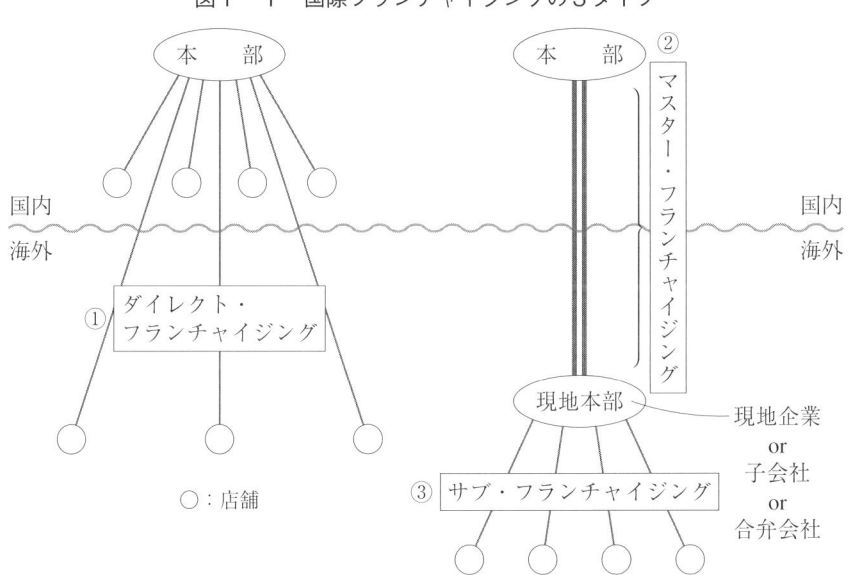

図1−1　国際フランチャイジングの3タイプ

（図：①ダイレクト・フランチャイジング、②マスター・フランチャイジング、③サブ・フランチャイジング。現地本部は現地企業or子会社or合弁会社。○：店舗）

1970年代以降のことである。このように国際フランチャイジングは、当初は母国でフランチャイジングを行う「フランチャイズ企業による国際展開」を意味した。

　ここで留意すべきは、国際フランチャイジングには、**図1−1**のごとく三つのタイプ（意味）が存在することである。

　まず一つ目のタイプ（意味）は、「ダイレクト・フランチャイジング」と呼ばれるものである。これは、アメリカからカナダ（主に国境隣接地域）に出店する場合のように、本部はアメリカに置いたままで隣国のカナダの事業者（ザー）ともフランチャイズ契約を結び加盟店になってもらうというものである。この場合は、カナダの加盟店もアメリカの本部が直接的に運営管理する（国内の延長で商品を供給したり、ノウハウ指導を行う）ことになる。しかし、アメリカから日本に進出するといった地理的懸隔が大きな場合は、アメリカの本部

---

(2) 国際と名が付くものの、実質的にはアメリカ合衆国の協会と見てよい。

からは直接的な運営管理が難しくなる。

　そのような場合に採用されるものとしては、二つ目のタイプ（意味）がある。それが、マスター・フランチャイジングあるいはエリア・フランチャイジングと呼ばれるものである。例えば、アメリカから日本に進出する場合、日本に現地本部を設立して、そことアメリカ本部とが契約（マスター・フランチャイズ契約）を結び、日本国内でフランチャイズ事業の運営業務を行う権利を与える（代行してもらう）形態である。契約先は現地の既存企業の場合もあれば、現地本部（契約の受け皿）となるべく新たに設立された企業の場合もある。現地本部となる契約先は「マスター・フランチャイザー」もしくは「エリア・フランチャイザー」と呼ばれる。国際フランチャイジングは、このような「国際間での契約に基づく海外進出」という意味で使われることが多い。

　なお、通常、マスター・フランチャイザーとは、一般には一国全域かその周辺国も合わせた広範囲におけるフランチャイズ事業権を与えられたものを言い、エリア・フランチャイザーは、契約先に一国内の一部地域（例えば、特定都市圏や特定州のみなど）でのフランチャイズ事業権が与えられたものを言う。よって、エリア・フランチャイザーは海外進出に限らず国内にも存在する。つまり、国内市場を分割して地域ごとに別々の企業（多くは子会社）とフランチャイズ契約を結ぶケースである。日本では、コンビニや外食の業界でこのような国内でのエリア・フランチャイズ制がとられるケースがある。

　三つ目のタイプ（意味）は、サブ・フランチャイジングである。これは、海外の現地本部（マスター・フランチャイザーやエリア・フランチャイザー）が現地で加盟店を募集し、フランチャイズ契約による店舗展開を行うことを言う。国際フランチャイジングと聞くと、多くの人々はこのような現地でのフランチャイジングのイメージをもちやすいが、現実には海外のマスター・フランチャイザーやエリア・フランチャイザーは必ずしもサブ・フランチャイジングを行うとは限らず、直営方式（レギュラーチェーン）のみで店舗展開するケースも存在するのである。

　第2章で詳しく述べるように、日本の国際フランチャイジングにおいては、

現地でサブ・フランチャイジングを行わず直営方式で店舗展開をするケースが多く見られる。逆に、日本でフランチャイジングを行っていない企業の現地法人（合弁会社や子会社）が、海外で加盟者を募ってサブ・フランチャイジングを行うケース（中国でのミズノやアシックスなど）もある。

　一般に「国際フランチャイジング」というときは、二つ目の国際間でのフランチャイズ契約と三つ目の現地でのサブ・フランチャイズ契約という異なる次元の契約が混同される傾向があるため、両者を明確に区別して議論することが必要となる。

3　マスター・フランチャイジングの3類型

　前述の国際フランチャイジングの三つのタイプの中で最も重要なものが、国際間での契約を意味するマスター・フランチャイジング（エリア・フランチャイジングも含む）である。しかし、このマスター・フランチャイジングには、契約相手の種類によって表1－1のごとく三つの類型が確認できることには留意すべきである。

　まず、最初のストレート・フランチャイジングとは、本部と海外のパートナー（企業や個人）とが直接的にマスター・フランチャイズ契約を結ぶ形態である。これは一切の投資を要しないが、国際化が成功するかどうかはパートナーの能力への依存度（不確定要因）が大きく、リスクも大きい。つまり、本部側の運営上の管理（コントロール）が難しくなるのである。その意味では、パートナーの選定がきわめて重要なものとなる。

　2番目の合弁型フランチャイジングは、いわばパートナー任せのストレート・フランチャイジングのリスクを抑えるために、パートナーとともに現地に合弁会社を設立し、そこを相手先としてマスター・フランチャイズ契約を結ぶものである。出資比率にもよるが、このタイプでは合弁会社に本国から責任者を派遣することも可能となり、現地での運営・管理には本部の意向がより確実

表1−1　契約相手から捉えたマスター・フランチャイジングの3タイプ

タイプ	特徴
ストレート	現地パートナー企業と直接的にマスター・フランチャイズ契約またはエリア・フランチャイズ契約を結ぶ。 →投資を伴わないため費用とリスクは小さいが、国際化の成否はパートナー企業の能力に依存するところが大きい。
合弁型	現地パートナー企業と合弁企業を現地に設立して、そこを相手先としてマスター・フランチャイズ契約またはエリア・フランチャイズ契約を結ぶ。 →費用とリスクが発生するが、本部（本国）から人材も派遣できるため、パートナー企業の現地情報収集力を活用しながら、本部の指導・監督の下に運営を行うことが可能。
子会社型	100％子会社を現地に設立して、そこを相手先としてマスター・フランチャイズ契約またはエリア・フランチャイズ契約を結ぶ。 →現地のすべての業務を本部（本国）側が行うため、運営はやりやすいが費用とリスクが大きくなり、現地情報の不足などの問題も生じやすい。

に反映されるため、事業リスクは低減する。特に、パートナー企業にフランチャイジング経験が不足している場合はこの形態がとられることが多い。1970年代に日本に進出してきたアメリカのフランチャイザーも、日本側パートナーにフランチャイズビジネスの経験がなかったために、当初は合弁方式をとるケースが多く見られた（第2章の**表2−2**を参照）。

　合弁方式は本部側の意向を反映させることが目的であるため、多くの場合は本部側が51％以上を出資して主導権をとるパターンが多い。しかしながら、そもそもフランチャイジングは投資とリスクを負担しなくてもよい点が最大のメリットである。よって、出資とリスクを伴う合弁方式は本来のメリットを生かせないという難点がある。

　3番目の子会社型フランチャイジングは、合弁型での進出をさらに確実にするために100％出資で子会社を設立し、それを相手先としてマスター・フランチャイズ契約を結ぶものである。この場合は投資も大きくなるが、パートナーが存在しないため文字通り100％本部の思いのままに運営ができる。しかし、現地市場の情報（店舗物件の情報や消費特性に関する情報など）の詳細がよく

分からないため、逆に事業リスクが高まる側面がある。ちなみに、「日本マクドナルド」はアメリカの本部と日本側との合弁比率が50：50であったことから、日本市場の特性をよく知る日本側の意向が店舗立地などの面に大きく反映され、それが成功につながったとされる。[3]

4 市場参入戦略としてのフランチャイジング

　このように、一口に国際フランチャイジングと言っても、その意味やタイプのバラエティには注意が必要ではある。しかし、それらは原則的に「契約」に基づく国際化である点には変わりがない。従来は、企業の国際化は直接投資によるものが一般的であったが、この「契約」に基づいてビジネスが国境を越えていく現象は、1980年代に入ると海外市場進出の一つの重要な「手法」として捉えられるようになる。

　市場参入戦略（International Market Entry Strategy）を検討したルート（Root [1987] [1994]）は、国際フランチャイジングを市場参入モードの一つであるライセンシング（契約に基づいた参入）の一種と見なしている。しかし、ライセンシングは製造業が特許技術や商標、デザインなどの使用権を海外の事業者に貸与するだけのものが多い。それに対して、フランチャイジングは本部（ザー）が海外の購入者（ジー）に対して商品やノウハウなどを提供し、さらに継続的なノウハウ指導（継続的な技術移転）を行うものであり、その点が異なる。

　シャウディとファダリオ（Chaudey and Fadarlo [2004]）は、フランチャイジングを企業ネットワーク形成のための契約形態の一つとして位置づけ、フランスの実態を基に「ライセンス契約」「特約店（代理店）契約（Concession）」「フ

---

(3) アメリカの「マクドナルド」社は、当時アメリカで主流であった郊外の幹線道路沿いの立地で1号店を出店することにこだわった。しかし、日本側はモータリゼーションの未熟さや知名度のなさ、ハンバーガーへの馴染みのなさといった当時の日本市場の特性から銀座への出店を提案した。両者は激しく対立したが、結果的には、日本側が強引に1号店を銀座（三越銀座店の軒下）に開店したことが大きな成功につながったとされる。

ランチャイズ契約」「歩合制委託契約（Commission-affiliation）」の四つの契約形態の中で、フランチャイズ契約の特性を明示している。次の図1-2は、それを基に筆者なりに改変を加えたものである。この図は、本部は契約相手に何を与えるのか、つまり何を管理することでネットワーク化するのかという観点からそれぞれの違いを説明している（組織の内部化・統合化の程度の観点とも言える）。

　まず、ライセンス契約では商標が貸与されるだけであり、商品についてはその製造権（技術使用権）が与えられるにとどまる。つまり、本部（ライセンサー）は商標と製造権・技術使用権が正しく利用されるように管理するだけである。これに対して二つ目の特約店契約では、商標とともに商品が本部から提供（卸売り）される。また、一定エリア内での独占（排他的）販売権も与えられる。よって、本部は商品供給にかかる責務を負うこととなる。

　さらに三つ目のフランチャイズ契約では、商標、商品に加えて、（ビジネスモデルや店舗の）コンセプトや販売ノウハウが本部から供与され、本部はそれらの提供・指導を行うとともに指導通りに遵守されているかも管理する。

　四つ目の運営委託契約は、商標、商品、コンセプト、ノウハウの供与に加えて在庫管理が本部によってなされる。つまり、本部が在庫調整の権限（仕入れ

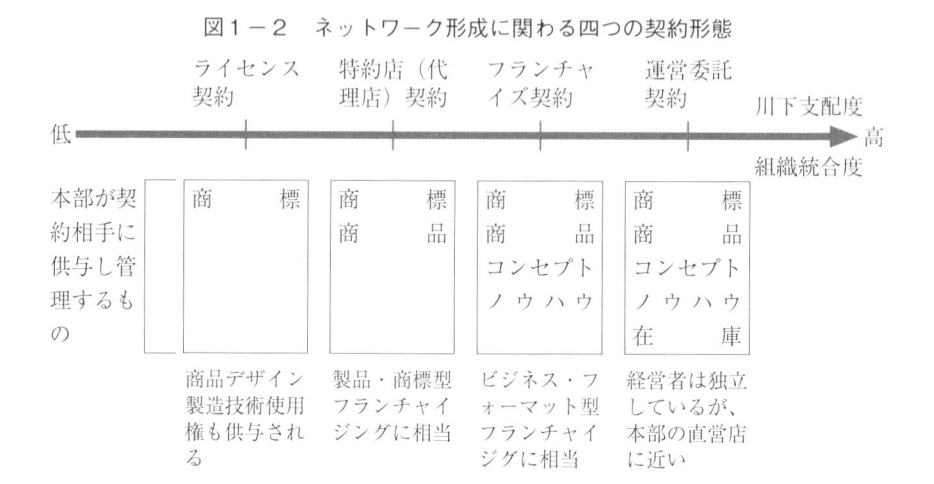

図1-2　ネットワーク形成に関わる四つの契約形態

	ライセンス契約	特約店（代理店）契約	フランチャイズ契約	運営委託契約	
低 ——————————————————————————→ 高					川下支配度／組織統合度
本部が契約相手に供与し管理するもの	商標	商標／商品	商標／商品／コンセプト／ノウハウ	商標／商品／コンセプト／ノウハウ／在庫	
	商品デザイン製造技術使用権も供与される	製品・商標型フランチャイジングに相当	ビジネス・フォーマット型フランチャイジングに相当	経営者は独立しているが、本部の直営店に近い	

量や品揃えの決定権や在庫処分権）を有しており、契約者側は歩合制で店舗運営（販売）にあたるだけである。その点では、いわば本部の直営店や支店的な存在と言える。とはいえ、経営者は社員ではなく独立した存在であり、販売規模に応じた収入が期待できる（成功報酬型）契約となっている。このように、図の右側の契約ほど、本部の統制・支配度が強まり本部組織との統合度が高まっていくのである。

　このように比較してみると、フランチャイズ契約は統一されたコンセプトやノウハウが本部から供与される点と、契約者（加盟者）が在庫の調整権（現実には一定範囲内での仕入れ量や品揃えを決める権利）を有している点が特徴となっている。

　また、フランチャイズ契約は小売や外食あるいはサービス分野の契約形態という印象も強いが、多様な企業が選択しうる汎用的な「ネットワーク構築手段」の一つであることも分かるのである。

5　世界の国際フランチャイジングの現状

　前述のように、国際フランチャイジングはフランチャイズ企業だけの国際化にとどまらないものであるが、現段階の実態は依然として本国でフランチャイジングを行う企業の国際化が中心となっている。そこで、まずは主要国のフランチャイズ企業がどの程度国際化しているのかという視点から世界の状況を見てみたい。

　ただし、残念ながらこの素朴な疑問に答えてくれる公式統計は存在しないため、断片的な手がかりに頼るしかない。例えば、2003年のデータを基にアメリカ、フランス、ブラジルのフランチャイズ企業を比較分析したダント、ペリゴット、クリケット（Dant, Perrigot and Cliquet［2008］）によると、**表1－2**のように国際化が最も進んでいるのはアメリカで、むしろ国内のみで展開するチェーンのほうが少ない状態であることが分かる。フランスでは約半数のチェー

表1−2　主要国におけるFC企業の国際化

	FCチェーン数	
	国内のみ展開	国際展開
アメリカ	146	321
フランス	230	211
ブラジル	328	82

出所）Dant, Perrigot & Cliquet（2008）

ンが国際化しており、ブラジルでも4分の1のチェーンが海外進出をしている。ただし、この研究では直営店とフランチャイズ店の両方を展開する複合形態（Plural Form）企業を対象としているため、この数もそのようなチェーンに限定したものである点には注意を要する。

　では、1国におけるすべてのフランチャイズ企業の把握はというと、それは難しい。アメリカのフランチャイズ協会（国際フランチャイズ協会）のホームページ上では、「推定で800以上のチェーンが国際化しており、毎年100チェーンが新たに国際化を開始していく」という記述が見られる（2009年10月閲覧）。また、フランスのフランチャイズ協会によると、同国のフィランチャイズ企業数は欧州全体の40％を占めるとされるが（Emirates Business, March, 13, 2008）、統計的には2005年末時点で929システムが存在し、そのうち（基本的にフランス国内から出られない）海外から来たシステム89を差し引いた840システムのうち231システム、つまり全体の27.5％が海外に進出済みとなっている（『フランチャイズエイジ』2006年9月号）。さらに、スペインのフランチャイズ協会の調査では、同国の210のブランドが108か国に出店しているとされる（2009年7月発表値）。なお、業種的に見ると、アメリカの国際フランチャイズ企業が外食産業やホテルが主であるのに対して、欧州の国際フランチャイズ企業はファッション関連企業が多くなっているという特徴がある。

　国際フランチャイジングを母国別に捉えると、過去から現在に至るまでずっとアメリカがトップを走っていることはまちがいなかろう。そこで、アメリカの実態について、もう少し見ておきたい。

　アメリカのフランチャイズ事業コンサルタント大手である「Franchise Times社」がまとめたアメリカの「TOP200 Franchise Systems 2009」（2008年度世界総売上額ベース、2009年10月発表）[4]を見ると、上位200社（200位が同順で2社あ

るため201社)のうち海外進出をしているフランチャイズ企業は149社で、75％を占めている（前年は80％）。201～300位でも53％となっており、国際化の進展度がうかがえる。これらの海外店舗数は、上位200社全体の32％を占めている。

次に、トップ200社全体の2008年度1年間の出店数を地域別に見ると、国内で約5,000店舗を出店したのに対して海外では約10,000店舗も出店しており、上位企業の間に海外市場志向が強い傾向が見られる。特に、海外店舗率が50％を超える国際化の進んだフランチャイズ企業は、表1－3のごとく19社確認できる。これによると、業種では外食が多く、ホテルや不動産がそれに続き、店舗の絶対数ではセブンイレブンとマクドナルドが群を抜いている。また、この表からは、海外店舗比率が8割を超えている企業も4社存在することが確認できる。

近年では、フランチャイジングは先進国よりも中国などの新興市場で劇的に拡大しつつある。この背景には、たとえ少ない手持ち資金で、ノウハウがなくても、独立経営者になれるという手軽さがあると考えてよかろう。その点では、フランチャイズシステムは経済の発展途上期にマッチしたビジネス手法であることがうかがえる。

ただし、韓国や東アジア・東南アジアの華人圏では、フランチャイズへの加盟は手持ち資金の運用（投資活動）の一環と見なされる傾向も強く、銀行預金や投資信託、債権などの利回りとフランチャイジングによる利益率とを比較しつつ加盟が決断されることも多い。それゆえ、金利が低下すると加盟が活発化する傾向も見られ、その動向には単にフランチャイズ企業の側のマネジメントの面からだけでは説明できない要因があることには留意すべきであろう。

さて、途上国でのフランチャイジングの発展によって、途上国発の国際フランチャイジングも進みつつある。2009年10月時点での動向を見ると、例えばグァテマラで生まれたレストランチェーン「ポヨ・カンペロ（Pollo Campero）」は、

---

(4) このリストに掲載されている企業は、総売上の15％以上がフランチャイズでの売上であること、本社がアメリカ合衆国かもしくは店舗の15％以上がアメリカ合衆国に存在すること、という二つの条件を満たした企業である。

表1-3　海外店舗比率の高いアメリカ本社の大手フランチャイズ企業（2008年）

ブランド名	業　種	海外店舗比　率	海　外店舗数	国　内店舗数	総店舗数	売　上総　額
ボストン・グルメ・ピザ	外食	86.3	333	53	386	830
G.J. ガードナーホームズ	不動産	84.7	83	15	98	410
ポヨ・カンペロ	外食	83.6	265	52	317	475
セブン-イレブン	コンビニ	82.1	29,225	6,378	35,603	53,700
クイックコピー・プリンティング	コピー	74.2	345	120	465	270
トニーローマ	外食	74.1	140	49	189	337
ERA 不動産	不動産	67.1	1,873	953	2,790	600
ダラー	レンタカー	66.0	1,093	563	1,656	1,900
ラディソン	ホテル	65.4	266	141	407	3,100
インターコンチネンタル	ホテル	65.4	104	55	159	2,560
アスレート・フィート	靴、外食	61.9	377	232	609	378
カートリッジ・ワールド	情報機器	61.1	1,009	642	1,651	400
KFC	外食	58.6	7,293	5,166	12,456	17,800
クリスピークリーム・ドーナツ	外食	57.0	298	225	523	773
マクドナルド	外食	56.5	18,049	13,918	31,967	70,693
センチュリー21	不動産	56.1	4,772	3,729	8,501	2,300
バスキンロビンス	外食	55.2	3,321	2,792	6,013	1,400
サークル K	コンビニ	53.0	3,753	3,324	7,077	9,148
ヒルトン	ホテル	51.9	273	253	526	7,700

注）比率は％、店舗数は実数、売上総額の単位は100万ドル。なお原資料に基づくと Tim Hortons（ドーナツチェーン）も海外比率84.9％となったが、同社はカナダが本社のため削除した。
出所）Franchise Times 社の『TOP200 Franchise Systems 2009年版』を基に筆者作成。

中米諸国をはじめアメリカ、スペイン、そしてインドネシアや中国にも出店しており、本社をアメリカに移転して拡大を続け300店舗を超える国際ネットワークを築いている。フィリピンで生まれたファーストフード店「ジョリビー（Jollybee）」も、アメリカ、香港、ブルネイ、ベトナムなどに計50店舗を有し

ている。さらに、スイートコーンやアイスクリームなどを売る小型店をフランチャイズ展開するマレーシアの「デイリーフレッシュ（Daily Fresh）」は、国内の350店舗に対して国外に850店舗を構えている。進出先は、シンガポールやインドネシアからインド、ロシア、中東諸国、南アフリカなど12か国に及んでいる（同社ホームページ、2009年10月20日閲覧）。

　このように途上国でも国際化の進んだフランチャイズ企業が出現してきているが、国際フランチャイジングは、いわば「御社と契約をして当該ブランドの事業展開を我が国でもぜひやりたい」という海外の企業や事業家からの引き合いに呼応する形で進む面も強いため、母市場での規模や経営経験の長さとは関係なく国際化が進展する傾向にある。途上国の消費市場が急拡大しつつある現状を踏まえると、外食企業を中心に今後も一層の国際化の進展が見込まれると言えよう。

6　日本の国際フランチャイジング

　では、日本の国際フランチャイジングの実態はどうであろうか。残念ながら、それを直接的に知る資料は存在しないため、本節でもやはりその中心を成すフランチャイズ企業の国際化の実態を捉えてみたい。これについては、日本フランチャイズ協会が会員企業124社を対象に行ったアンケート調査（加盟企業対象、回答率79％、98社、2008年11月発表）を便宜的に利用する。

　まず、そのアンケート調査による進出の概況は表1－4に示すごとくである。すなわち、回答企業のうち45社（46％）が「すでに（海外）展開している」状態であり、「3年以内に展開予定」の6社（6％）を合わせると51社（52％）と半数を超えている。一方で、「（海外）展開する予定がない」と答えた企業も41社（42％）もある。したがって、協会の会員企業を見る限り、海外進出についてはまだ半数が時期尚早と判断しているか、関心がない（国内での拡大中）と見てよかろう。

表1-4　日本の国際フランチャイジング（日本FC協会会員企業の動向）

回　　答	企業数	構成比	前回増減
すでに展開している	45	45.9%	＋5社
現在検討中で3年以内に展開予定	6	6.1%	－4社
展開する予定がない	41	41.8%	＋5社
対象外	6	6.1%	±0社
計	98	100.0%	＋6社

注）対象外とは日本国内のみをテリトリーとしたマスター・フランチャイズ契約企業。
出所）日本フランチャイズチェーンストア協会「海外フランチャイズ情報」2008年12月26日付。

　なお、表にはないが進出企業の業種を見ると、外食が28社、小売業が9社（うち4社がコンビニ）、サービス業が7社、外食・サービス兼業が1社となっており、外食が多くなっているのも特徴となっている。

　次に、表1-5で進出先地域を企業数で見ると、アジアが全体の約8割を占める状態になっている。特に多いのは中国、台湾、韓国、香港といった東アジアで、全体の50.4%に達しており、それに次いで多いのがアメリカの12.0%となっている。しかし、それ以外の地域へはほとんど進出が見られないことも分かる。

　一方、店舗数で進出地域を捉えると韓国が5,660店と群を抜いており、それに台湾の2,606店、フィリピンの1,543店が続く。東アジアではコンビニの店舗が7,692店と全体の63.5%にも達しており、特に韓国や台湾の店舗数の多さが目に付くが、中国でも900店以上に上る。これに対して東南アジアでは外食の店舗数が多く、特にフィリピンの外食店の多さが目立つが、この大部分は日系ドーナツチェーン1社の数値である。[5]

　以上のように、協会加盟企業から捉えた日本の国際フランチャイジング（フランチャイズ企業による国際化）は、コンビニと外食企業によるものが中心であり、進出先はアジアに偏っていることが分かるのである。なお、この協会加盟企業124社は比較的大手企業が多いため、結果的に海外進出率も高く、実際半数近くがすでに海外に進出している。しかしながら、日本全体のフランチャ

表1-5　日本のフランチャイズ企業の進出先地域（日本FC協会会員企業の動向）

進出先	企業数	構成比	業種				店舗数計	構成比
			外食業	小売業	CVS	サービス業		
韓国	12		746	3	4,911	0	5,660	
中国	19		377	16	501	22	916	
香港	9		82	0	0	2	84	
台湾	19		280	4	2,280	42	2,606	
東アジア計	59	50.4%	1,485	23	7,692	66	9,266	76.5%
シンガポール	7		66	1	0	0	67	
マレーシア	3		14	0	0	0	14	
タイ	11		319	3	530	1	853	
ベトナム	1		38	0	0	0	38	
インドネシア	5		14	0	0	13	27	
フィリピン	7		1,342	0	201	0	1,543	
東南アジア計	34	29.1%	1,793	4	731	14	2,542	21.0%
アメリカ	14	12.0%	114	97	69	2	282	2.3%
フランス	2	1.7%	0	12	0	0	12	0.1%
その他	8	6.8%	12	1	0	1	14	0.1%
合　計	117	100.0%	3,404	137	8,492	83	12,116	100.0%

注）その他の地域は、オーストラリア、ニュージランド、カナダ、デンマーク、ドイツ、ロシア。
出所）日本フランチャイズチェーンストア協会「海外フランチャイズ情報」2008年12月26日付を改変。

イズ企業の数は2008年時点でその10倍の1,231社も存在するとされ（日本フランチャイズ協会調べ）、したがって日本全体で見ると、国際化の進展度はまだ低いと言わざるを得ない。また、海外店舗比率が50％を超えている企業も限られており、ファミリーマート、ミスタードーナツ、味千ラーメン（重光産業）の3社しか存在しないのが現状である。このように、日本の実態はアメリカと

---

(5) 韓国のコンビニ業界では「ファミリーマート」が店舗数でトップであり、「ミニストップ」も4位につけている。2009年8月末時点で両社の店舗数は5,600店に達している。フィリピン市場における日系店舗は「ミスタードーナツ」の店舗がほとんどを占めるが、同社の店舗は小規模な売店タイプ（持ち帰り店）が中心となっている。

比較すると大きな差があると言えよう。

ここでは、日本フランチャイズチェーン協会による調査結果の紹介にとどめるが、このような日本の国際フランチャイジングの現状については、のちの第2章と第3章で改めて詳細な分析を行いたい。

7 日本の国際フランチャイジングをめぐる新しい動き

我が国のフランチャイズ企業の海外進出は、1970年代から外食企業分野で始まったが（日本の国際化の歴史は次章）、1990年代までの外食チェーンの海外進出には実験的なものが多く見られ、進出先での店舗拡大に手間どる企業が多かった。また、1990年代以降には大手のコンビニの海外進出も始まったが、こちらも1990年代は海外では思うように発展できず、利益を出せる状態にはなかった企業がほとんどであった。しかし、近年では、我が国の国際フランチャイジングを取り巻く環境に大きな変化が生じつつある。まずは、この環境変化から見ていきたい。

（1）国内市場の縮小

近年、日本の小売市場や外食市場は縮小傾向が顕著となってきている。日本の小売市場と外食市場は、少子高齢化の進展などによって1997年をピークに縮小化の道をたどってきたのであるが、2006年からは人口減少も始まったことにより、小売・外食業界には将来的な成長拠点を国内市場に求めるのは困難だという認識が広がりつつある。つまり、日本の流通各社は、生き残りをかけて海外市場の開拓に目を向けざるを得なくなっているのである。

（2）途上国での関連法の整備

　日本企業にとって最も身近で魅力的な巨大市場は中国市場であろう。ところが、中国ではフランチャイズの概念が政府関係者の間でなかなか理解されず、先駆的に進出した日系コンビニも直営店での展開しか認められていなかった。しかし、2001年12月に中国がWTO（World Trade Organization）に加盟したことを機に小売市場の解放が進み、2005年2月には「商業特許経営管理弁法」（FC法）が発効して外資によるフランチャイズ事業が正式に認められるようになった。これにより、日本のフランチャイズ企業の目が中国市場に向けられることとなった。

（3）政府による支援姿勢

　国内市場の縮小は日本の産業全体の未来にかかわる重要な課題であるため、政府もようやく流通業の海外進出を支援する姿勢を示すようになった。例えば、2007年には農林水産省が『我が国の外食産業の海外展開支援マニュアル』の〈中国編〉と〈台湾編〉を相次いで出している。また、経済産業省も2007年9月に出した『新流通ビジョン』の中で「我が国の優れた生活文化を発信するためのグローバル展開の必要性」を謳い、これを受けて今後の小売国際化の支援に向けての方向性の検討と新興市場の基礎調査などを開始した。[6]このような政府の姿勢は、間接的に流通業の進出機運を高める効果を発揮している。

---

[6] 2007年に「小売の国際展開に関する研究会」を、2008年には「グローバル・サービス研究会」を省内に設置している。これら経済産業省の研究会には、国際化に取り組んでいる百貨店やスーパーのみならずコンビニや専門店もメンバー企業として参加しており、フランチャイズ方式での海外進出を視野に入れたものとなっていた。

(4) レギュラーチェーンによる国際フランチャイジングの開始

既述のように、国際フランチャイジングは非フランチャイズ企業にとっても重要な市場参入手段となっている。国内市場の縮小は、小売業全体に影響を与えており、海外市場進出をめざす企業も増加している。その場合、国内ではレギュラーチェーン方式で展開していても、海外市場進出に際しては、戦略的に国際フランチャイジングを採用する専門店チェーンなどが登場しつつある[7]。その背景には、国際フランチャイジングが大きな投資やリスクを必要としないことや、スピーディーに現地市場での成長を可能とする手法であることがある。

(5) 製造業による国際フランチャイジングの開始

国内市場の縮小は、日本の消費財メーカーにとっても重要な課題である。メーカーによる海外市場での販売は、これまでは現地代理店に任せてきたが、近年では自らが現地市場での小売販売活動に直接的に関与して自社のブランド構築を行う方向に進んでいる。その一つの手法として、現地市場で自社製品を販売する専門店をフランチャイズ展開する手法がとられるようになってきた。例えば、スポーツ用品や化粧品メーカーでは、中国大陸や韓国においてフランチャイズでの出店を強化してきている[8]。

(6) アジアでの日本食ブームの高まり

海外の日本食ブームは、1970年代以降、欧州やアメリカ、アジア各地で繰り返し見られた現象である。背景には、欧州での日本ブームやアメリカでの低カロリー食ブーム(寿司ブーム)、アジアでの所得上昇など多様であった。しかし、近年アジアで拡大しつつあるブームは従来のものとは性格を異にしている。つまり、SARSや鳥インフルエンザなどによる健康や食の安全への関心の高まりが、日本食(品)ブームの大きな要因となっているのである。近年のブームの

中心は台湾や中国大陸(大都市部)であるが、それはタイやシンガポールにも拡大してきており、日本の外食企業が進出する市場は確実に広がりつつある。

以上のような変化を受けて、近年では日本企業による国際フランチャイジングが増大してきている。その意味で、国際フランチャイジングは新しい段階を迎えたと言えるであろう。

8　国際フランチャイジング研究の意義

以上のような国際フランチャイジングの意味・内容(1～4節)と現状・拡大状況(5～7節)、およびそれを取り巻く環境変化(8節)を踏まえるなら、国際フランチャイジング研究には多様な意義が存在することが分かろう。以下、その研究の意義を5点指摘してみたい。

---

(7) 良品計画が展開する「無印良品」は、国内では基本的に直営店展開と商品卸売りのみであるが、アイルランドやスウェーデン、スペイン、タイ、インドネシア、トルコなどへはフランチャイズ契約で進出しており、また台湾ではサブ・フランチャイズ方式で店舗を展開している。また、ユニクロも国内では限定的にしかフランチャイズは行っていないが、海外展開のスピードを速めるために国際戦略においてはフランチャイズを視野に入れている。

(8) スポーツ用品メーカーのミズノは、中国市場で自社製品の専門店をフランチャイズで642店、直営で260店展開している(2008年末時点。なお、2009年にはフランチャイズを中心にリストラして700店まで減少)。同社は2008年2月から韓国でのフランチャイズ店展開を開始し、同年中に30店を出すとしている(《日本経済新聞》2008年3月22日付)。また「アシックス」は、2002年に香港の代理店が倒産して一度は撤退しているが、北京五輪を見込んで2007年に香港の小売チェーンと提携して再進出し、中国大陸の大都市を中心に約170のフランチャイズ店を展開している(《日本経済新聞》2008年3月4日付)。このほか、オンワードの子会社「ジョゼフ」も中東やロシアにフランチャイズでの出店を予定している(《日本経済新聞》2008年7月28日付)。さらに資生堂は、1994年から中国市場向けの独自ブランド「AUPRES(オプレ／欧珀莱)」を中国大陸で販売してきたが、2004年秋に中国の上海で資生堂製品の専売店を立ち上げ、2005年からはそのフランチャイズ展開を開始している。

（1）「契約」による企業の国際化研究への貢献

これまでの企業の国際化研究（グローバル化研究）は製造業の海外進出を対象としたものが中心であったため、実質的には直接投資による海外進出現象が議論の主流をなしてきた。したがって、国際経済論や多国籍企業論における主要理論を見ても「投資」と「貿易」を前提としたものがほとんどとなっている。その意味では、国際フランチャイジングの拡大は「契約」によるオルタナティブなグローバル化のダイナミズムの拡大を意味しており、その研究の意義は小さくないと言えよう。[9]

（2）小売ノウハウの国際移転研究への貢献

フランチャイジングは、その契約内容にノウハウ供与や開店後の「継続的な技術指導」が含まれているため、国際フランチャイジングの進展は小売ノウハウの国際移転問題と表裏一体をなしている。小売ノウハウ移転の研究でも、すでにコンビニなどを対象に分析が行われてきたが、筆者が管見する限り、そこではフランチャイジングという進出形態と技術移転との関係が必ずしも明確に捉えられているわけではなく、あくまでコンビニという一つの小売業態における技術移転が議論されるにとどまってきたように思われる。その意味では、国際フランチャイジングの研究は、「継続的な技術移転を支えるフランチャイズという組織のあり方」という視点を技術移転論に与えるものと言える。

また、途上国へのノウハウ移転や途上国での流通近代化問題にも資するところが小さくなかろう。一般に途上国では商業資本が弱く小売業の近代化が遅れがちであるが、小売ノウハウをもたない製造業資本であっても、先進国のフランチャイズ企業のパートナーとなることで小売ノウハウの取得が可能となる。実際、途上国では1社の非小売資本が多数の先進国のフランチャイズ企業と契約を結ぶことで多様な業態のノウハウを入手し、当該国の流通業界に大きな影響力を及ぼしている例も見られる。それは、結果的に当該国の小売近代化を促

進させることともなっている。その意味で、途上国の流通問題を議論する際にも、国際フランチャイジングの影響は避けて通れないものと言えよう。

（3）市場参入戦略研究への貢献

アメリカでは、1980年代以降、国際フランチャイジングは市場参入戦略研究の枠組みの中で進められてきた。しかし、先述のごとく日本の非フランチャイズ企業（特に製造業）が国際フランチャイジングという手法で海外市場進出を行うようになるのはまだ最近のことである。それゆえ、国際フランチャイジングを市場参入戦略として捉える研究は、日本では十分に発展してこなかった。ところが、近年では国内市場の縮小に伴って多くの日本企業が海外市場進出を模索するようになってきている。このことから、今後は製造業をはじめとする多様な企業の国際化研究において国際フランチャイジングがテーマの一つとなることはまちがいなく、日本経済の近未来を見据えた研究の意義はきわめて大きいと言えよう。

（4）小売国際化研究への貢献

日本では、これまでコンビニや専門店（あるいは外食）の国際化については、小売国際化研究の一環として行われる傾向が強かった。そこでは、もっぱら各

---

(9) 言うまでもなく、製造業の海外進出研究でも投資を伴わないライセンシングが研究されてはきたが、主要理論としては直接投資をベースとしたものが中心となっている。
(10) 台湾では、食品製造会社の「統一企業」がセブンイレブンの台湾でのフランチャイズ権を獲得して小売分野に参入したが、そこで獲得されたノウハウが台湾の流通近代化に大きな影響をもたらした。また、我が国でも貿易商の藤田田商店がマクドナルドの日本でのフランチャイズ権を獲得して外食業界に参入したが、そこで獲得されたノウハウが我が国の外食業界に大きな波及効果をもたらしたことはよく知られる。フランチャイジングによる小売技術の移転問題については、金［2008］がコンビニを例に分析している。
(11) メーカーがフランチャイジングによって海外市場の川下部門へ進出する現象については、パターソンとウェルチ（Peterson and Welch［2000］）がその重要性を指摘している。

業態が別々に扱われ、国際フランチャイジングという参入モードの視角からの業態横断的な分析はほとんど見られなかった。しかし、世界的に見ても母市場ではレギュラーチェーンを展開する企業の国際フランチャイジングは増大してきており、例えば「マークス＆スペンサー」や「BhS」などのイギリスの百貨店、「カジノ」や「カルフール」といったフランスのハイパーマーケット、あるいは各種のファッション専門店と、業態を越えた広がりをすでに見せている。

ちなみに、マークス＆スペンサーは、2009年夏時点で国外の40の国と地域に約300店舗を展開しているが、近年の海外店舗はフランチャイズが増大しており、海外ビジネスモデルの中心を直接投資からフランチャイズにシフトしつつある。またBhsは、2008年10月時点で15の海外パートナーと国際フランチャイズ契約を行い、16か国で93のフランチャイズ店を展開し（子供服専門店含む）、2009年にはインドへもフランチャイズ契約で進出している。

先述のように、日本でも遅ればせながらいくつかのレギュラーチェーンの専門店が国際フランチャイジングをとり始めているが、世界ではすでに拡大の兆候が明らかなのである。したがって、今後の小売国際化研究においても、国際フランチャイジングの影響が重要性を増すことは確実であろう。[12]

（5）アントレプレナー研究への貢献

そもそもフランチャイズは、経営ノウハウをもたない小資本家をアントレプレナー（起業家）として育成するという側面を有しており、アメリカのフランチャイズ協会のホームページにおいても、マイノリティ、女性、高齢者、障害者などの社会的弱者にもビジネスチャンスを与えるものとして紹介されている。このようなことから、アントレプレナー研究の領域でも注目を集めてきた。

近年では、アジア開発銀行やアフリカ開発銀行などが、それを発展途上国の貧困層の経済的な自立に利用しようとしている。特に、先進国から途上国に進出したフランチャイズチェーンへの加盟は、とりわけ貧困層の職業知識をもたない女性の自立に貢献するのではないかという期待が寄せられているのである。

したがって、単に先進国の企業家への影響のみならず、このような途上国の人々の経済的自立の実現にどれだけ貢献できるのかという観点からも国際フランチャイジングの研究は意義を有するものと言える。[13]

9 本書のねらい

以上のように、国際フランチャイジングの研究は関連領域が多方面にわたっており、多くの領域に影響を与えるものであると言えよう。しかし、日本企業との関係で言うなら、特に重要となるのは「(3)市場参入戦略研究」としての意義であろう。すでに述べたように、近年は多くの企業が海外市場に今後の成長の舞台を見いだそうとしているからである。したがって、本書では、特に日本で研究が遅れてきた市場参入戦略の視角から国際フランチャイジングの理論と実態に迫りたい。具体的には、次の二つのことをめざす。

一つ目は、国際フランチャイジングの研究が多くの研究領域と関わる（多面的な意義を有する）ことと、日本の国際フランチャイジングの実態が欧米のそれとは異なること（第2章）を踏まえて、汎用的な研究基盤（理論フレーム）を構築することである。そこでは、フランチャイズ・システムの主体特性を明確にすることと、国際フランチャイジングを組織ガバナンスとの関係から捉えることがめざされる。

二つ目は、その理論フレームに従って、今後増大する日本企業による国際フランチャイジングの可能性と課題を整理することである。

---

[12] 小売国際化におけるフランチャイジングの重要性に着目したものは我が国では非常に少なく、許・川端［2004］および白石・鳥羽［2006］が見られる程度である。後者は、小売業による国際フランチャイジングを扱った英語文献をサーベイしたものである。

[13] AfDB（Africa Development Bank）やADB（Asia Development Bank）も、フランチャイジングを経済自立化の装置として注目し、普及のためのレポートを出している。特に、教育の機会に恵まれなかった途上国の女性の経済的自立を支援する仕組みとして注目されている。

第2章 日本の国際フランチャイジングの歴史と特性

1 日本における発展の歴史を捉える意義

　前章でも述べたが、日本では国際フランチャイジングの研究はまだほとんど手がつけられていない。したがって、欧米での研究蓄積に頼らざるを得ないのであるが、実は日本の国際フランチャイジングの実態は、欧米（特にアメリカ）の国際フランチャイジングのそれとは大きく異なる特徴を有している。
　その違いは、一つには日本におけるフランチャイジングの発展の経緯に起因している。そこで、本章では日本のフランチャイジングの特性を、その発展の歴史を通して明らかにしたい。換言すれば、本章は次章でサーベイする英語圏での研究（理論フレーム）が日本のフランチャイジングの実態をどこまで説明しうるものなのかという課題を念頭に置いた準備作業とも言えよう。

2 日本のフランチャイジングの黎明

　川越 [1999] によると、英語の「フランチャイズ（Franchise）」の語源はフランス語の「フランシーズ（Franchise）」に由来しており、もともとは「制約」

や「隷属からの自由」を意味したものとされる。これが転じて、特別な人々や団体に付与される特権という意味をもつようになり、例えば中世ヨーロッパの定期市の開催権やギルドによって与えられる特権にも用いられるようになった。その後、フランチャイズの概念がイギリスでコモン・ロー（Common Law・契約法）として確立されると、それが開拓時代のアメリカにも伝わり、政府が鉄道や発電の権利を民間に付与する契約という意味で使われるようになった。これを機に、制度上の権利を与えるという意味が様々な分野で多用されるようになり、流通産業においても使われるようになったとされる（川越［1999］pp.38～39）。

ただし、アメリカの流通産業におけるフランチャイジングは20世紀初頭の自動車産業の発展と関係が深く、自動車、ガソリン、自動車部品・整備施設などの流通に用いられたところから始まる。つまり、それらはメーカーが小売店や卸売店に統一した商標を掲げさせて自社製品を販売させるもので、現在の区分から述べるなら、広義の製品・商標型フランチャイジングに当たるものであった。このような19世紀から20世紀にかけてのアメリカのフランチャイジングについては、ディッキー（Dicke［1992］）にゆずりたい。

さて、この概念がアメリカから日本に伝わったのは、1907年にアメリカの「スタンダード石油」が導入した特約店・代理店システムからだとされる（小嶌［2006］p.133）。その後は、1920年に資生堂が小売店を組織化したり、1925～1935年代にかけては自動車メーカー各社が代理店制度を開始したりするなど、特定の企業が川下を系列化する現象が見られた（小嶌［2006］p.133、p.146）。それらは、特定の小売店に対して自社商品の販売権を地域内で独占的に与える代わりにメーカー側が販売価格や品揃え、サービス提供などに関して一定の条件を守らせる（義務を負わせる）ものであった。[1]

戦後になると、日本にもアメリカで戦後に発展した外食チェーンなど（非製造業）による「ビジネス・フォーマット型フランチャイジング」が登場してくる。すなわち、商標や店舗デザイン、運営ノウハウなどをパッケージ化して販売するフランチャイジングである。それは、1963年から始まるとされる（小嶌

［2006］p.133、p.146)。具体的には、1963年に京都市伏見区にフランチャイズ1号店を出した「不二家」や、同年にフランチャイズ化を開始した「ダスキン」（当時は「サニクリーン」）などが草分けである。

その後は日本の高度経済成長の中でフランチャイジングがブームとなり、1960年代後半には様々な特徴を有したシステムが登場した。しかし、フランチャイズ企業と自称していても、その意義や仕組みを十分に理解できていない本部や、詐欺まがいの業者も横行し始め、フランチャイズ企業の社会的信頼度が低下する傾向も出てきた。そこで、業界の健全化や新興フランチャイズ企業の育成・指導をめざした「社団法人　日本フランチャイズチェーン協会」（通商産業省管轄）が1972年に設立されることとなった。

3　日本における「フランチャイジング」の意味

この「日本フランチャイズチェーン協会」が定めるフランチャイズの定義は以下に示すごとくである。

> フランチャイズとは、事業者（「フランチャイザー」と呼ぶ）が、他の事業者（「フランチャイジー」と呼ぶ）との間に契約を結び、自己の商標、サービス・マーク、トレードネーム、その他の営業の象徴となる標識、及び経営のノウハウを用いて、同一のイメージのもとに商品の販売その他の事業を行う権利を与え、一方、フランチャイジーは、その見返りとして一定の対価を支払い、事業に必要な資金を投下してフランチャイザーの指導

---

(1) 当時はフォード社とGM社が排他的な特約販売店（ディーラー）を用いた販売システムを日本で敷いたが、四宮［1998］はそれをフランチャイズ・システムとしている。詳細は、同書 pp.9～25を参照のこと。
(2) フランチャイズの定義については、川越［1999］が日本とアメリカ、ヨーロッパの定義を詳細に比較している。また、日本フランチャイズチェーン協会編［2003］では、日本の諸法（中小企業法、独占禁止法など）における定義も紹介しているので参照されたい。

およひ援助のもとに事業を行う両社の継続的関係をいう。
(日本フランチャイズチェーン協会編［2003］p.19)

　この定義は非常に要領を得たものとなっているが、よく読むと、ビジネス・フォーマット型フランチャイジングを前提にしていることがうかがえる。実際、日本フランチャイズ協会は、フランチャイズの二つのタイプのうち、製品・商標型フランチャイジングを除外して捉えている。つまり、戦後に発展したビジネス・フォーマット型フランチャイジング（コンバージョン型フランチャイジングを含む）だけをフランチャイジングと見なしているのである。

　これは日本フランチャイズチェーン協会が毎年行う実態調査の対象を見れば明らかであり、そこではフランチャイズ・システムを、小売商業、フードサービス（外食）、サービス業関係の三つに分類しており、自動車や自動車部品、ガソリン販売のシステムは含まれていない。このような捉え方は、日本のみならずフランスやスペイン、韓国やマレーシアでも見られる。それらの国においては、製品・商標型フランチャイジングはフランチャイズに対する法的規制の対象にもなっていないのである。

　一方、フランチャイジングの発祥の地アメリカでは、製品・商標型フランチャイジングもフランチャイジングとして見なしている。ちなみに、**表2-1**はアメリカと日本のフランチャイジング統計における両者の比較である。アメリカのフランチャイジングは、ビジネス・フォーマット型フランチャイジングの店舗が85％を占めるものの、[3] 製品・商標型フランチャイジングもかなりの規模で展開されていることがうかがえる。しかし、日本などではこの部分については把握ができなくなっているのである。

　ここで、日本の協会が製品・商標型フランチャイジングを外した要因について触れておきたい。この問題に関しては、戦前から発展してきた流通系列化の存在に注目している川越［2001］の認識が参考になる。日本では戦前から特定の業界で系列化が発展していたが、戦中期の統制経済でそれらは一旦崩壊する。しかし、1950年代中頃から再び自動車、家電製品、医薬品、化粧品などの業界

表2−1 日米のフランチャイジングの概況(店舗数比較)

アメリカの店舗数 (2005年値)			日本の店舗数 (2008年値)		
総計	909,252	構成比%	総計	230,822	構成比%
製品・商標型計	135,817	14.9	製品・商標型計	0	0.0
ビジネス・フォーマット型計	773,435	85.1	ビジネス・フォーマット型計	230,822	100.0
(ビジネス・フォーマット型の業種別内訳)			(業種別内訳)		
自動車関連	35,616	4.6	−	−	−
外食	209,863	27.1	外食	54,361	23.5
サービス	403,003	52.1	サービス	88,132	38.2
宿泊	30,014	3.9			
不動産	33,900	4.4			
食品小売	61,039	7.9	小売	88,374	38.3
			(内CVS)	(44,391)	(19.2)
合計	773,435	100.0	合計	230,822	100.0

注)アメリカの「サービス」の値は、商業地域・住居地域サービス、小売販売およびサービス、ビジネス向けサービス、個人向けサービスを合計したもの。
出所)日本フランチャイズチェーン協会資料。

でメーカーによる流通系列化(特約店・代理店制)が始まり、1960年代には高度経済成長の下で系列化がより多くの業界に多様な形で拡大していったことから、フランチャイズ協会が設立された1970年代初め時点ではすでに日本の流通システムに広範に浸透していた。このことから、これら既存のシステムに類似した製品・商標型フランチャイジングを、海外から導入された新しいビジネスであるフランチャイジングの対象から外した、と川越は見たのである。

筆者は、さらにもう一つの事情があったのではないかと見ている。つまり、

---

(3) IFAによる2008年の調査では、アメリカでは2005年時点で、ビジネス・フォーマット型フランチャイジングの本部は製品・商標型フランチャイジングのそれの約5.7倍あり、雇用は4.5倍に達しているとされる。また、2001年〜2005年までの間に、ビジネス・フォーマット型の事業所は年平均で5.6%の上昇を続けたが、製品・商標型の事業所は年平均で1.7%ずつ減少し続けたとされる(日本フランチャイズ協会「海外フランチャイズ情報」2008年5月号より)。

すでに発展していた多様な流通系列化（特約店・代理店制度）をフランチャイジングに含めようとすると、自動車や家電分野の巨大企業も含めた多くの消費財メーカーを協会の会員にせざるを得ない。そうなれば、当時は多くの零細な「流通業者」によって支えられていた新しいフランチャイズ・ビジネスの振興という協会の目的から外れると危惧されたのではなかろうか。というのも、1960年代後半から1970年代初めにかけての日本は、戦後の重化学工業の重点的な振興に目処がついた時期であり、これからは中小零細業者が多い流通業の近代化を進める必要があったが、フランチャイズ企業の育成もこの流通近代化の流れの中にあったからである。

　アメリカから来た新しいビジネスモデルであるビジネス・フォーマット型フランチャイジングにのみ焦点をあてて定義した背景には、このような政策上の課題との整合性や零細流通業者の育成という協会の主旨にも関係していたと考えられる。

　日本と同様に製品・商標型フランチャイジングを除外しているフランスやスペイン、韓国やマレーシアなどにおける事情については、残念ながら筆者は把握していない。しかし、それらの国の協会においても、フランチャイジングが製造業ではなく「流通業」による新しいビジネスであることを強調し、新しい流通企業を育成するという姿勢を明確に示す必要があったため、ビジネス・フォーマット型にこだわったのではないかと推測される。

　ところで、小嶌［2006］は、日本の製品・商標型フランチャイジング（小嶌も含め「プロダクト・フランチャイジング」と表記されることが多い）は、販売する商品そのものから利益を上げるアメリカ的なシステムではなく、そのほとんどが商品だけでなくノウハウや教育もパッケージ化して提供するものとなっているため、ビジネス・フォーマット型フランチャイジングとの区別が難しい側面を有しているとしている（小嶌［2006］p.133）[4]。

　確かに、次節で述べるように日本では製品・商標型フランチャイジングとビジネス・フォーマット型フランチャイジングの中間的なもの（両方の特性をもったもの）も存在する。特に、日本でフランチャイジングが興隆した1960年代

後半は、チェーンストア概念も十分に普及していない時期であったことからフランチャイジングもまだ手探りの状態で、確たるイメージの共有ができていなかったと思われる。したがって、製品・商標型フランチャイジングでもなく、純粋なビジネス・フォーマット型フランチャイジングでもない曖昧なタイプのものも少なからず見られたであろう。このような当時の状況を踏まえれば、日本のフランチャイズ協会が、フランチャイジングの明確なイメージを確立するために、新しいタイプであるビジネス・フォーマット型のみをフランチャイジングとした理由も理解できるのではなかろうか。

4 初期の日本のフランチャイジング特性

　以上のように、日本ではビジネス・フォーマット型の部分だけを「フランチャイズ」と呼んできたのであるが、前述のように、そもそも製品・商標型とビジネス・フォーマット型との区分が難しい面もある。

　例えば、日本で最初に本格的なフランチャイズ・ビジネスに成功した企業の一つである「北国商事（現「ホッコク」）」の場合を見てみよう。同社は、1961年に東京都墨田区で個人経営の餃子店「つたや」として創業したが、1967年6月には札幌ラーメン「どさん子」の商標でフランチャイジングを開始し、当時の札幌ラーメンブームに乗って急拡大して1968年12月には100店舗を超え、1971年12月には500店舗に成長し、そして1977年2月には日本で初めて1,000店舗を超えるチェーンに到達したのである。

---

(4) これを踏まえて小嶌[2006]は、ビジネス・フォーマット型フランチャイジングであるかどうかの判断は、日本ではフランチャイズ・パッケージを提供するかどうかで行うべきでないとする。つまり、標準的なシステムや店舗を前提に統一的に運用される場合は「ビジネス・フォーマット型フランチャイジング」と呼び、フランチャイズ・パッケージを提供してはいるものの標準化や統一的運営が行われていないものは「システム・フランチャイジング」と呼ぶべきだと主張している（p.134）。システム・フランチャイジングとは、商品と何らかの販売手法とが一体化されたもので、フランチャイズ・パッケージとしては不完全（未成熟）なものと理解できよう。

このフランチャイズチェーンは、店舗の看板やデザイン、厨房施設のレイアウトなどが未統一なまま成長し、調理などの教育システムの確立も遅れていたとされる。手本とする企業もなく、手探りで仕組みづくりが進められていったのである。同社の収益源は、麺とスープの販売（店舗への卸売り）によるものであり、店舗や接客への・し・ばり（統一化のための統制）は非常に緩やかなものになっていたとされる。これらの点からすると、これはビジネス・フォーマット型フランチャイジングと言うよりは、製品・商標型フランチャイジングに近いものであったと言えよう。

とはいえ、日本ではその後もこのような製品・商標型に近いフランチャイズチェーンが続々と登場した。例えば、1968年にフランチャイジングを開始した持ち帰り寿司の「小僧寿し」は1975年11月に500店舗に達し、1977年6月には1,000店舗を突破している。このチェーンも、本部が食材を販売（卸売り）することによる利益が大きなタイプであった（ロイヤリティは月ごとの定額制）。これは、当時興隆しつつあったコーヒーチェーンにおいても同様で、もともとはコーヒー豆の卸売りが目的であったと言える。つまり、当時はフランチャイジングやチェーンそのものへの認識が未熟であり、標準化された店舗の構築やビジネスモデルの厳格なシステム化の発想が弱かったのである。むしろ、単に製品・商品の販売チャネルを構築するという意味も大きかったのである。

重要なことは、日本の国際フランチャイジングは、このような食材供給などで利益を上げるタイプのチェーンである北国商事のアメリカ進出から始まることである。それゆえ、その進出には麺を供給していた日清製粉が出資していたという事実がある（「6　日本の国際フランチャイジングの幕開け」にて詳述）。このようなことも、日本のフランチャイジングの特性の一つと言えよう。

5　外資によるビジネス・フォーマット型フランチャイジングの開始

　このような日本の未熟な状況を変え、本格的なビジネス・フォーマット型フランチャイジングが広まっていくのは、アメリカのフランチャイズチェーンの日本進出がきっかけであった。すなわち、1969年3月になると、日本の第2次資本自由化によって流通分野への投資が開放され、これが契機となって1970年代に入ると外資の参入ラッシュが生じたのである。具体的には、マクドナルドやケンタッキー・フライドチキン、あるいは各種のコンビニなどのアメリカ生まれのフランチャイズ・システムが次々と日本市場に参入してきたのである。

　1970〜1980年にかけての主要な外資の外食とコンビニの参入状況は、表2－2に整理したごとくである。ちなみに、ケンタッキー・フライドチキンの日本1号店は1970年11月に名古屋市西区に、マクドナルドの日本1号店は1971年7月に東京都中央区の銀座（三越百貨店の軒下）に開店している。コンビニは、セブンイレブンの日本1号店が1974年5月に東京都江東区に、ローソンの日本1号店が1975年6月に大阪府豊中市に開店した。

　これらの外資は、イギリスから「ウィンピー」が来た以外は、すべてがアメ

---

(5)　日本ケンタッキー・フライドチキンは三菱商事が出資して1970年に設立され、アメリカ本部とマスター・フランチャイズ契約を結んだ。しかし、当初は苦戦が続いた。公式には名古屋の店舗が1号店とされているが、1970年の大阪万国博覧会の会場内での店（アメリカ本部が出店）が好評を得たことを踏まえて、最初は神戸のトアロードに1号店が出されたようである。しかし、骨付きフライドチキンは当時の日本人には馴染みがなく人気が出なかったことから、3号店まで出した段階で債務超過となって一旦すべて閉店となった。その後、1972年に親会社の三菱商事が減資・増資を伴って債務を消して出店が再開されたが、すぐにまた債務超過に陥った。そこで2度目の減資・増資を三菱商事が行って、3度目の挑戦で東京・六本木（フランチャイズ店）に出店した。この都心店によって知名度が上がり、ようやく軌道に乗ったとされる。三菱商事は、やはり同社が出資し1972年から展開を開始した「シェーキーズ」がすでに軌道に乗っていたことから、外食産業の日本市場での将来性を信じ、異例とも言える2度目の債務解消を決断したとされる（以上、当時の担当者へのヒヤリングより）。この決断がなければ、日本のフライドチキン市場は未開拓のまま終わった可能性もある。

表2−2　主要外資フランチャイズ企業の日本進出（1980年まで）

ブランド	業　種	参入年	日本側の契約者	進出形態	現況
ダンキンドーナツ	ドーナツ	1970	㈱レストラン西武	ストレートFC	撤退済
ウィンピー	ハンバーガー	1970	㈱東食ウィンピー	合弁	撤退済
KFC	フライドチキン	1970	日本ケンタッキーフライドチキン㈱	合弁	
マクドナルド	ハンバーガー	1971	日本マクドナルド㈱	合弁	
ミスタードーナツ	ドーナツ	1971	㈱ダスキン	ストレートFC	
バーガーシェフ	ハンバーガー	1971	ゼネラルフーズ㈱	ストレートFC	撤退済
ディッパーダン	アイスクリーム	1972	㈱ダイエー	ストレートFC	
デイリークイーン	アイスクリーム	1972	㈱デイリークイーンジャパン	合弁	撤退済
A&W	ハンバーガー	1972	㈱明治製菓	ストレートFC	撤退済
バーニー・インズ	ステーキ	1973	㈱日本バーニーインズ	ストレートFC	撤退済
サーティワン・アイスクリーム	アイスクリーム	1973	ビー・アールジャパン㈱	合弁	
シェーキーズ	ピザ	1973	㈱キリンフードサービス	合弁	
ピザ・イン	ピザ	1973	㈱日本ピザイン	ストレートFC	撤退済
ピザハット	ピザ	1973	㈱日本ピザハット	合弁	
アンナミラーズ	アメリカンパイ	1973	井村屋製菓㈱	ストレートFC	
デニーズ	ファミリーレストラン	1974	㈱デニーズジャパン	ストレートFC	
セブンイレブン	コンビニ	1974	㈱ヨークセブン	ストレートFC	
ローソン	コンビニ	1975	ダイエーローソン㈱	ストレートFC	
ハーディーズ	ハンバーガー	1977	兼松江商㈱	ストレートFC	撤退済
ビッグボーイ	ファミリーレストラン	1978	ダイエー系㈱ビッグボーイジャパン	ストレートFC	
アイホップ（i HOP)	ファミリーレストラン	1978	㈱長崎屋	ストレートFC	撤退済
ロング・ション・シルバー	シーフードレストラン	1978	㈱長崎屋	ストレートFC	撤退済
トニーローマ	BBQレストラン	1978	㈱WDI	ストレートFC	
ウインチェルド・ドーナツ	ドーナツ	1979	ユニー㈱	ストレートFC	撤退済
サンボ	コーヒー	1979	㈱すかいらーく	ストレートFC	撤退済
シズラー	ステーキ	1979	日本コインコ㈱	ストレートFC	
チャーチステキサスフライドチキン	フライドチキン	1979	㈱レストラン西武	ストレートFC	撤退済
マリー・カレンダー	ファミリーレストラン	1980	㈱タカラブネ	ストレートFC	撤退済
サークルK	コンビニ	1980	ユニー㈱	ストレートFC	
ウェンディーズ	ハンバーガー	1980	ダイエー系㈱ウエンコジャパン →ゼンショー	ストレートFC	撤退済

注1）「参入年」とは1号店開業年のこと。「現況」の空白は継続中のこと。
注2）ミスタードナツは1990年2月にダンキンドーナツによって買収されており、米国内に「ミスタードーナツ」ブランドの店舗は存在しない（カナダには一部残存する）。
出所）各種資料より筆者作成。

リカの企業であった。アメリカのフランチャイズ企業の海外進出は、当初は隣接するカナダへの進出が多かったが、1960年代に入ると外食企業を中心に欧州にも拡大し、1970年代にはアジアの日本にも続々と進出していく。このアメリカのフランチャイズ企業の進出が、日本のフランチャイジング企業に本来のビジネス・フォーマット型フランチャイジングとはどのようなものかを教えたと言って過言ではなかろう。実際、マクドナルドの出店（立地開発）マニュアルや運営システムなどは、日本のフランチャイズ企業が一斉に参考にした（模倣した）のである。[6]

　表2－2で参入形態を見ると、当初こそ合弁会社を日本で設立し、それと国際フランチャイズ契約を結んで参入するケースが見られたが、1970年代も半ばになると日本の企業と直接契約を結ぶストレート・フランチャイズ方式が主流となり、投資は一切伴わないものとなった。また、日本側はアメリカ本部からフランチャイズ・パッケージを購入したのであるが、ストレート・フランチャイズ契約の場合、実際には商標と店舗デザインや基本的なビジネスモデル（仕組み）などは移転されたが、具体的な運営ノウハウの移転や開業後の運営指導についてはアメリカ市場を前提としたマニュアル（冊子）を高額で販売するにとどまっていたため、現地適応化はパートナー側の仕事であった。さらに、日本のパートナー企業にフランチャイジングの経験がなく、信頼度も低いといった理由で加盟金やロイヤリティはかなり高額なものが要求された。加えて、契約には売上高や店舗数などの年次目標値が設定されているケースもあったことから、それらが契約後の利益の足を引っ張ることにもなった。[7]

　表2－2からは参入後すぐに撤退したチェーンも多く見られるが、その要因の一つに店舗立地の失敗があったとされる。当時のアメリカのファーストフー

---

[6] 特にマクドナルドの影響は大きく、当時の日本のフランチャイズ企業には、マクドナルドから流出した店舗立地評価のためのガイドラインのコピーが出回ったとされる。また、その後も日本マクドナルド出身のコンサルタントが多数、業界内で活躍したことも運営技術の移転に影響を与えた。

[7] セブンイレブンの場合も、当初の交渉ではサウスランド社がロイヤリティを売上の1％とする案を出したが、結局0.5％で決着したとされる。

表2−3　日本発祥の主要フランチャイズ企業の設立（1980年まで）

店舗ブランド	業　種	開始年	設立企業	備　考
ダスキン	清掃サービス	1963	ダスキン	日本初のビジネス・フォーマット型FC
不二家	洋菓子	1963	不二家	
銀座ルノアール	コーヒー	1964	花見商事	
養老乃滝	居酒屋	1966	養老商事	日本初の大規模FC
さつまラーメン	ラーメン	1966	さつまラーメン	
どさん子	ラーメン	1967	北国商事	1971年加盟500店、1977年加盟1000店達成の急成長企業
小僧寿し	持ち帰り寿司	1968	小僧寿し本部	1975年加盟500店、1981年加盟2000店、現在はすかいらーく傘下
ドムドム	ハンバーガー	1970	ダイエー（ウエンコジャパン）	日本初のハンバーガーチェーン
すかいらーく	ファミリーレストラン	1970	すかいらーく	ファミリーレストランの第1号
ロイヤルホスト	ファミリーレストラン	1971	ロイヤル	1978年に飲食業として初の上場
長崎ちゃんめん	ラーメン	1971	レストラン五平太	
味千ラーメン	ラーメン	1972	重光産業	
カフェコロラド	コーヒー	1972	ドトールコーヒー	
コロラドコーヒー	コーヒー	1972	ワールドコーヒー	
モスバーガー	ハンバーガー	1972	モスフード	
ロッテリア	ハンバーガー	1972	ロッテ商事	
（キリー）	ハンバーガー	1973	林兼産業	閉店済み
明治サンテ・レオ	ハンバーガー	1973	明治乳業	現在は新規出店停止
吉野家	牛丼	1973	吉野家	創業は1889年
マナベ珈琲館	コーヒー	1973	マナベ珈琲館	現在の店名は珈琲館
三本コーヒー	コーヒー	1973	三本コーヒー	創業は1957年
（森永ラブ）	ハンバーガー	1974	森永乳業	1996年にバーガーキングに買収、2001年の同社日本撤退で閉鎖
オートバックス	カー用品	1974	大豊産業	大豊産業は後に㈱オートバックスセブンに社名変更
ファーストキッチン	ハンバーガー	1977	サントリー	
ほっかほっか亭	持ち帰り弁当	1978	ほっかほっか亭	1976年創業、1978年から本格チェーン展開
村さ来	居酒屋	1978	村さ来本部	現在はJT傘下の加ト吉の子会社フード・インクルーヴ㈱が運営
つぼ八	居酒屋	1978	北海道つぼ八	北海道つぼ八は1982年にイトマンの出資を受けて㈱つぼ八に
ファミリーマート	コンビニ	1978	西友ストア	後に西友から独立し㈱ファミリーマートに
ヤマザキデイリーストア	コンビニ	1978	山崎製パン	現在の店名はデイリーヤマザキ
クレープハウス・ユニ	クレープ	1979	ユニ・ピーアール	広告会社が創業
ドトールコーヒー	コーヒー	1980	ドトールコーヒー	日本初のセルフサービス型コーヒーチェーン
サンクス	コンビニ	1980	長崎屋	2004年サークルKと合併、㈱ユニーが運営

注1）（　）内の店舗ブランドは閉店済み。
注2）「開始年」とは、フランチャイズチェーン展開の開始年。
注3）サンクスは長崎屋が設立したが、その後は小野グループの所有を経て2004年のサークルKとの合併でユニーの傘下に入る。
出所）各種資料に基づき筆者作成。

ド店にとっては、郊外のロードサイド立地が主たる出店場所であった。そこで、アメリカの本部は日本側にもロードサイド立地を強要した。ゼネラルフーズが契約したバーガーシェフも1号店は茅ヶ崎のロードサイドであったが、当時は日本のモータリゼーションが未熟であり、ロードサイド立地は集客が思うようにできず、またブランド知名度も上がらなかったために1年も経たないうちに閉店に追い込まれた[8]。

　また、コンビニのような日本に存在しなかった新しい業態は、日本の小売市場における競争ポジションが不明瞭で、日本では何を売るべきなのか、どう運営すべきなのかといった最も基本的なことすら分からない状態で、初期には様々な苦労があったとされる[9]。その点では、外資がもたらしたノウハウのインパクトは外食分野では大きかったが、コンビニ分野ではさほど大きくはなく、日本側が独自に手探りでフランチャイズ・パッケージを構築していったと言える。

　その結果、コンビニが日本市場で意味のある存在となるまでにはかなりの年月を要した。コンビニは、1970年代はスーパーマーケットより営業時間が長い点くらいしか消費者にアピールすることがなかったのであり、住宅街立地をベースとして弁当、おにぎり、ドリンク、雑誌を中心に販売するといった競争ポジションを確立したのは1980年代の中頃からである。さらに、オリジナルな商品で競争する現在のスタイルを確立したのは1990年代以降のことであった。

　このように、日本市場への適応化に苦慮しつつも、多くの外資フランチャイ

---

[8] 実は、このようなアメリカ式の強引な押しつけが、アメリカの国際フランチャイジングにおいてはしばしば見受けられる。それは、日本に対してだけではなく韓国や香港などのアジア諸国のパートナーに対しても同様であって、アメリカ本部から十分なノウハウ移転（市場特性に応じた丁寧な指導）がなされないままアメリカ方式をもち込んだことからアジアでは運営に行き詰まるケースが出てくる。そこで、韓国セブンイレブンにはセブンイレブン・ジャパンがノウハウ指導を行い、香港サークルKにはサークルKジャパンが1980年代中頃にノウハウ指導を行うといった現象も見られた。

[9] セブンイレブンの1号店では箒や塵取りなども置かれていたとされるし（NHK製作「プロジェクトX：日米逆転！コンビニを作った素人たち」より）、ローソンの1号店ではアメリカのパーティーグッズが入口近くに並んでいたとされる。当時の日本のコンビニの実態については、川辺［2006］を参照のこと。

ジングが日本市場に参入し、日本のフランチャイズ企業に影響を与えていった。その結果、日本では表2－3に見るように、1970年代に外資に刺激された日本生まれのハンバーガーやコーヒーのフランチャイズチェーン、コンビニのフランチャイズチェーンなどが次々に誕生していったのである。その中には、大手の食品メーカーや大手小売業が設立したチェーンも見られた。

6　日本の国際フランチャイジングの幕開け

　このように、外資の参入が相次ぐ中で、日本から海外に進出するフランチャイズ企業が出現してくる。それは、外食チェーン分野から始まった[10]。日本の外食チェーンの海外進出は、1974年3月に北国商事（現「ホッコク」）が展開する「どさん子ラーメン」によるニューヨークのマンハッタンへの出店が最初である。しかし、この店舗は現地に住む日本人が同社の看板（商標）を借りてノウハウ指導を受けただけの店舗であり、食材（麺やスープ）もまったく別のもので、さらに結局は正式なフランチャイズ契約を結ぶに至らなかったことから国際フランチャイジングのケースとは呼ぶには不十分なものであった[11]。

　ところが、その後、このアメリカでの事業を三菱商事のアメリカ法人が支援するようになる。その背景には、日本で北国商事に製麺材料を供給していた「日清製粉」の存在があった。日清製粉は、当時、外食ビジネスに注力していた三菱商事の開発部にアメリカでのどさん子ラーメン展開の支援を仲介したのである。こうして、1974年7月に日清製粉とアメリカ三菱商事、そして北国商事の三者合弁の現地法人である「DOSANKO FOODS Inc.」（ドサンコ・フーズ・インコーポレイテッド）（以下、DFI）がニューヨークに設立されたのである（店舗運営は北国商事が担当）。日本の北国商事は、この現地法人とマスター・フランチャイズ契約（第1章参照）を結んだので、同社の国際フランチャイジングはここから正式に始まったと見てよかろう。

　この現地法人が、ニューヨークのマンハッタンに出店した1号店が1975年11

「どさん子」のニューヨークの店舗（1970年代：ホッコク提供）

月に開店したマジソン店である。この店は直営店であったが、1977年になるとDFIはフランチャイズ店（フラッシング店、オーナーは現地在住の日本人）の展開を開始したことから、現地でサブ・フランチャイジングも行ったことが分

---

(10) そもそも、日本の飲食業が個人ではなく企業として海外進出を始めたのは、1970年代にサントリー（1970年メキシコ、1973年ミラノ、1975年パリ、サンパウロ、1977年ロンドン）やキッコーマン（1973年デュッセルドルフ、1975年ハンブルク、1978年ミュンヘン、ケルン）、スエヒロ（1972年シドニー）などが進出したところに遡る。しかし、それらはフランチャイズとは無縁のものであったのでここでは取り上げない。

(11) 1972年9月に北国商事の社長がアメリカ視察を行った際に現地の日本人事業家（リムジン送迎業を経営）と知り合ったが、その事業家からニューヨークでラーメン専門店をやりたいので指導して欲しいと依頼されたのがきっかけであった。北国商事の社長自らが交渉にあたり、麺もスープも供給せず、商標のみを無料で貸与することとなった。その店舗は、北国商事の現地法人「DFI」がのちにフランチャイズ化をしようとしたが事業家側に拒否され、結局、個人ラーメン店のまま終わった（1981年2月に店舗のリース契約切れで閉店）。

かる。その後、1980年に餃子などを生産する工場を設立し、出店を本格化させた。

表2－4に見るように、同社は1984年初めの時点でニューヨークに12店、ニュージャージー州に1店、ペンシルバニア州（フィラデルフィア）に1店を直営あるいはフランチャイズで出店したが、結局は1990年代末に撤退することとなる。

ところで、北国商事が「どさん子」の名義貸し出店を行った1974年3月から本格的な1号店を出店した1975年11月までの間に、アメリカで新たにチェーン展開を開始しようとした外食企業が「山田食品産業」と「元禄」、それに「吉野家」であった。まず、日本でうどんチェーンを展開する山田食品産業は、ニューヨークでラーメン店「TARO」を1974年8月に出店した。同じ8月に、元禄もニューヨークに持ち帰り寿司店を開店した。両者とも100％子会社での進出であったが、TAROは1店舗で終了し、元禄は1983年にフランチャイズ店をもう1店舗開店したが、多店舗展開には至らなかった。

本格的なチェーン展開に発展したのは吉野家による出店であった。同社は、1975年2月にコロラド州のデンバーに1号店を開いた。デンバーには吉野家の子会社であるUSA吉野家の拠点があったことによる。ただし、このUSA吉野家の店舗展開は、北国商事のような戦略的なものではなく、いわば窮余の策といった性格のものであったと言える。

というのも、そもそも吉野家がアメリカのデンバーに子会社のUSA吉野家を設立（1973年3月）した目的は、日本での店舗急増によって拡大していた牛肉需要を、安定的かつ安価に充足させるための牛肉輸出拠点づくりにあった。デンバーには、質の良い牛肉パッカー（食肉処理業者）が立地していたからである。しかし、進出直後の1973年秋に、日本政府は国内の畜産業保護のために牛肉の輸入を禁止してしまう。これによって事業継続が不可能となったため、とりあえずの事業（輸入再開までのつなぎ）として牛丼チェーンの展開が開始されたのである。

USA吉野家はデンバー市内に直営店を7店舗を出したが、米飯食に慣れな

表2-4 「どさん子」ラーメンのアメリカでの事業展開（1984年まで）

	店舗名	開設年	形態	面積	備考
1	レキシントン	1974年3月	商標契約	不明	現地日本人に商標のみ貸与
2	マジソン	1975年11月	直営	68坪	ラーメンと寿司
3	マーレ	1976年11月	直営	32坪	
4	フラッシング	1977年8月	FC	10坪	日本人パートナー
5	フジ・フーズ	1978年8月	FC	50坪	ラーメンと寿司、日本人パートナー
6	フィフス	1979年10月	FC	70坪	フィリピン系パートナー
	＊工場設立	1980年3月	—	—	チェーン化を本格化
7	エンパイア	1980年8月	直営	84坪	
8	ロックフェラーセンター	1980年10月	直営	76坪	
9	ブロードウェイ69	1983年1月	FC	25坪	店舗名「寿司清」、ラーメンと寿司
10	ブロードウェイ43	1983年5月	FC	53坪	フィリピン系パートナー
11	ホワイトプレーン	1983年6月	FC	15坪	日本人パートナー
12	シーポート	1983年8月	FC	不明	
13	フォートリー	1984年1月	FC	不明	ニュージャージー州、8ヶ月後に閉店
14	フィラデルフィア	1984年9月	直営	不明	ペンシルバニア州、1年で閉店

注1）「ブロードウェイ69」店の面積はラーメンコーナーのみの面積。
注2）運営会社のドサンコフーズは、1982年度の決算で累損を解消し黒字化。
出所）社内資料などを基に筆者作成。

いアメリカ人には人気が出なかったため、1979年6月にアジア系やヒスパニック系が多いカリフォルニア州（ロサンゼルス）に進出をした。ところが、1年後の1980年7月に日本本社が倒産（会社更生法適用申請）したことで、USA吉野家も1981年3月に連鎖倒産（会社破産法申請）を余儀なくされてしまう。この際に撤退が検討されたものの、結論的には、撤退をせずに現地で牛丼チェーン企業として自立する道を探ることとなる。そのために、同社は業績が悪かったデンバーの店舗をすべて閉鎖し、牛丼の市場性がより大きいカリフォルニ

ア州への移転を断行した。(12)その意味では、吉野家にとっては、1980年が本当の意味での戦略的な国際フランチャイジングの開始年であったと言える（進出後の実態については第8章を参照）。ただし、現地での出店はすべて直営店であって、サブ・フランチャイジングは行っていなかった。(13)その主な理由は、フランチャイズ店では吉野家（本部）がめざすブランド管理（特に、牛丼の品質維持など）が困難になるとの判断がある。よって同社は、現在に至るまで、海外では直営での店舗展開が基本となっている。アメリカでは2005年頃からサブ・フランチャイジングも開始しているが、2009年10月時点ではその数はまだきわめて限られたものにとどまっている。

以上のように、日本の国際フランチャイジングは1970年代の北国商事と吉野家から始まったが、進出先でサブ・フランチャイジングを展開したのは北国商事のみであった。また、1970年代には、この2社以外の国際フランチャイジングはファッション専門店分野で若干見られた程度であった。まさに、「夜明け」と呼ぶにふさわしい時代であったと言える。

7 外食チェーンによる国際フランチャイジングの発展史

既述のように、日本の外食企業による国際フランチャイジングは、どさん子ラーメンによる1974年のニューヨーク進出から始まったが、今日に至るまでのその後の経緯は、巻末の**付表1**の年表に示すごとくである。ただ、どのような企業を外食企業とみなすのか、どのような行動を国際フランチャイジングと見なすのか（分析対象とするのか）といったことは案外難しい問題である。

また、この**付表1**で取り上げた国際化行動は、基本的に①国際的なフランチャイズ契約（ストレート・フランチャイジング）での進出と、②現地に子会社や合弁会社を設立して、それと日本本部とが何らかの契約（マスター・フランチャイズ契約、あるいは商標使用や技術援助に関する契約）を結んだケースのどちらかを取り上げている。

一方で、現地でサブ・フランチャイジングを行ったかどうかは問題としなかった。というのも、サブ・フランチャイジングを行うためには、現実には最初1～2店は直営店の展開を行って市場の反応や運営上の問題を見極める必要があるが、それに手間取っているうちに事業の目処が立たなくなり撤退してしまうケースも考えられるからである。

とはいえ、その企業が本当にサブ・フランチャイジングを行う意思があったかどうかは、新聞などで報じられている場合は別として推測で判断することは難しい。そこで、国内でフランチャイズ展開を行っている企業の海外進出は、将来的に現地でのフランチャイジングをめざして進出した可能性が高いことから、たとえ子会社で進出して現地でも直営店しか出していない場合でも分析の対象とすることにした。また、現地でのフランチャイズ展開を念頭に、現地企業（チェーン）を買収したもの（ヒヤリングや報道などで確認）も取り上げた。

その結果、全体の件数は361件となった。進出形態の内訳は、ストレート・フランチャイジングでの進出（付表中でFCと記したもの）が135件と全体の4割弱を占めている。次に多いのが子会社での進出の116件で32％、孫会社での進出（第3国にある子会社からの投資）も8件あった。さらに、現地企業との合弁や日本企業同士の共同出資での進出が87件、買収や資本参加は10件見られた。

このような直接投資は合計で221となっており、6割余りを占めている。ただし、このような直接投資のケースでも、日本側とは商標使用や技術援助に関する何らかの契約（広義のフランチャイズ契約）がなされている点には注意を要する。その意味では、これも「国際フランチャイジング」と呼んで差し支えなかろう。

⑿　デンバーは米飯食への馴染みがない白人が多かったが、カリフォルニアには米飯食に慣れたヒスパニックやアジア系住民が多かったことによる（第8章参照）

⒀　吉野家はサブ・フランチャイジングをできるようにアメリカの法律に基づいた申請を以前から行っていたが、牛丼の品質管理に不安があることから、現実には公募によるサブ・フランチャイジングは行ってこなかった。正確には、1店舗だけ独立した社員が運営するフランチャイズ店が存在してきたが、あくまで例外的な存在であった。

表2-5は、この巻末の年表を年代別・進出先別に整理したものである。これを見ると、国際フランチャイジングが増大し始めるのは1980年代以降のことである。その後、バブル景気や円高の影響を受けた1990年代前半にやや増えるものの、海外進出の動きが急拡大してくるのは、むしろ近年になってからであることが分かろう。つまり、2005年以降の進出が123件と、全進出件数の3分の1以上（34％）を占めているのである。今後も、国内の市場縮小が深刻化するにつれて進出が増えていくものと思われる。

また、外食企業の国際化の特徴として、小規模の企業や事業経験が浅い企業でも海外進出が可能なことが挙げられる。というのも、基本的にフランチャイズ事業は加盟者（ジー）の要請によって拡大していくのが基本であり、加盟希望が海外からのものであれば、それがきっかけとなって国際化が開始されるからである。つまり、レギュラーチェーンのような国際化に対する強い意思や明確な戦略がなくても、比較的容易に国際化が始まる傾向があると言える。日本食が世界的なブームとなりつつある状況を考えるなら、海外からの加盟希望は今後も増大していくと見られるため、海外進出の増大は今後も続いていくものと推測される。

さて、表2-5で進出先市場（地域）の変化を見ると、1970年代はアメリカのニューヨークや西海岸、ハワイといった地域であったが、1980年代に入るとアジアへの進出が見られるようになる。1990年代になるとアジアへの進出が加速化し、最近5年間ではアジアが8割を占めるに至っているのである。1970年代からの合計で見てもアジアは7割以上に達しており、日本の外食企業の国際フランチャイジングがいかにアジアに偏ってきたのかが分かる。とりわけ、近年では中国への進出が急増している（アジアの4割以上、全体の3割を占める）。それは中国への投資規制の撤廃やフランチャイズ関連法の整備が進んだことなど、進出環境が整ってきたことが背景にある（第8章参照）。

また、アメリカにおいては、日本人やアジア系が多いハワイ、グアム、西海岸が中心となっており、それにニューヨークが加わるという非常に限られた範囲での展開であることも分かろう。さらに、欧州や中東をはじめとする地域に

第2章 日本の国際フランチャイジングの歴史と特性 59

表2－5 外食企業の国際フランチャイジング（時期別・地域別）

地域	進出先 国（都市）	1970-1974	1975-1979	1980-1984	1985-1989	1990-1994	1995-1999	2000-2004	2005-2009	合計	%
アジア	北京				1	3	5	2	6	17	4.7%
	上海					3	3	11	18	35	9.7%
	大連								4	4	1.1%
	深セン							1	3	4	1.1%
	香港			2	3	2	4	12	8	31	8.6%
	その他					5	1	5	6	17	4.7%
	中国計			2	4	13	13	31	45	108	29.9%
	台湾			3	9	9	6	7	13	47	13.0%
	韓国		1	2	1	3	2	7	6	22	6.1%
	シンガポール			3		6	4	2	11	26	7.2%
	マレーシア			1		2	3	2	3	11	3.0%
	タイ			2		3	2	2	13	22	6.1%
	インドネシア			1	3	1		2	5	12	3.3%
	フィリピン					3		5	2	10	2.8%
	ベトナム						1			1	0.3%
	モンゴル						1			1	0.3%
	アジア地域計		1	14	17	40	32	58	98	260	72.0%
北米・ハワイ	ニューヨーク	1	3	2	1		1		4	12	3.3%
	ロサンゼルス		1	2	4		1	5	3	16	4.4%
	他西海岸			2		2	2	3	4	14	3.9%
	その他大陸		1	1	1	3			1	7	1.9%
	ハワイ		1	5	6	3	2	3	2	22	6.1%
	グアム・サイパン			2		1	3	1		7	1.9%
	アメリカ計	1	6	14	13	9	9	12	14	78	21.6%
	カナダ						1		4	5	1.4%
	北米・ハワイ地域計	1	6	14	13	9	10	12	18	83	23.0%
欧州	イギリス						1		1	2	0.6%
	フランス				1					1	0.3%
	デンマーク								1	1	0.3%
	ロシア						1		1	2	0.6%
	欧州地域計				1		2		3	6	1.7%
豪州	オーストラリア					3	1	3	2	9	2.5%
中東	クウェート								1	1	0.3%
その他				1					1	2	0.6%
	総計	1	7	29	34	50	44	73	123	361	100.0%

注1）巻末の付表1を集計したもの。
注2）進出先の「その他」とは、ニューカレドニア1、タヒチ1。
出所）各種資料、各社問い合わせに基づいて筆者作成。

至ってはほとんど進出してこなかったことも分かる。近年では、シュークリームの「ビアードパパ」によるイギリスとロシアへの出店や、ベーカリーの「アンデルセン」によるデンマークへの出店、あるいは回転寿司の「元気寿司」によるクウェートへの出店なども見られるが、まだ例外的と言わざるを得ない。このような地理的な展開の狭さは、のちに見る専門店チェーンの海外進出とは異なる特徴と言えよう。

ところで、進出先がアジアやハワイ、アメリカ西海岸に偏る背景には、進出企業の業種＝提供メニューの問題がある。進出行動をメニュー別に集計するとラーメンが一番多く51件（14％）、次いで寿司（回転寿司、持帰り寿司含む）の27件、その後は居酒屋・ダイニング21件、焼き肉18件、牛丼17件、ハンバーガー17件と続いていく。全体としては、日本独特のメニューや味を有するものが7割近くを占めている。つまり、寿司を除けば欧米人には馴染みのないものが大半を占めているのである。

したがって、それら日本的なメニューが受容されやすい地域、つまりアジアを中心とし、それにハワイとアメリカ西海岸が加わる地域に出ざるを得なかったと言える。もちろん、それらの地域には日本人観光客や日本人駐在員およびその家族が多いという特徴もあり、そのような邦人消費をねらった側面も否定できないであろう。

次に、撤退に目を向けてみよう。巻末の**付表1**によると、撤退（合併・統合・休止を含む）は135件確認でき、それは全体の4割近くに相当する。ただし、その中の106件が1999年までの進出であり、この時期に限ると進出総数の7割近くがすでに撤退していることとなる。逆に、最近10年間の進出196件について見ると、撤退は32件にとどまる。外食の国際化で長続きしている例は少ないことが分かろう。

とはいえ、1970年代～1980年代前半の外食国際化における最初の10年間に進出したものの中にも、現在に至るまで継続しているケースが散見される。「吉野家」のアメリカ事業や「ロッテリア」の韓国事業、「山崎製パン」のアメリカ・香港・タイ事業、「すかいらーく」の台湾事業などがそれであるが、それ

らは現地で定着した数少ないケースと言ってよかろう。
　2000年以降の近年の進出動向については第３章で分析したい。

8　コンビニ企業による国際フランチャイジングの歴史

　このような外食チェーンの国際フランチャイジングに対して、コンビニの国際フランチャイジングは表２−６に見るようにかなり遅れて始まり、その本格化は1990年代になるまで待たねばならなかった。

　表２−６によれば、日本のコンビニの国際化は1980年代のマイショップやニコマートといった中小チェーンから始まるのであるが、それらは日本本部の経営不振や倒産によって途絶えてしまう。また、「サークルＫ」がアメリカ本部と組んで日本型のコンビニを香港で展開する試みも見られたが、実質的には立ち上げ時の技術支援にとどまり、その後は資本関係もなくなる。したがって、本格的な進出は、日本発祥のコンビニである「ファミリーマート」による1988年８月の台湾進出（１号店は同年12月）がその最初と言える。これ以後の日本のコンビニの国際展開は、大手チェーン４社によるものに限定されてしまった。また、1989年には「セブンイレブン・ジャパン」がハワイ事業をアメリカ本部から譲渡されたり、「ファミリーマート」と「ミニストップ」が1990年に韓国に進出したりすることから、本格的な日本のコンビニ国際化は実質的には1990年頃から始まると見てよかろう。

　ファミリーマートは、台湾やタイでは現地パートナーとの合弁会社を設立し、そこを相手先としてエリア・フランチャイズ契約を結ぶ形で進出が行われた。また、韓国の場合は、当時は小売分野への外国企業の投資を認めていなかったので、現地パートナーとのストレート・フランチャイジングで進出している

---

⑭　ファミリーマートは海外との契約はマスター・フランチャイズ契約ではなく、すべて「エリア・フランチャイズ契約」となっている。この理由は、１国全域をベースとした契約ではなく、地域を限定した形でフランチャイズ権を与えているためである。

表2－6　コンビニの国際フランチャイジングの歴史

年	ファミリーマート	ミニストップ	ローソン	セブンイレブン[1]	その他
1984					マイショップ：シンガポール・マレーシアに進出
1985					サークルK：香港（合弁）[2]
1986					＊マイショップ撤退（日本側倒産）
1987					
1988	・台湾（合弁40％）				ニコマート：台湾（合弁）
1989				・ハワイ（買収）[3]	
1990	・韓国（FC）[4]	・韓国（FC）[4]			
1991					
1992					
1993	・タイ（合弁30％）				
1994					
1995		・フィリピン（FC）			
1996			・上海（合弁70％）[5]		
1997					
1998		＊フィリピンから撤退			
1999					
2000		・フィリピン（FC）再進出			
2001					
2002	＊台湾で株式公開				
2003		＊韓国を子会社化[6]			
2004	・上海（合弁）[7]		＊出資比率49％に	・北京（合弁）[8]	
2005	・アメリカ（共同出資）[9]				
2006	・広州（合弁）				
2007	・蘇州（合弁）				＊ニコマートが台湾ファミリーマートに吸収合併
2008					
2009	・ベトナム（合弁）	・青島（合弁）		・上海（FC）[10] ・インドネシア（FC）[11]	

注1）セブンイレブンは現在15か国で展開しているが、この表では日本が意思決定に関与したもののみを挙げている。
注2）アメリカサークルK、ユニー、現地企業の三社合弁で進出し、日本型のコンビニを移転。
注3）セブンイレブン・ジャパンがサウスランド社から事業譲渡を受ける。
注4）当時の韓国は直接投資を禁じていたため、現地企業とストレート・フランチャイジング契約結ぶ。後に合弁・子会社化。
注5）当時の中国はフランチャイジングを認めていなかったのでレギュラーチェーンとして進出。
注6）韓国の契約先であった大象流通（現：韓国ミニストップ）の株を取得して子会社化。
注7）台湾のファミリーマート社が運営。中国でのライセンスは日本と台湾ファミリーマートと伊藤忠商事の合弁会社ファミリーマート・チャイナ・ホールディングス（日本）が有し、そこが現地の運営会社にFC権を付与した。
注8）セブンイレブン・ジャパンとして（日本の意思決定により）、初めて海外市場に進出。
注9）伊藤忠の現地法人との共同出資、「Famima!!」ブランドの新業態店で参入。
注10）セブンイレブン中国が台湾の統一超商股份有限公司とストレートFC契約（上海のエリア・フランチャイズ権を与えた）。
注11）セブン&アイ・ホールディングスの子会社・7-Eleven, Inc.（アメリカ）がストレートFCを行った（マスター・フランチャイズ権付与）。
出所）各社「有価証券報告書」およびホームページ、および川辺信雄［2006］「日系コンビニエンス・ストアの国際展開」『早稲田商学』409／410合併号に基づき筆者作成。

（1998年に市場開放されたあとは合弁に）。ただし、現地でのサブ・フランチャイジングは台湾を除いてはなかなか進展しなかった（その理由は第6章で検討する）。

その後は1996年にローソンが中国・上海に進出したくらいで、1990年代の新たな進出は一段落する。これはコンビニの海外事業が、台湾のファミリーマートを除いてなかなか軌道に乗らなかったことによる。その理由には物流システムの整備の遅れや、加盟者の集まりの悪さ、地代の高さ、人材の定着の悪さ、法的規制など様々なものがあった。

しかし、2000年以降は状況が大きく変わってくる。まず、2000年にはミニストップがフィリピン・マニラに再進出する。また、セブンイレブン・ジャパンも2004年に中国・北京に新規出店を開始した。(15)ファミリーマートは2002年に好調であった台湾の事業を現地で上場するが、2003年になると国内と国外の合計店舗が10,000店を超えた。これを機に、アジア市場の本格的な開拓に注力する決断を行い、国外市場での成長に将来をかける方向に舵を切ったのである。

ファミリーマートは、2004年7月には巨大市場である中国の上海に進出し(16)、以後は2005年にアメリカ西海岸、2006年に中国・広州、2007年に中国・蘇州、そして2009年にはベトナムと、毎年のように版図を拡大していったのである。この間の2009年8月末には、海外の店舗数が国内の店舗数を上回る規模にまで

---

(15) イトーヨーカ堂は、1989年12月にアメリカのセブンイレブンを運営していたサウスランド社からハワイ事業を取得し（引き受け）、さらに1991年には同社の立て直しを依頼されて株式を取得してアメリカ本社の経営にも参加するようになる。これは、フランチャイザーが本部を取得した珍しいケースとして世界の注目を集めた。しかし、イトーヨーカ堂はセブンイレブンの海外事業については意図的にタッチしこなかった。したがって、日本主導でセブンイレブンが海外に進出したのは2004年の北京が最初と言える。その後、2005年2月にアメリカの「7-Eleven, Inc」をセブン＆アイ・ホールディングスの子会社にしたことで、これまでタッチしてこなかった海外事業にも関与する方向に舵を切った。それ以後の海外進出は、セブン＆アイ・ホールディングスが意思決定を行っている。

(16) 上海への進出は日本からの進出ではなく、台湾の法人が出資し、現地の台湾系の企業と合弁で始めるというグローバルなネットワークを利用したものであった。つまり、台湾での人材やノウハウ蓄積をフル活用しようとしたものであった。その詳細と結果については第6章を参照のこと。

達している。

　さて、2009年は各社のアジア市場への傾斜が明確になった年であった。まず4月にセブンイレブンが中国・上海で開店し、7月にはミニストップが中国・青島で開店、12月にはファミリーマートがベトナムのホーチミンに開店した。また、セブンイレブンはインドネシアのジャカルタで開店の準備に入った。

　このように、日本のコンビニの国際フランチャイジングは2000年以降に大きな発展を見せ、特に2004年以降は急激に地理的な拡大を見せてきたのである。

9　専門店・サービス業による国際フランチャイジングの歴史

　ここでは、専門店・サービス業の国際フランチャイジングを捉えるにあたって、大きくアパレルなどのファッション関連企業によるものと、その他の業種の専門店・サービス業によるものとに分けて整理したい。巻末の**付表2**はファッション関連企業による国際フランチャイジングの歴史を、そして**付表3**は、その他の専門店・サービス業による国際フランチャイジングを整理したものである。これらを基に、二つのカテゴリー別に歴史的な特性を考察してみたい。

（1）ファッション関連企業による国際フランチャイジングの歴史

　まず、ファッション関連専門店の国際化は1972年の「鈴屋」によるパリ出店から始まるが、当時はファッションの中心がパリやミラノ、ニューヨークであったため、もっぱら欧米の中心都市への出店がめざされた。その背景には、ファッションの都で実力を試してみたいという意気込みや、欧米のファッション情報を収集するアンテナショップの構築といったものがあった。したがって、フランチャイズ契約を結ばずに商品供給をするだけの進出も少なからず見られた。

　しかし、1980年代に入ると大手のファッション企業は、単に日本製品を海外

で小売りするだけのものから、海外で企画・生産した商品を海外で卸売りしようとする方向に転換していく。例えば、オンワード樫山の場合は、1980年代に入るとフランス、イタリア、ニューヨークの小売店を閉め、その代わりに製造卸を行う子会社を各国に設立して「カシヤマ」ブランドで企画製造した商品を地元の百貨店やブティックに卸売りをする方向に転換した。様々な海外デザイナーと組んで海外で立ち上げた多様な新しいブランドを、現地でのアンテナショップ（直営店）で反応を見ながら卸売りによって拡大していく戦略である。こうして、1980年代中頃以降の大手ファッション企業の欧米での海外行動は複雑化し、かつ表面からは見えにくくなっていった（巻末の**付表2**でも完全には捕捉しきれていない）。

　当時は、アジアNIEs（香港、シンガポール、韓国、台湾）の経済成長によって市場が拡大し、そこに向けての日本の百貨店の進出が始まったことから、それに伴ってアジアNIEsへの出店も増大してくる。さらに、当時のアジアではショッピングセンターの開発や日系百貨店の出店も始まっていたことから、ディベロッパーからの引き合いも増大するようになったことも見逃せない。例えば、1980年代～1990年代前半の香港では、大丸、松坂屋、三越、そごう、伊勢丹、ジャスコ、ユニーなどが営業をしており、そのような日系大型店内にテナントとして出店するケースが多く見られた。その傾向は、シンガポールやバンコクにおいても同様であった。この点から言うなら、日系の大型店が専門店の海外進出を促す大きなきっかけとなったのである。

　また、当時は日本の衣料品と現地の衣料品とのデザインや品質の差が大きく、日本製品と言うだけで大きな売上が期待できたのが実態であった[17]。そこで、子会社を設立してデザインや製造卸を行っていた欧米とは異なり、アジアへは現地の百貨店や企業とのフランチャイズ契約による商品供給（輸出）で十分とい

---

[17]　当初は日本の越年商品も飛ぶように売れたことから、いわばファッション商品の在庫処分場としてアジアが位置づけられていたとされる。しかし、ファッション関係の新しい情報はすぐに市場に浸透するようになり、古い商品は売れなくなっていったとされる（1998年3月における香港東急百貨店でのヒヤリングより）。

う認識が業界内にあった。要するに、アジア市場はリスクが高い割には大して学ぶべきものもないため、投資リスクが少なく、手間のかからない商品輸出に徹するという姿勢で臨んだ企業が多かったのである。これは、いわば製品・商標型のフランチャイズ契約が選択されたと言えよう。

　ところが、まもなく現地での競争が激化してくると、現地の企業に日本側の指示を守らせるのが難しいことが明らかとなってくる。現地任せでは店頭での品揃え（ブランド間の調整）や商品管理、あるいは日本側の価格コントロールが思うようにできず（すぐに大幅な値引きをしてしまう）、ブランドイメージが低下するという事態に陥ったのである。そこで、1980年代中頃になると自らが投資をして現地に子会社を設立し、厳格な管理が可能な直営店舗を出店していく方式をとる企業が増大していくこととなる。

　例えば、1982年に香港の個人事業家とフランチャイズ契約を結んで出店した「三愛」の場合は、進出後まもなくそのようなマネジメント上の壁にあたり、売上が伸び悩むこととなる。そこで契約を解除して、香港に100％子会社を設立して本格的な出店を行っていった。1981年に同じく香港に進出した「東京ブラウス」も、当初の地元百貨店とのフランチャイズ契約を1年で打ち切り、翌年には子会社設立を行って日系百貨店に店舗を拡大していった。

　もちろん、このような子会社化の要因はブランド管理上の問題だけではなかった。当初予想した以上に急激に現地市場が拡大しつつあることが判明し、地元のファッション企業との競争も激化したため、100％子会社によって本格的にアジア市場に参入するためのノウハウ取得を行いたいという思いが強くなったこともあったとされる[18]。

　さて、ここで巻末の**付表2**を年代別・進出先別に整理をした**表2－7**に基づいて、全体の特性を見ておきたい。ただし、ファッション企業の国際行動は、製造や卸売りと小売店の出店とが一体化して複雑な様相を見せており、その傾向は時代が下るほど強まっている。さらに近年の中国では、製造と販売を分離して、販売専業の子会社を設立する動きも広まってきている（第7章参照）。その中で、どれを国際フランチャイジングおよびそれに関係深い行動であるの

表2－7　ファッション関連専門店の国際フランチャイジング（時期別・地域別）

地域	進出先 国（都市）	1965-1969	1970-1974	1975-1979	1980-1984	1985-1989	1990-1994	1995-1999	2000-2004	2005-2009	合計	%
アジア	北京						4	1			5	3.4%
	上海					1	5	2	4	6	18	12.1%
	広東						1				1	0.7%
	香港		1		4	5	3	3	2	4	22	14.8%
	その他						3		1	1	5	3.4%
	中国計	0	1	0	4	6	16	6	7	11	51	34.2%
	台湾				3	6	6	3	1	3	22	14.8%
	韓国					1	3	1	5	1	11	7.4%
	シンガポール		1	1	7		4		1	1	16	10.7%
	マレーシア				1	1		1		1	5	3.4%
	タイ					1					1	0.7%
	インドネシア						1				1	0.7%
	フィリピン										0	0.0%
	ベトナム										0	0.0%
	その他										0	0.0%
	アジア地域計	0	2	1	15	16	30	12	14	17	107	71.8%
北米・ハワイ	ニューヨーク		1	1	4		1			1	8	5.4%
	ロサンゼルス										0	0.0%
	他西海岸						1				1	0.7%
	その他大陸								1		1	0.7%
	ハワイ						1				1	0.7%
	グアム・サイパン										0	0.0%
	アメリカ計	0	1	1	4	0	3	0	1	1	11	7.4%
	カナダ						1		1		2	1.3%
	北米・ハワイ地域計	0	1	1	4	0	4	0	2	1	13	8.7%
欧州	イギリス				1		2	2	5		10	6.7%
	フランス		2		2	2	2	1	1	2	12	8.1%
	ドイツ										0	0.0%
	イタリア			1	2			1			4	2.7%
	ロシア										0	0.0%
	その他				1		1				2	1.3%
	欧州地域計	0	2	1	6	2	5	4	6	2	28	18.8%
豪州	オーストラリア										0	0.0%
	ニュージーランド										0	0.0%
	豪州地域計	0	0	0	0	0	0	0	0	0	0	0.0%
中東								1			1	0.7%
その他											0	0.0%
	総計	0	5	3	25	18	39	17	22	20	149	100.0%

注）巻末の付表2を集計したもの。
出所）各種資料、各社問い合わせを基に筆者作製。

かを見極めることは難しく、また資料も十分には公表されていない。したがって、この**付表2**では比較的明確なものだけを（資料が入手できた部分だけを）掲載していることに留意されたい。

さて、**表2-7**と**表2-6**を見比べてまず気がつくことは、ファッション専門店も外食も共にアジアが7割以上を占めていることである。また、アジア以外に目を向けると、外食では北米への進出が多かったのに対し、ファッション専門店では欧州への進出が多くを占めていることが分かる。さらに、外食では中国進出が急増してきていたのに対して、ファッション専門店は中国進出がそれほど増えてはいない。ただし、巻末の**付表2**を見ると、確認できただけでも多くの撤退が見られ、結局、現在存続しているものに焦点をあてると、アジア、特に中国に偏った進出となっているのである。

また、進出形態を見ると、全体の149件のうち、ストレート・フランチャイジングでの進出が45件と全体の3割強を占めており、サブ・フランチャイジングでの進出（海外から日本に進出した企業の日本本部による進出）が6件となっている。一方で、子会社は58件、合弁（共同出資含む）は35件となっており、資本参加や買収も加えた直接投資の合計は全体の約6割に達する。直接投資の比率が高いのは、アパレルにとってはブランドイメージが重要となるため、店舗運営の管理を厳しくする必要があることの現れと言えよう。本来なら、製品・商標型のフランチャイズ企業の特性を備えつつも直接投資の比重が高まるという矛盾は、アパレル企業の特性と言って過言でなかろう。

（2）その他の専門店・サービス業による国際フランチャイジングの歴史

ファッション関係以外の専門店・サービス業の海外進出は、クリーニングの「白洋舎」による1965年の香港進出から始まる。これはロイヤリティが発生する契約ではなかったため国際フランチャイジングとは言えない面もあるが、現地の合弁会社との間で商標貸与と技術供与の契約を交わしたものであり、広義のフランチャイズ契約と呼んでよかろう。筆者が管見する限り、これが専門店

の中で最も早い海外進出であった。

　白洋舎は、洗濯の技術が低かったアジアで初めて近代的な機械と薬剤による洗濯方式を取り入れ、シミ抜きなどきめ細かなサービスを提供するとともに、注文取りや配達（ピック＆デリバリーサービス）にも力を入れるなど、アジアのクリーニング業界に多くの変革をもたらした。

　巻末の**付表3**で、この1960年代から1970年代前半の専門店業態の海外進出を見てみると、業種的にはクリーニング、メガネ、書店、学習塾といった、いわば海外に居住していた日本人が最も必要とした（海外では入手が難しかった）商品やサービスであったことが分かる。換言すれば、現地で競争優位性が高い業種であったと言える。

　1980年代の中頃になると、NIEs諸国の所得が急上昇したことを受けて、家電専門店が進出していく。これも、日本が得意とする商品を販売する業態であった。1990年代になると、学習塾の「公文（KUMON）」が一気にグローバル化を進めるとともに、「無印良品（MUJI）」が欧州で本格的な国際化を開始した。これらも、オリジナリティの高い商品やサービス内容を有した企業であった。さらに2000年以降では、やはり日本独特の「100円ショップ」が急激な国際化を進めるのである。

　表2-8は、巻末の**付表3**を時期別・地域別に整理したものである。まず、進出先を見ると、全体的にはアジアが約5割と外食やファッション専門店と比較して低くなっており、その代わり欧州や中東の比率が高くなっていることが分かろう。中南米への進出が見られる点も特徴となっている。一方、中国に目をやると、北京や上海といった大都市での展開が意外に少ないことも分かる。そもそも、中国への進出件数自体が外食に比べると非常に少ないのも目を引くであろう。換言すれば、それは外食やファッション専門店にとっての中国市場の大きさをうかがわせるものだと言える。

　次に進出時期を見ると、その始まりは外食よりも早かったが、総件数的には

---

[18]　〈日経流通新聞〉1985年10月31日付などによる。

表2-8　専門店・サービス業の国際フランチャイジング
（時期別・地域別、ファッション関連を除く）

地域	進出先国（都市）	1965-1969	1970-1974	1975-1979	1980-1984	1985-1989	1990-1994	1995-1999	2000-2004	2005-2009	合計	%
アジア	北京						1			1	2	0.9%
	上海						1			7	8	3.8%
	広東							1		1	1	0.5%
	香港	1		1	1	2	1		4	3	13	6.1%
	その他						1	2	2	4	9	4.2%
	中国計	1	0	1	1	2	4	3	6	15	33	15.5%
	台湾			1	1	2	3	1	4	3	15	7.0%
	韓国					1	1	2	5	4	13	6.1%
	シンガポール		1	1	1	2	1	2	3		11	5.2%
	マレーシア					2	2		1	1	6	2.8%
	タイ						5	1	2	3	11	5.2%
	インドネシア						2	1	2	2	7	3.3%
	フィリピン				1					2	3	1.4%
	ベトナム									3	3	1.4%
	その他					1		1	1	1	4	1.9%
	アジア地域計	1	1	3	4	10	18	11	24	34	106	49.8%
北米・ハワイ	ニューヨーク		1	1	2	1			1	1	7	3.3%
	ロサンゼルス					2					2	0.9%
	他西海岸	2			1	3			1	1	8	3.8%
	その他大陸								1	2	3	1.4%
	ハワイ		1	1	1				1		4	1.9%
	グアム・サイパン		1								1	0.5%
	アメリカ計	2	3	2	4	6	0	0	4	4	25	11.7%
	カナダ				2				1	1	4	1.9%
	北米・ハワイ地域計	2	3	2	6	6	0	0	5	5	29	13.6%
中南米				1			3	4			8	3.8%
欧州	イギリス					1	3				5	2.3%
	フランス	1	1	1	1		1	1	2		7	3.3%
	ドイツ			2		1		1		1	5	2.3%
	イタリア					1	1		1		3	1.4%
	スペイン						1	1		1	3	1.4%
	ギリシャ							1		1	2	0.9%
	アイルランド								2		2	0.9%
	ハンガリー							1		1	2	0.9%
	その他				1	3	2	1		4	10	4.7%
	欧州地域計	0	1	3	2	6	9	6	5	7	39	18.3%
豪州	オーストラリア				1	2	1		1		5	2.3%
	ニュージランド						2			1	3	1.4%
	豪州地域計	0	0	0	1	2	3	0	1	1	8	3.8%
中東・トルコ									2	3	11	16	7.5%
アフリカ							1	2	2		5	2.3%
その他									2		2	0.9%
総計		3	5	9	13	24	34	25	40	60	213	100.0%

注1）巻末の付表3を集計したもの。
注2）進出先の「アジアのその他」とはミャンマー1、スリランカ1、ブルネイ1、インド1、「欧州のその他」とは、ベネルクス4、スイス2、オーストリア1、ルーマニア1、スウェーデン1、ノルウェー1。全体の「その他」とは、モーリシャス1、ニューカレドニア1。
出所）各種資料、各社問い合わせなどに基づき筆者作製。

213件と外食の6割程度となっている。とはいえ、外食やファッション関係と同じように2000年以降の伸びが大きく、今後の増大が予想される。

さて、巻末の**付表3**で専門店・サービス業の進出形態に目を向けると、全体の213件のうち、ストレート・フランチャイジングでの進出が52件と全体の24％を占めている。一方で、子会社は73件、合弁は31件となっている。公文の46件の大部分がフランチャイジングでの進出であるので、これを加えると恐らく90件以上のストレート・フランチャイジングが存在するものと推測され、全体の5割近くを占めると考えられる。これは、外食やファッション関係の専門店とは異なるものと言える。

この理由には、公文や100円ショップを典型とする、高度なノウハウ供与を伴わないタイプの契約が多いことがある。[19] 外食のように衛生面や調理方法、接客手法などのソフト面の管理を行う必要があったり、コンビニのように高度な物流情報システムを構築する必要があったり、あるいはファッション関係のように現地でのブランド構築が重要な役割を果たすことがある場合には子会社や合弁といった直接投資が主流となるが、そのような高度なノウハウの移転を伴わない場合はストレート・フランチャイズ契約が主流となるのである。

また、専門店やサービス業の国際ランチャジングは、プレイヤー（企業）が比較的限られているのも特徴である。しかし、同時に一つの企業がきわめて多くの市場に進出をしているケースが多く見られることも特徴となっている。例えば、公文は海外46か国、ダイソーは24か国、無印良品は18か国、セリアは16か国といった具合である。

これほどの多国籍化は、外食やコンビニ、あるいはファッション関係の専門店では見られない。この背景にも、先に述べたノウハウへの依存度の低さがあろう。その意味では、この店頭でのノウハウにどれだけ依存しているのかというビジネスモデルや業態自体が本来的に有する特性、つまり主体特性が国際展開には大きな影響を与えることがうかがえるのである。

---

[19] 本来は高度なノウハウを必要とするはずの学習塾が、どのようにして進出先でのノウハウ依存度を低下させたのかについては、第6章を参照のこと。

10　歴史から捉えた日本の国際フランチャイジングの特徴

　1960年代中盤に始まる日本の国際フランチャイジングの歴史を概観すると、いくつかの特徴が明らかになった。まとめとして、6点を指摘しておきたい。

❶日本では、製品・商標型フランチャイジングがフランチャイジングと見なされてこなかった。しかし、現実にはファッション企業をはじめとする多くの専門店で、1970年代から商標を貸与し、商品を供給する契約に基づいた海外進出が多く見られてきたことから、現実には製品・商標型の国際フランチャイジングがかなり発展してきたこと。
❷どの業種も2000年以降に一気に進出件数が増大してきていること。
❸外食やコンビニ、ファッション専門店はアジアが中心だが、その他の専門店・サービス業は欧州や中東など広範囲に展開していること。
❹進出形態は、ストレート・フランチャイジングが比較的少なく、子会社や合弁会社で進出し、それらを相手先としてフランチャイズ契約を結ぶケースが多いこと。
❺現地での店舗展開では、サブ・フランチャイジングを行う企業が少なく、直営店が主流となってきたこと。
❻進出形態の選択やサブ・フランチャイジングには、ノウハウ依存度にかかわる主体特性が影響を及ぼしてきたこと。

第3章

日本の国際フランチャイジングの現状と特徴

1 外食の国際フランチャイジングの現状

(1) 出店数——味千ラーメンと吉野家の中国集中出店

　まず、巻末の**付表1**を見れば明らかなように、外食企業の国際フランチャイジングは、進出件数の多さや企業数の多さでコンビニや専門店・サービス業を大きく引き離している点が特徴であろう。特に、近年新たに海外に進出する企業が非常に多くなってきている点が特徴と言える。

　表3－1は、海外進出を行っている主要外食企業を、2009年後半時点での海外店舗数合計の多い順に並べたものである（3市場以上への進出、もしくは1市場で20店舗以上の展開企業に限定）。これによると、「ミスタードーナツ」が1,851店と他を引き離しており、それに「ロッテリア」の811店、「味千ラーメン」の417店、吉野家の392店が続いている。

　ミスタードーナツの場合は、推計値ながらフィリピンが約1,540店と群を抜いて多くなっており、タイの約230店舗を合わせると海外店舗のほとんどがその2市場に集中していることが分かろう。しかし、この2市場への進出は日本から行われたものではない点には注意が必要である。ミスタードーナツは、

表3-1　外食企業の国際フランチャイジングの現状

企業・ブランド名	業種	アジア					
		中国	香港	台湾	韓国	シンガポール	マレーシア
ミスタードーナツ	ドーナツ	合7		合43	共32		
ロッテリア	バーガー	合・退		FC3	合753		
味千ラーメン	ラーメン	合367(香港含)		再・合2	FC1	FC18	SFC5
吉野家	牛丼	合30、SFC143	合43	合56	FC・退	FC15	FC・退
モスバーガー	バーガー	合・退	子11	合154		子24	合・退
ヤマザキ	ベーカリー	子6	子34	子37		子28	子4
ビアードパパ	シュークリーム	子61	子8	FC6	FC7	FC5	FC4
ココス	ファミレス	SFC・退			SFC・退		
8番らーめん	ラーメン	合・退		合8	孫3		合・退
元気寿司	回転寿司		FC39	FC4		FC・退	FC・退
新宿さぼてん	とんかつ			合11	FC42		
サイゼリア	イタリアン	子38	子3	子1		子1	
ペッパーランチ	ステーキ	FC1	FC4	FC2	FC2	FC15	FC1
大戸屋	定食		子2	合11		合1	
すかいらーく	ファミレス			子33	FC・退		子・退
和民	居酒屋		孫2、FC4	子18	合8	子1	
やよい軒	定食						
寿がきや	ラーメン			合33			
ウエスト	和食					子・退	
CoCo壱番屋	カレー	合12		合5	合4		
麻布茶房	和菓子		FC7	FC16		子7	
イタリアントマト	カフェ	子1	FC23	FC・退		子・退	合・退
フレッシュネスバーガー	バーガー		FC6		FC15		
牛角	焼き肉			子3		子3	
小僧寿し	持帰寿司				FC・退		
源吉兆庵	和菓子	FC3	子1				
築地銀だこ	たこ焼き	孫1	子7	孫4		孫2	
ドトール	コーヒー			FC12	FC・退		
888ラーメン	ラーメン	子4、合1	子3	子3			
ロイヤル	ファミレス			合11			
カレーハウス	カレー	子・統合		子・統合			
マリンポリス	回転寿司						
カプリチョーザ	イタリアン			FC4	FC1		
イートアンド	ラーメン	子5	FC1、子3				
山頭火	ラーメン			子1			子1
全市場から撤退済み							
ハナマサ	焼き肉	合・退			FC・退	FC・退	合・退
養老乃瀧	居酒屋	合・退		合・退		FC・退	
珈琲館	コーヒー	FC・退		FC・退	FC・退	FC・退	
さつまラーメン	ラーメン				FC・退		
プロント	カフェ			FC・退	子・退		

注1）店舗数は2009年9〜12月時点。直営店とフランチャイズ店の合計値。
注2）子：子会社、孫：第3国にある子会社の100％子会社、合：合弁会社、買：買収（過半数以上の株式取得）、参：資本参加（過半数未満の株式取得）、共：日本企業同士の共同出資、FC：ストレート・フランチャイジング、SFC：サブ・フランチャイジング（フランチャイジーが海外に進出したもの）、商標：商標貸与契約のみ、
注3）「退」は撤退済み。「再」は過去に撤退した後に再度進出をした市場。

（3 か国・地域以上への進出経験企業、または 1 か国に20店以上のみ）

タイ	ベトナム	インドネシア	フィリピン	北米		オーストラリア	その他	進出市場数	店舗数
				アメリカ	ハワイ				
FC230*			FC1,540*			子・退		5	1,851
	合55							3	811
FC8		SFC4	FC1	FC4		FC5	カナダFC3	11	418
FC・退	FC・退		再・FC8	子-97		合・退		6	392
子-7	合-3				子・退			5	199
子-62				子-16			フランス子-1	8	188
FC1	FC10	FC4		子-31		FC6	カナダ・ロシア等FC7	15	150
				買108				1	108
合88								3	99
FC・退	FC1			子-1, FC・退	子-12		クウェートFC1	6	58
合1								3	54
								4	43
FC5	FC8	FC3				FC1		10	42
合20	合3							5	37
合・退				参・合・退				1	33
								4	33
合33								1	33
								1	33
				子-32				1	32
合-5					FC4			5	30
								3	29
				FC3				3	27
								2	21
	FC2			FC8、子-2	子-2			5	20
				商標12	子-8		グアムFC・退	2	20
FC1				子-6			イギリスFC1	7	16
孫1								5	15
							ロシア合・退	1	12
								3	11
				参・退	買・退			1	11
				子-11				1	11
				子-11				1	11
		FC2					グアム子-3	4	10
					FC1			3	10
				子-7				3	9
FC・退	FC・退						モンゴル合・退	(7)	0
			合・退	共・退			カナダFC・退	(6)	0
		FC・退						(4)	0
					合・退		ニューカレドニア子・退	(3)	0
								(2)	0

注4）ミスタードーナツのタイとフィリピンの店舗数（＊印）は未公表のため、推計値を記入。
注5）カレーハウスの「統合」とは、CoCo壱番屋に事業統合したことをさす。
出所）各社HP、有価証券報告書、各社問い合わせ、各種報道資料など。

1970年に日本のダスキンがアメリカ本部から日本とアジアのフランチャイズ権を取得したフランチャイズ・システムである。しかし、その時点ですでにアメリカ本部がフィリピンやタイのパートナーとフランチャイズ契約を結び、店舗を展開していたのである。よって、この２市場への進出は実質的にアメリカからの進出であり、ダスキンの意思決定による進出ではない（巻末の**付表１**でもこれらの進出は除外してある）。

よって、ミスタードーナツについては、純粋に日本からの国際フランチャイジングは、中国、台湾、韓国の３か国における82店舗という規模で捉えるほうが正しいと言えよう。なお、フィリピンのミスタードーナツはほとんどの店舗が小型の持ち帰り店（キオスク型）であり、それが店舗数の突出した多さにつながっているということにも留意すべきであろう。

２位のロッテリアの場合は、韓国市場の店舗が753店と全体の９割以上を占めていることが特徴である。韓国へは1979年に日本から進出したが、その後、2000年頃から日本以外の地域の店舗運営は韓国ロッテが行うようになっている。また、日本からはベトナム市場にも進出して1998年に１号店を開店したが、現在ではこれも韓国ロッテが運営しており、日本のロッテは海外には関与していない。したがって、現状ではロッテリアの海外店舗は日本からの国際フランチャイジングとしてはカウントできない面がある。

その意味では、３位の味千ラーメン（重光産業）が実質的なトップと言えよう。味千ラーメンの場合は中国（香港含む）市場に全体の９割近い367店が集中しているのが特徴である。４位の「吉野家」も５割強の216店が中国（香港含む）市場の店舗となっており、やはり中国集中度が高い。この２社の中国市場での展開規模は、**表３-１**からも明らかなように、他の外食企業の実態を大きく引き離しているのである。

全体で見ると、100店舗以上の市場が七つあるが、純粋に日本から進出した市場という視点では三つに限られる。先述のミスタードーナツとロッテリアのほかに、アメリカ市場の「ココス」（カリフォルニア・レストラン）は日本のゼンショーが現地企業を買収したケースであって、これも除外すべきだからで

ある。一方で、この表では分からないが、巻末の**付表１**からは2004年以に新規進出が急増してきていること、そして海外に初めて進出する企業も毎年３〜６社見られることが分かる。それらの多くは、まだ店舗が１〜数店舗にとどまっているケースが多いが、外食企業の高い海外進出意欲の一端がうかがえる。

（２）進出先──アジアへの偏りと中国進出の急増

　第２章でも指摘したように、歴史的に外食の国際フランチャイジングの舞台（進出先）がアジア地域に大きく偏ってきたことがあるが、それは現状においても変わっていない。

　表３−１で主要企業の進出を見ても、進出先はアジア諸国とアメリカ・ハワイでの２地域でほとんどの進出がカバーできるのが実態である。また、アジアの中では、台湾への進出が盛んに行われていることや、日本に最も近い韓国への進出は意外に少ないことも分かろう。この背景には、台湾では日本への関心が高いため、日本から進出したということ自体が競争優位性をもちやすいことがある。一方で、韓国ではすでに日本の外食と類似の業態が発展しており（日本のトレンドが敏感に取り入れられており）、日系チェーンの優位性が発揮しにくいことがあるものと推測される。

　また、前章の**表２−５**で近年の進出先を見ると、上海を中心とする中国大陸への進出が2005年以降急増してきていることが目を引く。この背景には、国内市場の縮小を受けて次の成長市場を巨大な中国に見いだそうとする各企業の戦略があるが、より直接的には2004年に小売・外食分野への海外からの投資が自由化され（100％子会社設立が可能になった）、外資系小売業の地域的な出店制限や出資制限も撤廃されたことや、2005年からは外資へのフランチャイズが開

---

(1) ミスタードーナツを運営するダスキンは、タイとフィリピンの店舗数を公表していないため、ここでの両国の店舗数は問い合せにより確認し得た海外店舗総計1,851店（2009年11月値）を基に推計した概数である。
(2) 台湾での日本びいきの背景については、川端［2006］を参照のこと。

放されたことがある。加えて、2005年に行われた元の切り上げも、将来的に日本からの設備や食材輸入にとって有利な条件と見られたこともある。

　表3－1に戻って東南アジア方面に目を転じると、シンガポールやタイ、インドネシアが注目されていることが分かり、それは先の表2－5の近年の進出件数でも確認できる。同時に、マレーシアでは撤退率が高くなっていることや、近年成長が著しいベトナム市場がまだ空白地帯となっていることも分かる。今後は、ベトナムへの進出が増大する可能性が高いと言えよう。

　同じく、表3－1の右端に記した進出市場数（撤退済み市場を除く）を見ると、現在10市場以上に進出している企業は、麦の穂が展開する「ビアードパパ」（シュークリーム）が最多の15市場に達しており群を抜いている。それに「味千ラーメン」と「ペッパーランチ」（ステーキ）の10市場が続いているが、10市場以上への進出企業はその3社しか存在せず、その次を見ても8市場の「ヤマザキ」（ベーカリー）、7市場の「源吉兆庵」（和菓子）、6市場の「吉野家」や「元気寿司」などとなっている。日本の外食企業は、ローカル色の強い（日本的な）メニューを提供するものが多いゆえに、多国籍化が難しい面ももっていることがうかがえる。

（3）進出形態──直接投資（子会社・合弁）での進出の多さ

　表3－1で主要外食企業の進出形態（撤退済み含む）を見てみると、フランチャイジングが73件、子会社・孫会社が60件、合弁が34件、資本参加・買収が4件となっている。つまり、投資を伴わないフランチャイズでの進出は43％と半分以下であり、直接投資での進出のほうが多数を占めていることが分かる。第2章の表2－2で日本市場に参入したアメリカ企業が、圧倒的にフランチャイズ方式で参入したこととぎわめて対照的な結果となっている。

　とはいえ、現地での店舗展開に着目すると直営店方式が多く見られ、フランチャイズ方式での展開はごく少数である。日本では大規模なフランチャイズ展開を行っている企業でも、海外では現地に100％子会社や合弁会社を設立し、

そこが直営店方式で店舗展開していくレギュラーチェーンとして事業展開するパターンが多いことが分かる。この理由については第8章で検討したい。

なお、先に述べたように、味千ラーメンと吉野家は中国市場で大きく成長しているが、両者は共に香港に合弁会社を設立し、そこからサブ・フランチャイジング（表3－1ではSFCと表記）の形で大陸全土に展開する方式をとっている点が注目される。つまり、香港の現地パートナーが大陸各地（北京、天津、遼寧など）でフランチャイズ契約先を開拓し、店舗を増大させているのである。

吉野家の場合は、中国大陸には香港の現地パートナーによるサブ・フランチャイジングとは別に、上海、深圳、福建の3市場にそれぞれ合弁会社を設立して店舗展開している。しかし、結果的には香港の現地パートナーが大陸で展開する店舗数は急増しているのに対して、日本の吉野家が主導権をとっている都市では店舗数はわずか30店舗にとどまり、伸びが鈍いのが実態である。ここには日系企業が有する重要な課題が認められるが、それについても第8章で検討することとし、ここでは事実の確認にとどめたい。

（4）海外事業の担当組織の強化

最後に、外食の国際フランチャイジングの今後を考えるにあたって、注目すべき動きが出てきていることを指摘しておきたい。それは、海外事業を担当する組織の強化である。つまり、組織の独立性を高めたり役員クラスの担当者を配属させて意思決定権を強化したり、海外に担当事業部を移転させて進出地域との行き来を密にする（迅速な現場対応を可能とする）といったことが各企業で生じているのである。これは、各社が海外進出に本格的に取り組み始めたことを意味する。

例えば、モスフードサービスでは、2009年2月から海外事業部の組織を改編した。従来は、海外事業部という一つの部の中に海外営業グループ、海外商品グループ、海外企画グループの三つのグループを置いていたが、それぞれのグループを部に昇格させて全体を海外本部とした。本部長には取締役専務をあて

ている。これにより権限が強化され、意思決定も早くなったとされる。

　また、海外事業部を国外に移転させたケースもある。味千ラーメンを展開する重光産業は、表３－１に見るように中国大陸を中心としてアジア一円に店舗ネットワークを有しているが、同社は2008年３月に海外事業部を香港に移転させたのである。この背景には、海外事業の中核である中国大陸（香港含）事業のパートナーが香港に拠点を置いていることや、2007年３月に中国事業を統括する香港の合弁会社を香港市場に上場させたことなどがある（詳細は第８章）。もちろん、東南アジア諸国との利便性も考慮した移転とされる。

　一方、海外事業部を強化するため、それを100％子会社として独立させた企業もある。その一つが牛丼チェーンの吉野家ホールディングスである。同社は2009年３月に「（株）吉野家インターナショナル」を設立した。同社は、海外ではアメリカとアジアおよびオーストラリアに出店しているが、アメリカを除いた国々でのフランチャイズ事業を吉野家インターナショナルが担当することとなった。子会社化した理由は、何より意思決定のスピードを速めることである。さらに、この子会社の社長には国内での牛丼チェーン事業を統括する（株）吉野家の代表取締役執行役員専務をあてるなど、グループ内での権限強化もはかった。なお、アメリカの事業は、従来通り「ヨシノヤアメリカ・インク」（アメリカ・カリフォルニア州）が統括している。

　ところで、海外事業部の海外移転と独立（子会社化）の両方を実現した企業もある。その一つが居酒屋チェーンの「和民」である。同社は、2008年11月に海外事業部を発展解消し、海外事業を専門に担当する100％子会社「ワタミ・インターナショナル」を設立し、その拠点を香港に置いた。同社にとっては、香港が初の海外拠点であり（2001年１号店開店）、すでに中国大陸の深圳（シンセン）や台湾（ともに2005年１号店開店）にも進出を果たしていた。

　中国大陸には、上海と広州にフランチャイズ店も有している。しかし、今後の海外市場での本格的な拡大をめざしてまずは海外事業部を別会社として独立させ、さらに中国大陸での拡大とアジア各地への利便性をにらんでその拠点を香港に立地させたのである。香港に移転後の海外進出としては、シンガポール

への進出が見られる（2009年7月1号店開業）。

　この海外事業部の独立と海外移転は、「ビアードパパ」を展開する麦の穂によっても行われている。同社は、2008年7月に「麦の穂インターナショナル・インク」をニューヨークに設立した。この100％子会社は、アメリカでの事業と2008年7月以降の新規事業を統括するもので、それ以前に進出した海外フランチャイズ事業は従来通り日本の本部が統括することとなった。すなわち、今後の海外事業のあり方を根本から見直すための子会社と言えよう。同社は、1997年創業の若い企業であるにもかかわらず早くから海外に進出してきた。それだけに、既存の海外事業には課題もあるとされる。そこで、本格的な海外進出の基盤を確立するためにアメリカに子会社が設立されたのである（社長は日系アメリカ人）。

　以上のように、外食のフランチャイズ企業は、海外事業を迅速・確実に本格化させるため組織の強化と国際化に力を注いでおり、それらの対応が今後の国際フランチャイジングにどのような影響を与えるのかが注目される。

2　コンビニの国際フランチャイジングの現状

（1）店舗数──ファミリーマートが突出

　表3-2に示すように、現在海外進出を行っているコンビニはファミリーマート、ミニストップ、ローソン、セブンイレブンの4チェーンであり、第2章で見たようにファミリーマートが1988年に台湾へ進出したのを皮切りにミニストップ（1990年韓国）、ローソン（1996年中国上海）と続き、やや遅れてセブンイレブン・ジャパン（2005年中国北京）の順で進出がなされてきた。

　日本のコンビニの海外店舗数は、2009年秋（9月末または10月末）時点で33,982店舗存在する。それらの国内店舗数は31,707であり、海外店舗のほうが多くなっている。ただし、この海外店舗数のうちの7割以上はセブンイレブン

表3－2　コンビニの国際

チェーン名（契約主体）	アジア					
	中国	台湾	韓国	シンガポール	マレーシア	タイ
ファミリーマート	合283	合2,385	合4,569			共555
ミニストップ	合4		子1,178			
ローソン	合283					
セブンイレブン・ジャパン	合87					
（米国7-Eleven Inc.）	FC1,541	FC4,759	FC2,129	FC459	FC1,070	FC5,123
合計	2,198	7,144	7,876	459	1,070	5,678
海外地域別比率	6.5%	21.1%	23.2%	1.4%	3.2%	16.7%

注1）子：100％子会社、合：現地企業との合弁、共：日本企業との共同出資、FC：ストレートフランチャイジング。
注2）セブンイレブン・ジャパンは2009年9月末、その他のチェーンは同年10月末時点を基準に一部追加。なお、サウスランド社は1991年にイトーヨーカ堂傘下に入り、2005年には日本のセブン＆アイホールディングスの子会社（7-Eleven Inc.と改名）となっているが、その海外進

の店舗であり、そのほとんどはアメリカ本部がライセンスを与えた市場での店舗である点には注意を要する。

　現在のセブンイレブンは、周知のごとく1991年に日本のイトーヨーカ堂グループ（現セブン＆アイ・ホールディングス）が経営難に陥っていたサウスランド社を買収して経営の立て直しを行った企業である。しかし、サウスランド社の海外事業に関しては日本側は長らく積極的には関与してこなかった。すなわち、日本側はアメリカでの国内事業の立て直しに集中してきたのである。

　この方向が変化したのは、それまでは時期尚早としていた海外市場進出に初めて取り組んだ2004年のことであった。この年に行った中国・北京への進出（1号店は2005年開店）は、日本のセブンイレブン・ジャパンからの進出（投資）であり、それまでのアメリカ本部からの進出（ライセンスの付与）とは異質なものであった。しかし、現在では日本側もアメリカの本部によるライセンス付与に関与するようになっている。[3]その背景には、中国での展開が軌道に乗って日本側が海外事業のノウハウをある程度取得したこと、アメリカ事業の立て直しができたこと、そして2005年にサウスランド社を完全子会社化

フランチャイジングの現状

ベトナム	インドネシア	フィリピン	北米 アメリカ	北米 ハワイ	その他	海外計	国内計	総計
合1			共13			7,805	7,601	15,406
		FC272				1,454	1,982	3,436
						283	9,665	9,948
				子56		143	12,459	36,842
	FC1	FC391	FC6,319		FC2,449	24,241		
1	1	663	6,332	56	2,449	33,926	31,707	65,632
0.0%	0.0%	2.0%	18.7%	0.2%	7.2%	100.0%		

出は時期的に日本側の意思決定が反映されていないものが多いため欄を区別している。

注3）米国7-Eleven Inc.における「その他」とは、メキシコ、カナダ、オーストラリア、ノルウェー、スウェーデン、デンマークの6カ国の合計値。

出所）各社HPおよび有価証券報告書など。

(7-Eleven Inc.と社名変更)したことなどがある。2009年のインドネシア進出はアメリカの7-Eleven Inc.との契約であるが、これは日本側の意思が入った最初のライセンス契約と見てよかろう。

 以上のことから、日本資本となっているセブンイレブンは確かに多数の店舗を世界中に展開しているが、純粋に日本の国際フランチャイジングと呼ぶにふさわしいものは、セブンイレブン・ジャパンから進出している143店舗の部分だけだと言えるのである。

 これに対して、ファミリーマートはいわば日本型コンビニの国際フランチャイジングを早くから展開してきた企業である。その海外店舗数は、2009年8月に国内店舗数を上回っており、名実ともに同社が日本のコンビニ国際化におけるトップの位置にあると言える（第6章3節参照）。とりわけ、韓国での店舗

---

(3) セブンアンドアイ社は、IR資料やHPなどでセブンイレブンの海外進出を記す場合は、これまではセブンイレブン・ジャパンから進出した市場と7-Eleven Inc.がライセンス契約した市場とを区別する傾向にあったが、2008年あたりから両者の区別をなくすようになってきている。

数の伸びには目を見張るものがあり、韓国のコンビニ業界の中でも店舗数では群を抜いた規模になっている。

　韓国においては、ファミリーマートと同年に市場参入したミニストップも1,100店舗以上を展開し健闘しているが、同社はパートナー企業の経営不振によって成長が遅れ、ファミリーマートと大きな差がついてきた。そこで、2003年に現地の運営合弁会社を子会社化（76％取得）し、さらに2009年11月には地元資本の大手コンビニチェーン「BY THE WAY」（約1,400店）の買収に乗り出すなど巻き返しに転じていることから、店舗数はかなり伸びるものと推測される。

　ところで、コンビニの店舗数の増大にとって重要な要因となるのが現地でのサブ・フランチャイジングである。店舗数が多い台湾と韓国のファミリーマートや韓国のミニストップは、いずれも現地でのサブ・フランチャイジング（加盟店の募集）で急成長したものである。しかし、市場によってはサブ・フランチャイジングが難しいところもあり、それが店舗数の格差につながっている点には注意が払われるべきである。

（2）進出先──東アジア、特に韓国と台湾への偏り

　次に表3－2で地域別店舗数を見ると、韓国と台湾が共に20％以上を占めており、それにタイとアメリカが続いている。しかし、先述のようにセブンイレブンはアメリカ本部からのライセンス契約による進出が多いため、純粋に日本からの進出のみで捉えるなら、全9,685店中6割にあたる5,747店が韓国に集中しているのが実態である。一方、中国には4チェーンがすべて進出済みであり、店舗数こそまだ伸びてはいないものの今後の成長市場への期待がうかがえる。

　このように東アジアへの傾斜が大きい一方で、東南アジアはタイにファミリーマートが、フィリピンにミニストップが進出しているにすぎなかったが、2009年にはベトナムにファミリーマート（同年12月1号店）が、インドネシアにセブンイレブン（出店は2010年予定）が進出しており、今後は東南アジア市

場の開拓が進むことと思われる。しかし、アジア以外の地域へはアメリカにわずかな進出が見られる（セブンイレブンのアメリカの店舗は「国内店舗」と見なすべきであろう）程度である。

　日本のコンビニの進出先が拡大しない背景には主に三つの要因がある。一つ目は、進出時期の問題である。アジアでは、アメリカのセブンイレブン（サウスランド社）が1974年に日本への進出を行ったが、その後1980年代に入るとアジア各国にストレート・フランチャイズ方式で進出している。結果的に、1990年代に入って海外進出を本格化した日系が後手に回ったのである。

　二つ目の要因は、進出先でのフランチャイズ関連法の整備の問題である。特に途上国市場への進出に際しては、フランチャイズという手法自体が現地政府に理解されないことが多い（中国でもフランチャイズ関連の法的整備が進むのは2005年2月以降のことである）。すなわち、フランチャイズ・システムの根幹である本部と加盟店との法的、会計的、税制的関係が理解されず、そのことで店舗開発（加盟店との契約システム）やロイヤリティの徴収、会計システム（売上計上システム）などが構築できないことも多い。1996年に中国・上海へいち早く進出したローソンも、フランチャイズビジネス自体が政府に理解されず長らく成長ができなかったという事実がある。したがって、このような法的整備が進まないことから、新たな途上国市場の開拓が難しい面もある。

　三つ目の要因は、日本企業が採る進出形態の問題である。この問題については次項で述べたい。

（3）進出形態——直接投資（子会社・合弁）での進出の多さ

　表3－2に見るように、アメリカのセブンイレブンからの進出を除いた日本のコンビニによる海外進出は、ストレート・フランチャイジングが11件中2件しか見られず、8件は合弁方式での進出で1件が子会社での進出となっている。つまり、直接投資による進出がほとんどを占めているのである。直接投資比率は、外食以上に高いものとなっている。この背景には、コンビニの進出が現地

での物流情報システムの構築と一体化したものであり、その構築や運営には日本側のノウハウが不可欠であるという各社の判断（意思）がある。

　このような進出形態は、表3－2のアメリカのセブンイレブンのものとは対照的である。つまり、アメリカのセブンイレブンはこれまですべてストレート・フランチャイジングで海外進出を行ってきており、日本も含めた世界14か国に進出してきた。アジアにおいても、各国の有力パートナーと組んで成長してきており、特にCP財閥と組んだタイや統一企業と組んだ台湾では群を抜いてトップの位置を確保している。また、香港でも財閥系のデイリーファーム（Dairy Farm）と組んで1981年以来1,000店舗近くを展開しているが、注目すべきは、デイリーファーム社が中国大陸の広東省にサブフランチャイジングで500店舗以上を、シンガポールにも450店舗以上を出店していることである。

　台湾でのパートナーである統一企業も、2000年にフィリピン・セブンイレブンの運営会社を買収する形でフィリピン市場にも進出し、台湾でのノウハウを活用して成長してきている。このように、セブンイレブンは有力な現地パートナーにストレート・フランチャイジングでライセンス権を付与することによって、その資金力や経営力、経験を有効に活用しつつ拡大してきたことがうかがえるのである。

　一般に、直接投資による進出では、日本人駐在員が現地を統括するため、意思決定に際しての日本とのやり取り（本社の許諾の獲得）や現地情報の収集に手間取ることが多い。よって、多店舗展開を前提とするコンビニの場合は、現地市場での店舗物件情報や店舗開発ノウハウが取得できるかどうかがスピーディーな成長を実現する鍵となる。他方、ストレート・フランチャイジングでの進出は、それらを現地事情に詳しい現地パートナーが取り仕切るためスピーディーな意思決定が可能となる。したがって、豊かな店舗開発力や人材、十分な投資力を有した有力パートナーを獲得することがスピーディーな成長を実現する鍵となる。

　先に、アメリカのセブンイレブンは1980年代からアジアの主要市場の有力パートナーにライセンス権を付与してきたことを指摘したが、換言すれば、これ

は各国で最も有力なパートナーをいち早くセブンイレブンが確保してきたことを意味する。そのことが、遅れてアジア市場に参入した日系がストレート・フランチャイジングに踏み切れなかった要因の一つにもなっている面は否定できないであろう。

この日系コンビニの海外進出問題については、第6章で改めて議論したい。

（4）商社の影響

コンビニの国際フランチャイジングにおいて重要な役割を果たしているファクターの一つに総合商社の影響がある。最後に、この点について触れておきたい。

図3－1は、コンビニと商社の資本関係を示すものである。コンビニの海外進出には、海外でのパートナーの探索に必要な情報、現地での市場情報、投資に関するノウハウ、資金、海外で活躍できる人材などが不可欠であるが、日本のコンビニ企業は企業としての歴史が浅く、それらが不足していた。一方で、総合商社は1980年代から急拡大するアジア市場でのビジネスチャンスを模索してきており、内外における小売分野への進出の機会をうかがってきた。したがって、現在のコンビニ国際化は、両者の思惑が一致する形で進んできたことには留意すべきであろう。

現在、コンビニの国際フランチャイジングと大きく関わっている商社は「伊藤忠商事」と「三菱商事」である。前者は、ファミリーマートのタイや中国、アメリカ本土での各事業に出資するとともに人材も送り込んできた。一方、三菱商事は、とりわけミニストップによるフィリピン進出に影響を与えてきた。ここでは、このミニストップのフィリピン進出のケースを取り上げることで商社の影響を見てみたい。

ミニストップは韓国市場に参入した後、次の市場として独自にフィリピンを選び、1994年11月に現地のコンサルタント企業とフランチャイズ契約を結んで1995年から店舗展開を開始した。しかし、4号店まで出したところでフィリピ

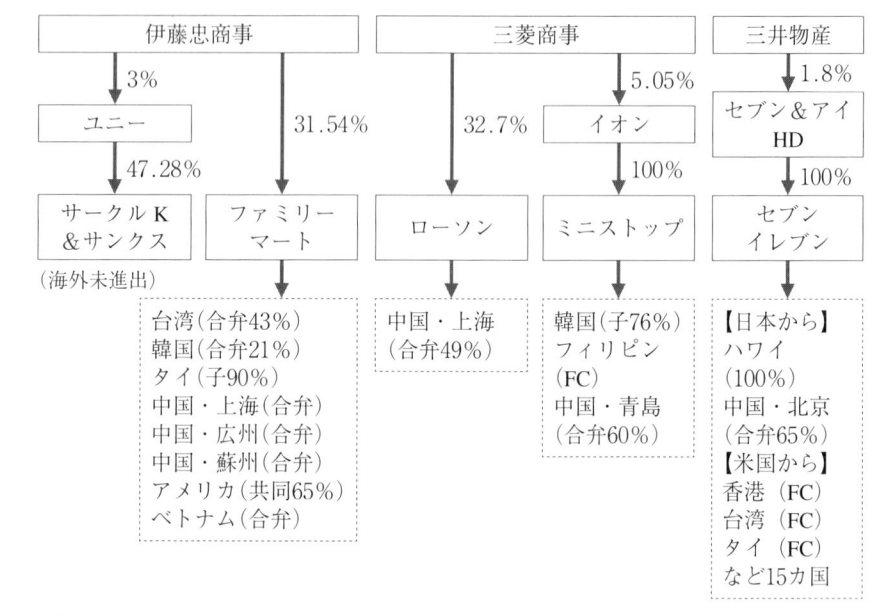

図3−1　日本のコンビニと商社との資本関係（出資比率）

```
伊藤忠商事                          三菱商事                三井物産
   │3%                              │5.05%                │1.8%
   ▼                                ▼                      ▼
 ユニー ──────31.54%──┐         イオン                  セブン&アイ
   │47.28%            │            │100%                  HD
   ▼                  ▼            ▼                      │100%
 サークルK          ファミリー    ローソン              ミニストップ      ▼
 &サンクス           マート                                              セブン
                                                                        イレブン
（海外未進出）
```

ファミリーマート	ローソン	ミニストップ	セブンイレブン
台湾(合弁43%) 韓国(合弁21%) タイ(子90%) 中国・上海(合弁) 中国・広州(合弁) 中国・蘇州(合弁) アメリカ(共同65%) ベトナム(合弁)	中国・上海 (合弁49%)	韓国(子76%) フィリピン (FC) 中国・青島 (合弁60%)	【日本から】 ハワイ (100%) 中国・北京 (合弁65%) 【米国から】 香港（FC） 台湾（FC） タイ（FC） など15カ国

注）ファミリーマートの中国でのライセンスは子会社（75%）のファミリーマートチャイナ・ホールディングから付与されている。上海と蘇州は同子会社が49.5%出資するチャイナCVSホールディングが100%所有しており、広州はファミリーマートチャイナ・ホールディングが49.5%を所有する。

出所）「コンビニを巡る大手流通企業の資本関係」日経MJ2009年11月16日付1面の図を大幅改変。

ン経済の悪化に見舞われたことからパートナーとの契約を解消し、1998年1月にフィリピンから撤退する決断を行った。

　一方、三菱商事は、フィリピンでアヤラ財閥と提携し、1990年代から水道事業などのインフラ事業に取り組んでいた。しかし、他方でゴコンウェイ財閥と新規事業の模索も開始し、アヤラ財閥との利害が重ならない新規事業としてコンビニ分野への進出が行われることとなった。そこで、三菱商事の系列下にあったジャスコ（現イオン）の100％子会社であったミニストップのコンビニ事業に光があたったのである。

　こうして、2000年3月にゴコンウェイ財閥は100％子会社「ロビンソン・コ

ンビニエンス・ストアーズ」を設立し、ミニストップはそれを相手先としてフランチャイズ契約を結ぶ形で再度フィリピン市場に進出することとなった（同年12月1号店）。この事業は実質的に三菱商事が主導して進められ、三菱商事が物流システムや情報技術の分野で支援し、ミニストップが運営ノウハウを提供する形で現在に至っている（三菱商事から副社長が派遣され、ミニストップから商品部長が派遣された）。

3 専門店・サービス業の国際フランチャイジングの現状

（1）店舗数──公文による海外進出が突出

表3−3は、専門店・サービス業における国際フランチャイジング（巻末の**付表3**）の中から、海外の3市場以上への進出または1市場で20店以上の展開事例を整理したものである。まず目を引くのは、公文式学習で知られる日本公文教育研究会（公文）の48か国、計7,800教室という数値であろう。同社は各国別の教室数の内訳けや進出形態は公表していないために表にも市場ごとの状況は表せていないが、この教室（海外店舗）数は日本の国際フランチャイジングの中で最も多いものと言える。また、生徒数は、国内が147万人に対して海外が275万人に達しており、その点でも海外での発展のほうが大きくなっている。なお、進出形態についてはストレート・フランチャイズ方式が多くなっている。

専門店領域の海外店舗数を企業別に見ると、ファッション関係においてはワールドが209店でトップであり、それをオンワード、イトキン、ハニーズ、ユ

---

(4) ゴコンウェイ財閥とは、正式社名をJGサミット・ホールディングと称し、食品製造、流通、繊維、ホテル、不動産、金融、通信、石油化学、航空業といった事業を行う企業を傘下におく従業員約15,000人の企業グループである。なお、ロビンソン・コンビニエンス・ストアーズは、2000年8月に第三者割り当てを行う形で三菱商事とミニストップの資本参加を受けている。

表3-3 専門店の国際フランチャイジングの現状

企業名	業種	中国	香港	台湾	韓国	シンガポール	マレーシア	タイ	インドネシア	その他	北アメリカ
ファッション専門店											
ワールド	婦人服	合85	子21	子72	子31	子・退					
オンワード	婦人服	子180									
イトキン	婦人服	合100		合60		子・退					子・退
ハニーズ	婦人服	子120									
ユニクロ	カジュアル	合42	子12		子43	子2					子1
サンエーインタナショナル	婦人服	合26	子17	再子33	再合14						子1
ポイント	婦人服	孫1	合21	子17							
しまむら	カジュアル			子28							
ローラアシュレイ	婦人服		SFC3	SFC11		SFC・退	SFC・退				
ナルミヤインターナショナル	子供服	FC1	FC4	FC1	FC5		FC1				
ミキハウス	子供服	FC・退	FC・退	FC2	FC3				FC・退		FC・退
東京ブラウス	婦人服		子・退	FC9		FC・退					
その他専門店											
ミズノ	スポーツ品	子644			FC27						
デサント	スポーツ品	子282（香港含）			子200						子*
大創産業	100円		FC24	合20	参380	合5	FC5	合32	FC5	FC7	合9
パリ三城	メガネ	作147	子1	子1		子12	子7	子5			合5
アシックス	スポーツ品	子109	子3	子1	合7					子1	子1
良品計画	生活雑貨	子14	子9	合17	合9	子4		FC7	FC1		子6
ベスト電器	家電		子8	子14		合12	子13		再合6	合4	共・退
オートバックス	カー用品	子12		FC・退		子2		子3			買・退
イエローハット	カー用品	子13		子5							
フランフラン	家具		子3	FC3	FC2						
ブックオフ	古書				子1						子4
レッドバロン	バイク								子1		
たち吉	陶器			FC1		FC1					FC・退
サービス業											
日本公文教育研究会	学習塾	*	*	*	*	*	*	*	*	*	*
白洋舎	クリーニング	合36									子6
QBハウス	理容	子21				子26	子・退	合・退			

注1)店舗数は2009年9~12月時点。直営店とフランチャイズ店の合計値。
注2)子：子会社、孫：第3国にある子会社の100％子会社、合：合弁会社、作：合作（中国独自の出資形態）、買：買収（過半数以上の株式取得）、参：資本参加（過半数未満の株式取得）、共：日本企業同士の共同出資、FC：ストレート・フランチャイジング、SFC：サブ・フランチャイジング（フランチャイジーが海外に進出したもの）
注3)「退」は撤退済み。「再」は過去に撤退した後に再度進出をした市場。

第3章 日本の国際フランチャイジングの現状と特徴　91

（3か国・地域以上への進出経験企業、または1か国に20店以上のみ）

米			欧州					中東	オセアニア		アフリカ	その他	進出市場数	店舗数
ハワイ	カナダ	南米	イギリス	フランス	ドイツ	イタリア	その他		オーストラリア	ニュージーランド				
													4	209
						FC1	FC1						3	182
					子・退								2	160
													1	120
			子14	子2									7	116
			子5	子1									7	97
													3	39
													1	28
													2	14
													5	12
子・退			子・退		合2								4	9
						合2	FC・退	FC・退					1	9
													2	671
	子*			子・退									3	459
	合1					FC6	FC26			FC1		FC2	24	523
			子1	子2	子2				子23				12	207
			子2	子4	子1	子4	子・FC4		子1				14	138
子1			子14	子9	子4	子5	FC9	FC2					15	110
							FC2						7	59
				子12									4	29
								FC2					3	20
													3	8
FC・退	子1			FC2									4	8
		再 FC1			FC・退		再 FC2		合1	合1			5	6
FC1													4	3
*	*	*	*	*	*	*	*	*	*	*	*	*	48	7,800
子14													3	56
													2	47

注4）「＊」は進出形態や店舗数が公表されていない部分。
注5）ダイソーにおけるアジアの「その他」はフィリピン1、マカオ2、ベトナム4、欧州の「その他」はルーマニア6、「中東」はレバノン2、ヨルダン1、カタール2、サウジアラビア5、クウェート4、バーレーン2、オマーン1、UAE 9、「その他」はニューカレドニア1
注6）ファッション専門店で海外ブランドを買収して進出したケースは記載せず。
出所）各社HP、有価証券報告書、各社問い合わせ、各種報道資料など。

ニクロ、そしてサンエーインターナショナルの5社が追っている。その他の専門店領域では、ミズノ、デサント、アシックスといったスポーツ用品メーカーのショップや、100円ショップのダイソー、メガネのパリ三城、無印良品を展開する良品計画が合計で100店舗以上の規模となっている。

　市場ごとの店舗数で見ると、中国への集中が目につく。ミズノは中国市場だけで644店を展開しており、そのうち440店がサブ・フランチャイジングの店舗となっている（2009年10月末）。中国には、デサントによる282店舗、オンワードによる180店舗、パリ三城による147店舗、アシックスによる109店舗をはじめワールド、イトキン、ハニーズなどファッション関係で100店舗以上の大量出店をする企業が多い。それに続くのが韓国であり、ダイソーとデサントがそれぞれ380店と200店を展開している。

（2）進出先――欧州や中東、豪州、南米などへの拡大

　外食やコンビニがアジア地域、特に東アジアに偏っていたのに対して、専門店やサービス業の進出先は欧州や中東、豪州や南米にも拡大しているのが特徴と言えよう（撤退市場を除く）。特に、公文学習塾の海外展開は48の国と地域に達しており、なかでも唯一アフリカ諸国（南アフリカ、ケニア、ボツワナ、ナミビア、ザンビア）にまで進出している珍しいケースとして注目できる。

　公文に続いて多いのはダイソー、セリア、良品計画、パリ三城といった専門店であり、ともに10市場を超えている。ダイソーの場合は、中東地域のペルシャ湾岸（クウェート、カタール、UAE、バーレーン、オマーン、サウジアラビア）に計24店舗をストレート・フランチャイジングで出店しているのが目を引く（巻末の**付表3**を参照）。また、良品計画は欧州への出店が多くなっているのが特徴である。

　一方、ファッション関連の専門店は、ユニクロとサンエーインターナショナルの7市場が最多となっており、全体的に狭い地域での店舗展開となっている。これは、のちに述べるように、アパレル企業はむしろ卸売事業で市場を拡大し

ていることが影響しているものと思われる。

（3）進出形態

表3-3で進出形態（判明分のみ、撤退済み含む）を見てみると、子・孫会社が80件（50％）、合弁・合作が26件（16％）、共同出資2件、買収・資本参加が2件、フランチャイジングが49件（31％）となっており、直接投資による進出が約7割を占めている。ただし、進出形態が公表されていない公文もほとんどがストレート・フランチャイジングであるため、それを考慮すると、ストレート・フランチャイジングの比率は50％以上になる。

そもそも専門店業態の多くは、オリジナルな商品開発を行って、それを武器にフランチャイジングを展開するタイプのものが多い。つまり、アパレル企業やミズノ、ダイソーといったメーカー機能を有した企業が多いため、そのフランチャイズ・システムは商品供給契約を柱としたものになっているのである。

例えば、カー用品を販売するオートバックスセブン代表取締役である住野公一氏は以下のように述べている。

「わが社はビジネスフォーマット型と商品供給型の混合型フランチャイズである。元々、わが社は自動車部品会社であり、その頃（昭和40年代）はタイヤ、バッテリー、オイル、カーオーディオ、アクセサリーは別々の会社で売っていた。そこで、車に関するものはすべて1店でまかなえる店（直営1号店昭和49年）を創めた。商品供給と看板使用をセットにした。その結果がフランチャイズであった」（『フランチャイズエイジ』2008年3月号）

これは、同社が製品・商標型フランチャイジングであることを示すものと言えようが、専門店業態にはこのようなタイプが多いのである。したがって、複雑なノウハウの移転が必要となる外食やコンビニとは異なり、専門店業態は本来的にストレート・フランチャイジングや現地でのサブ・フランチャイジングがやりやすい性質を有している。ストレート・フランチャイジングの比率が外

食やコンビニより高かったり、ミズノに代表されるように大量のサブ・フランチャイズ店（中国で440店）を短期間で展開することが可能になるのは、このような商品供給型のシステムであるがゆえのことである。

しかし、そのような製品・商標型フランチャイジングは、卸売事業との区別が付きにくい面もあることには注意を要する。例えば、アパレル企業の「イッセイ・ミヤケ」の場合は、1980年代初頭から欧米に、1990年代からアジアに進出をしてきた。現在ではイッセイ・ミヤケの看板を掲げた店舗あるいは販売コーナーをもつ店舗が、アジアに91店舗、ヨーロッパに173店舗、北米に39店舗と300店舗以上存在している。しかし、そのうち直営店舗はニューヨーク、ロンドン、パリにある9店舗のみであり、他はすべて代理店が運営する店舗（アジア）、または商品供給先（欧米）にすぎない。それらの店舗とはフランチャイズ契約は結んでおらず、卸売販売を行っているだけの関係となっているのである。[5]

また、100円ショップの「セリア」の場合も、海外16市場の取引先に対して商品供給を行っているが、それらはフランチャイズ契約に基づかない卸売販売（輸出）事業となっているのである（第7章5節参照）。

フランチャイズ事業と卸売り事業とは、原則的には商品販売代金の徴収とは別に何らかのロイヤリティ（指導料や商標使用料）を取っているかどうかで区別されると言えよう。卸売販売による商品供給であっても、実際には商標使用を認めて何らかのノウハウ指導も行っている場合もあろう。しかし、ロイヤリティを取っていない限り、厳密にはフランチャイズにはあたらないと判断できるのである。

このように、アパレル企業をはじめとする専門店業態の国際化にはフランチャイジングと卸売事業とが混在しているのが実態であり、現状の把握には難しい面も多いことには留意すべきであろう。

（4）中国市場での製販分離

　すでに見たように、専門店業態の国際化においては中国での店舗展開の多さが目を引くが、この背景には製販分離の進展がある。例えば、アパレル業界では1990年代に中国に生産拠点を設立し、日本向けに輸出を行う企業が増大した。しかし、その後、中国市場が成長するとともに輸出のウエイトを減らして中国国内市場向けに振り向ける企業も増大してきた。つまり、代理店への卸売りに力を入れるようになったのである。特に、2000年以降はその傾向が強まってきた。

　しかし、代理店任せの販売では、メーカー側が望むブランド性の確立や消費者へのきめ細かな対応ができないことから、近年では販売会社を独立させ（多くは100％子会社）、代理店を通さずに直接的に小売店に販売したり、自ら専門店を展開する方式に切り替える企業が増大してきた。例えば、ミズノは2005年に中国で生産と卸売りを行ってきた現地会社「上海美津濃有限公司」を生産機能のみに特化させ、販売のみの法人（子会社）「美津濃（中国）体育用品有限公司」を設立している。これにより、中国内の直営店やフランチャイズ店をこの子会社がよりきめ細かに運営することとなった。また、アシックスも同年に中国における代理店経由での販売をやめ、販売子会社を設立して直接的に小売店と取引を行ったり、直営やフランチャイズでの店舗を統括する体制に変更している。[6]

　このような背景には中国での規制緩和がある。もともと、アパレルはメーカーとして登記をしてきたため生産品の70％を輸出に回す必要があり、さらに代理店を経由してでないと中国内での販売ができない規制があったが、それが緩和され外資にも直接販売の認可が下りるようになったからである。オンワードも2007年から直接販売に切り替え、小売店展開の強化に取り組むこととなった。[7]

---

(5)　2009年11月に行ったイッセイ・ミヤケ社海外事業統括部へのヒヤリングによる。
(6)　日経産業新聞2006年7月31日付。
(7)　日本経済新聞2007年6月16日付。

このように、近年の国際フランチャイジングの背後には、中国での規制緩和とそれに伴う企業側の販売体制の強化も影響を与えていることには注意すべきであろう。

第4章

欧米での研究の系譜と
理論的課題

1 研究の概観

　フランチャイズチェーンのビジネスモデルはアメリカで誕生し発展してきたものであり、フランチャイズ企業の国際化についてもアメリカが常にリードしてきた。したがって、国際フランチャイジングに関する研究はアメリカにおけるものが大きく先行している。フランチャイズチェーン（ビジネス・フォーマット型）は第2次世界大戦後にアメリカから欧州にもたらされ、1960年代以降は欧州でも急速な発展を遂げた。欧州は多数の国境が存在する地域であることから、国際フランチャイジングについても早くから発展した。それゆえ、アメリカとは時間的な遅れがあるものの、欧州の研究者達も国際フランチャイジングに一定の着目をしてきた。

　ただし、欧州では伝統的にレギュラーチェーンの国際化（百貨店やハイパーマーケット、食品スーパーなど）が進んできたことから、小売国際化研究の一環として国際フランチャイジング（フランチャイズ企業の国際化）が取り上げられてきたという違いがある。換言すれば、アメリカでも戦前から百貨店などのレギュラーチェーンによる国際化が見られたものの、1970年以降は収束してしまったことから、その頃から拡大していったホテルや外食の国際フランチャ

イジングのほうに注目が集まってきたのである。

　このアメリカと欧州の研究傾向の違いは、それぞれの地域で出される主要なジャーナル論文にもはっきりと見てとれる。例えば、アメリカのジャーナルでは計量的分析が重視されるため、国際フランチャイジングをテーマとする論文では記述的な実態分析や個別企業の分析はほとんど見られない。

　一方、欧州のジャーナルでは、記述的な分析や個別企業のケースも尊重されているものの基本的に小売国際化研究が盛んであるため、その中に一部の小売フランチャイズ企業が取り上げられるにとどまる傾向が強い。つまり、国際フランチャイジングを正面切って論じるものが少ないのである。このような欧・米での研究特性の結果、全体的に見た場合、国際フランチャイジングの実態を記述的に分析したものが少ないという特徴があることには注意が必要であると言えよう。

　さて、欧米における近年の研究書としては、フランチャイジング一般に関するブレアとラフォンテーヌ（Blair and Lafontaine［2005］）およびリーディングスのラフォンテーヌ編（Lafontaine［2005］）が出されており、国際フランチャイジングに的を絞ったものとしてはアーロン（Alon［2005］）がある。また、法実務者向けの国際フランチャイジングの概説書としては、コニスベルク（Konigsberg［2008］）やネッツァー編（Netzer［2008］）が挙げられる。後者は世界20か国の状況をまとめたものである（日本は取り上げられていない）[2]。

　一方、日本では第2章でも述べたように、フランチャイジング（ビジネスフォーマット型）は1963年に始まったが、本格的な発展は1970年代にアメリカから大量のフランチャイズ・システムが移転されるまで待たねばならなかった。国際化も1970年代中頃に始まったが、それが盛んとなるのは1980年代後半以降のことであり、アメリカや欧州に大きく遅れをとってきた。

　しかし、このような実態の遅れ以上に日本ではこの領域に対する研究者の対応が遅れ、小売国際化研究ですら1990年代の後半になってようやく本格化したのが実情であった[3]。国際フランチャイジングの研究は、それよりもさらに大きく遅れてきたのである。日本では、①業態別研究の一つとしてコンビニや外食

といったフランチャイズ企業を取り上げたもの（川辺［2006］、川端［2008a］［2008b］）や、②小売国際化研究の一環でフランチャイズ方式での市場参入（参入モードとしての国際フランチャイジング）を検討したもの（白石・鳥羽［2006］）、あるいは③小売技術移転研究の一つとしてコンビニなどのフランチャイズ企業を取り上げたもの（青木［2008］、金［2005］［2007］［2008］、深澤［2006a］［2006b］など）が見られるものの、国際フランチャイジングを正面から捉えた論考は、許・川端［2004］や川端［2008c］くらいしか見られなかった。

　このような日本での研究の大きな遅れを踏まえて、本章ではこれまでの欧米での国際フランチャイジングに関する研究を手短にサーベイし、どのような問題に関心がもたれてきたのか、どのような実態が解明されてきたのか、どのような理論が構築されてきたのかといったことを整理し、欧米での研究の特徴と課題を明らかにしたい。なお、サーベイにあたっては、以下の諸点が考慮されていることを確認しておきたい。

　第一に、フランチャイジングをテーマとする文献はアメリカを中心に膨大な数に上るが、そのほとんどは国内でのフランチャイジングを前提としたものである。結論で述べるように、国内を前提とした研究と海外進出をテーマとした研究との境界線はあいまいであり、国内を前提とした研究の中にも国際フランチャイジングの議論につながるものが少なくなかった。しかし、本稿では焦点を明確化するねらいから、国内を前提とした論考は原則的に対象外とした。

　第二に、国際フランチャイジングをテーマとしたものは1990年代以降に急増しており、フランチャイズ研究全体から見ると比較的限定されるが、それでも

⑴　アメリカのレギュラーチェーンの国際化は1909年のウールワースによるカナダ進出に始まり、第2次世界大戦後に欧州や中南米、豪州などに拡大した。しかし、業績が悪化した1970年代以降は撤退が進み、本格的な再開はウォルマートがメキシコ進出する1991年であった。国際フランチャイジングはこのレギュラーチェーンの沈滞期に急拡大した。
⑵　小売国際化の入門書であるスターンクィスト（Sternquist［1998］［2007］）の中でも、国際フランチャイジングの概要・要点を手短に解説しており参考になる。2007年版は日本語に訳されている（若林・崔ほか訳［2009］）。
⑶　最初の学術書としては向山［1996］がある。

論者の視点や関心は多岐にわたる。したがって、本稿では、どのような問題に関心がもたれてきたのか、どのような実態が解明されてきたのか、どのような理論が構築されてきたのかといったことを中心に整理しており、フランチャイズの法的（規制）問題に関する研究など、いくつかの領域については取り上げていないことを断っておきたい。[4]

　第三に、本稿では個別の研究内容には深入りせず、マクロな視点からこの領域の研究全体の輪郭を描き出し、そこからこの研究領域における課題を把握することをめざしている。個別の論文の紹介については、鳥羽［2006］がファッション小売業の国際化に関するサーベイを行う中でフランチャイジングに関する欧米の論文を紹介しており、また白石・鳥羽［2006］と鳥羽［2009］が小売国際化研究の観点から小売業の市場参入モードとしての国際フランチャイジングを取り上げた欧米の論文を紹介しているので参照されたい。

2　国際化研究の始まりと実態への関心

　既述のように、アメリカでは1950年代から外食やホテルを中心にしてフランチャイズが急速に発展した。カナダを中心とする隣接国への進出も早くから始まり、1960年代には欧州にもかなり進出していた。[5]しかし一方で、研究者達は1960年代末になってもフランチャイジングという手法自体にまだ懐疑的な意見をもっていたことには注意を要する。例えば、オクセンフェルドとケリー（Oxenfeldt and Kelly ［1968］）は以下のように述べている。

「もし我々が正しければ、資金や人材をもたらし（代替し）、アントレプレナー精神をもたらす（育てる）というフランチャイジングの重要な特性が、実は大きな誤りであることが明らかになるであろう」（p.69）。

　1960年代のアメリカではフランチャイズブームが生じていたが、一方でフランチャイズをめぐって多くの訴訟も生じており、なかには詐欺まがいのものが見られたことから、フランチャイズは一時の流行にすぎず、実効性は乏しいと

いう見方も少なくなかったのである。端的には、研究対象に値するまともなビジネスだとは思われていなかったとも言え、むしろ新しい訴訟事案を担当しなければならなくなった法律家たちの関心のほうが高かったのが実態であった。

　このようなフランチャイジングに対する評価（信頼）が研究者の間で定着するのは1970年代に入ってからのことだと考えられる。アメリカの商務省の調査では、1975年時点でアメリカのフランチャイズ企業の販売額は小売業全体の27％に達し、かなりの存在感を有するようになっていた。[6]また、パーカー（Parker [1972]）のように、フランチャイズをめぐる問題を一面的に捉えない（悪と決めつけない）論考も出始める。パーカーは、本部と加盟者との間で生じている様々な問題は、結婚生活のように両者の長い関係における一場面として冷静に捉えられるべきであるとし、長期にわたる観察と分析（実証研究）の必要性を主張しているのである。実際、1970年代になるとフランチャイジングに関する論文は増大し始めていくのである。

　このような事情もあって、国際フランチャイジングは実態としては1960年代から盛んになっていたにもかかわらず、それを対象とした研究は1970年代に入ってようやく登場し始めるのであり、本格化するのは1980年代末頃まで待たなければならなかった。論文数が急増してくるのは1990年代以降のことである。

　さて、国際フランチャイジングの研究で最初に行われたことは、アメリカのフランチャイズ企業の国際化（国際フランチャイジング）の実態把握であった。アメリカの国際フランチャイズ協会（IFA）の調べでは、1969年時点ですでに14％のフランチャイズ企業がカナダを主とする海外に進出していたとされるが、1970年代になるとそれが一気に拡大していく。1970年代前半のアメリカにおけ

---

[4] 海外でのフランチャイズの法的規制問題については、暁［2008］、小塚［2006］［2008］などを参照のこと。

[5] 先述のように、日本のフランチャイズはアメリカのフランチャイズ企業が進出してくる前の1963年に始まるが、草分け企業の不二家やダスキンもアメリカのフランチャイズを独自に研究して導入したのであり、アメリカからの移転（拡散）であることには変わりがないと言える。

[6] U.S. Department of Commerce, "Franchising in the Economy, 1973-1975" ［1975］p.5.

る実態は、ウォーカーとエッツェル（Walker and Etzel［1973］）およびハケット（Hackett［1976］）が明らかにしている。それらを見ると、前者は1970年時点で66社が海外に進出しているとし、後者は1975年時点で85社が進出をしていることを確認している。表4－1、表4－2は、ハケット［1976］による調査結果を整理したものである。

表4－1では、当時すでに各国にマスター・フランチャイジーが設立されており、かなりの数に上る店舗が世界中に出店されていたことが分かる。また表4－2は、海外進出フランチャイズ企業の業種別・時期別進出数を見たものである。これによると、業種的には対事業者サービス業（雑多な業種が含まれる）や外食（ファーストフード）業が多くなっており、進出時期的には戦前から進出した企業も見られるものの、1960年代以降に集中していることが分かる。これらは、初期のデータとして貴重である。

さて、1980年代になると、アメリカのフランチャイズ企業の国際化は一段と進展していく。ウェルチ（Welch［1988］）は、1985年時点の海外進出情況を整理している。それによると、1971年時点に156社であったものが1983年には約2倍の305社となり、1985年には342社にまで達していた。また、1985年時点では、アメリカのフランチャイズ企業の海外店舗の約7割がカナダ、オーストラリア、イギリス、日本の4市場に集中していた（日本には66社が進出し、店舗数は7,124店）ことも明らかとなっている。つまり日本は、すでにアメリカのフランチャイズ企業にとって非常に重要な海外市場となっていたのである。アメリカのフランチャイズ企業の海外進出動向については、その後はアイディンとカッカー（Aydin and Kacker［1990］）やジュリアンとカストロジョヴァンニ（Julian and Castrogiovanni［1995］）、そしてシェーン（Shane［1996］）らが統計的に分析を行っている。特にシェーンは、アメリカの815のフランチャイズ企業を取り上げ、多様な要素（変数）間の相関関係の分析や回帰分析によって海外進出フランチャイズ企業の特性を明らかにした（内容は106ページ参照）。

ところで、アメリカ企業が世界中に拡散させたフランチャイズという経営方式は、1980年代になると世界各地でフランチャイズ企業の発展を促すこととな

表4−1　アメリカFC企業の主要国への出店状況（1975年時点）

進出先	店舗数	進出先	店舗数
隣接国		アジア	
カナダ	2832	日本	1087
メキシコ	262	フィリピン	50
南米		マレーシア	41
ブラジル	51	インド	19
アルゼンチン	62	香港	16
ベネズエラ	50	中東	
欧州		イラン	25
イギリス	1535	レバノン	22
フランス	155	イスラエル	18
ドイツ	162	オセアニア	
イタリー	255	オーストラリア	251
スペイン	134	ニュージーランド	44
スカンジナビア	101	ソ連	8

出所）ハケット（1976）、EXIBIT II、p.68を大幅改変。

表4−2　アメリカFC企業の時期別・業種別の海外進出件数

業　　種	1939年前	1940-49	1950-59	1960-64	1965-69	1970-75	合計
自動車サービス	0	0	1	3	2	1	7
対事業サービス	2	0	2	1	0	4	9
レンタカー	0	1	1	0	1	3	16
リクレーション	0	0	0	2	0	2	4
食品小売	0	0	0	5	0	9	19
ファーストフード	1	0	0	1	2	4	8
ホテル・モーテル	0	0	0	2	2	3	7
ソフトドリンク	2	2	4	1	1		11
その他	2	1	2	1	4	4	14
	7	4	10	16	17	31	85

出所）ハケット（1976）、EXIBIT I、p.67を大幅改変。

った。そこで、1990年代に入ると各国のフランチャイズ業界の実態（事情）に対する関心が高まってくる。サウジアラビアの状況を分析したトゥンカルプ（Tuncalp［1991］）、欧州におけるフランチャイジングの発展状況を概説したサンハヴィ（Sanghavi［1991］）、イギリスにおけるアメリカ系ファーストフードフランチャイズ企業の実態を捉えたプライス（Price［1993］）、ポルトガルのフランチャイズ業界を分析したゴンサルヴェスとドゥアルテ（Gonçalves and Duarte［1994］）、イギリスとイタリアの状況を見たマナレシとアンクルズ（Manaresi and Uncles［1995］）、オーストリアの状況を紹介したグラッツとチャン（Glatz and Chan［1999］）などはその例と言えよう。

その後も、スペインのケースを見たガミルとメンデス（Gamir and Mendez［2000］）、ロシアの状況を見たアーロンとバナイ（Alon and Banai［2000］）、ブラジル小売業の国際化の中で同国のフランチャイズ実態を紹介したアレクサンダーとシルヴァ（Alexander and Silva［2002］）、新興市場を捉えたアーロン（Alon［2004］）、ウクライナの実態を紹介したペレティアッコほか（Peretiatko, Humeniuk, et al.［2009］）などの分析が見られる。

さらに、このような各国でのフランチャイズの発展は、各国の地場資本のフランチャイズ企業による2次的な国際化を生んでいった。例えば、ウェルチ［1990］［1992］は、1980年代のオーストラリアのフランチャイズ企業の海外進出を分析しており、またダントほか（Dant, Perrigot and Cliquet［2008］）では、アメリカ、フランス、ブラジルの3か国のフランチャイズ企業による海外進出を分析している。

ただし、日本のフランチャイズ企業による海外進出については、残念ながら欧米の研究者は分析を行ってこなかった。わずかに、イトーヨーカ堂（セブンイレブン・ジャパン）によるサウンスランド社買収による進出がスパークス（Sparks［1995］［2000］）によって取り上げられている程度であり、ほとんど空白領域となっている。近年出されたコニスベルク（Konigsberg［2008］）による『国際フランチャイジング』の概説書における日本のフランチャイズ業界の紹介部分を見ても、1980年代の文献やアメリカの国際フランチャイジング協

会のデータに基づいてごく短く紹介されているにすぎない。1970年代から多くの欧米フランチャイズ企業が進出してきたことや、地場のフランチャイズ企業が発展していることは欧米でも認識されているが、日本からはまとまった情報が発信されてこなかったのである。

3 進出要因・意思決定や進出手法に関する関心

このように、国際フランチャイジング研究は1970年代からフランチャイズ企業の国際化実態の解明を通して開始されたのであるが、それと同時に、なぜ海外進出をしたのかという進出要因（動機）や意思決定の研究も進んだ。しかし、当初は「進出先市場の潜在的な加盟ニーズ」の存在（ウォーカーとエッツェル［1973］）や、あるいは「国内市場の飽和」や「進出先市場における潜在的な優位性」（ハケット［1976］およびエイディンとカッカー［1990］）といった環境要因で説明しようとする傾向が強く見られた。とりわけ、市場飽和要因は、大した根拠が示されることなく多くの論文で進出理由として挙げられてきたものである。

しかし、ケディアほか（Kedia, Ackerman, Bush, and Justis［1994］）が「もし、市場飽和だけが海外進出の理由なら、フランチャイズ産業のすべての企業が進出するはずである」（p.57）と指摘するように、環境要因だけでは説明の核心に迫れない。そこで、1990年代になると、同じ環境下でなぜ海外進出を行う決定をする企業と、国内にとどまろうとする企業が生じるのかという企業レベルの意思決定に関する研究が出てくる。例えば、ケディアほか［1994］はアメリカの142のフランチャイズ企業に関する有効回答サンプルを分析し、「市場拡大（成長）願望や利益増大願望に対する経営（陣の）姿勢」が重要な決め手となることを主張した。それは、アイディンとカッカー［1990］が提起した企業規模要因や、カーニーとゲダイロビッチ（Carney and Gedajlovic［1991］）が注目した店舗数や直営店舗比率といった要素などより大きな影響を及ぼすとされて

いる。先に挙げたシェーン［1996］も、計量的な分析に基づいて進出要因分析を企業レベルで行っている。そこでは、海外進出（で成功する）フランチャイズ企業は、規模や国内での成功度とは関係なく、海外のパートナーとの緊密な連携関係を構築する能力や海外のパートナーに対するモニタリング（監督）能力に長けていることが明らかにされている。

　このような進出要因・意思決定分析が盛んとなるのは1990年代の特性の一つであったが、それはアーロン（Alon［1999］）の著書にほぼ集約されていると言っても過言ではない。アーロンはアメリカのフランチャイズ企業のデータを用いて、それまでの研究成果と課題を踏まえながら、海外進出の意思決定にどのようなファクター（主体特性）が影響を及ぼすのかを計量的に分析（仮説検証）した。

　アーロンの研究は、①フランチャイズ企業を小売業・ホテル業・対事業所サービス業の三つに分けて国際化への意思決定要因を分析していること、②これまでのフランチャイジング研究で個別に用いられてきた資源ベース理論とエージェンシー理論を統合的に用いたことに特徴があるが、分析の結果では、意思決定には組織的な要因や個別企業の事情が大きな影響をもたらしていることが明らかとなっている。それまで多くの研究が指摘してきた、国内市場の飽和や進出先市場の特性といった環境要因は、進出の意思決定には決定的な影響を与えていないことが示されている。このアーロンの研究には課題も残るが、いわば1990年代の研究の一つの到達点と言えるであろう。

　さて、1990年代には海外展開を行うフランチャイズ企業が増大したこともあり、進出要因・意思決定分析とともにその進出手法にも光があてられるようになった。特に、マスター・フランチャイズ方式という手法については比較的多くの研究者が関心を示した。これは、海外に進出するにあたり、相手先の１企業にその国でのフランチャイズ権を付与する手法（マスター・フランチャイジーに指名する手法）であり、そのパートナー企業に現地本部の機能をもたせて現地での店舗開発と運営を任せ（代替させ）、その対価としてパートナー企業から本国側が加盟金やロイヤリティを受け取る手法である。この手法は本国側

の投資額と投資リスクを大幅に軽減させるが、当然のことながら、自社の商標・ブランドを貸与して現地での出店や運営のすべてを任せるマスター・フランチャイジーを本部がどのように選ぶのか、またどうコントロールするかが問題となる。とはいえ、調査会社のアーサー・アンダーセン社によると、海外に進出しているアメリカのフランチャイズ企業は、1989年時点で59％が、1996年時点で81％がマスター・フランチャイズ方式を採用していたとされる（Choo, Mazzarol and Soutar［2007］）。

マスター・フランチャイズ方式は、実質的には1960年代からすでに海外進出に際して用いられてきたが、その意義や効用が意識されるのは1980年代になってからである。ジャスティスとジャッド（Justis and Judd［1986］）は、当時アメリカ国内で行われ始めたマスター・フランチャイズ方式を検討し、それは、スピーディーな店舗拡大（顧客の囲い込み）や資金面およびキャッシュフロー面などでの優位性といったメリットを生むが、他方で契約期間の長さが生むリスク、マスター・フランチャイジーへの権限集中、本部の収益の減少といったディメリットも生じることを指摘している。これは、海外進出において進出先の企業にマスター・フランチャイズ権を与える際にも当てはまることである。

1990年代の末にはマスター・フランチャイズ方式は国際フランチャイジングにおいてポピュラーな手法となっていたが、それは新たな課題を本部にもたらしていた。例えば、ライアンズほか（Ryans, Lotz and Krampf［1999］）では、マスター・フランチャイズ方式をとるアメリカのフランチャイズ企業の幹部に対するアンケート調査（有効回答39）の結果、「マスター・フランチャイジーとの効率的なコミュニケーションが取れていない」と回答した企業が約47％に上ることが示されている。

なお、カルニンズ（Kalnins［2005］）は、アメリカのファーストフード企業

---

(7) ケディアほか［1994］の論文では、進出要因研究も含めた1990年代初頭までの文献サーベイがなされており参考になる。
(8) 進出要因分析は、1990年代に隣接領域の小売国際化研究においても見られた動きであった。進出要因分析を含めた1990年代末までの小売国際研究のサーベイは、川端［2000］の付章（pp.266〜281）を参照されたい。

による142の国際マスター・フランチャイズ契約を基に、マスター・フランチャイジーが一定期間内に一定数の店舗を出店する義務条項に着目した興味深い分析を行っている。それまで不足していた契約内容に踏み込んだ分析として貴重なものと言えよう。

4 国際フランチャイジングの理論への関心

　このような実態をベースとした研究が深まりを見せる中で、国際フランチャイジングの理論的な研究も1980年代後半頃から始められた。国際フランチャイジングを理論的に理解しようとした草分けは、市場参入戦略の研究者であるルート（Root［1987］［1994］）であろう。ルートは、海外市場参入モードの一つとしてのフランチャイズ方式に注目した。そして、市場参入手法としてのメリットとディメリットを明らかにした。分かりやすく整理すると次のようになる（Root［1987］p.110）。

メリット
❶少額投資でスピーディーに成長できること。
❷マーケティング手法の個別性を標準化できること。
❸（商標や商品、ノウハウが提供されることから）加盟者に高いモチベーションを与えられること。
❹リスクが小さいこと。

ディメリット
❶本部の利益（取り分）が減少すること。
❷加盟者による店舗運営に対するコントロールが完全にはできないこと。
❸（ノウハウ流出や加盟者の脱退などによって）競争相手を生み出す可能性があること。

❹契約条項に関して政府の規制を受けること。

　フランチャイジングの参入モードとしてのメリット・ディメリットについては、ルート［1987］以降も何人かの研究者が論じており、それらはバートンとクロス（Burton and Cross［1995］）が一覧表で整理をしている（p.39, Table 3-1）。しかし、そのポイントは、上に掲げたルートによる指摘でほぼカバーされていると言えよう。

　その後の研究者たちが特に注目した点は、フランチャイズという参入モードが投資費用の節減やリスク軽減、あるいは高い成長スピードをもたらすといったメリットの面であり、それゆえに資金をもたない企業やリスクを負いきれない企業、海外市場での販売チャネルをもたない企業にとっては有利な参入モードである点であった。言うまでもなく、これはなぜフランチャイズ方式で海外進出を行ったのか（フランチャイズという市場参入モードを選択するのか）という問題や、なぜ資金力がなくノウハウレベルが低い外食やサービス業がこの方式を採用するのかといった問題に理論的な基盤を与えたのである。

　このような理論的な説明は、その後は資源ベース理論（資源制約論）やエージェンシー理論（後述）と結び付けて理解され、多くの研究者達に受容されていった。参入モード論は1990年代末にピークを迎えるが、クイン（Quinn［1998b］）は小売国際化にとっての市場参入モードとしてフランチャイジングを捉え、1990年代までの議論を整理している。

　ただし、国際フランチャイジング研究における理論を見ると、1980年代から一貫して資源ベース理論とエージェンシー理論しかないと言っても過言でない、という状況に陥っているのが特徴となっている。取引コスト論なども用いられることもあるが、バートンほか（Burton, Cross and Rhodes［2000］）など少数派にすぎず、リスク論や組織学習論に基づく論考も見られるがマイナーなものにとどまる。しかし、資源ベース理論もエージェンシー理論も、そもそもは他分野の理論である。前者はマサチューセッツ工科大学教授のB・ワーナーフェルト（Birger Wernerfelt）が1980年代中盤に経営戦略論研究の中で提唱した考え方

であるし、後者は取引コスト論と同様に経済学の新制度派経済学の中で発展してきたものである。またそれらは、もともと国内でのフランチャイジングを論じる場合の理論として引用されてきたものであって、それがそのまま国際フランチャイジングの研究にも用いられているのである。したがって、フランチャイジングや国際フランチャイジングに関する固有の理論が展開されてきたわけではないことには留意すべきであろう。

以下、簡単にこの二つの理論が国際フランチャイジングにどのような理屈付けをしてきたのかを整理しておきたい。

（1）資源ベース理論（Resource-Based Theory）

資源ベース理論とは、その企業が有する資金や人材といった経営資源の豊かさや欠乏度の観点から企業戦略や企業競争を捉えるものであるが、それはフランチャイジングを理解する際にもしばしば用いられる。そもそも、経営者はなぜレギュラーチェーン方式ではなくフランチャイズ方式を選択するのかというと、それはフランチャイズが資金（投資）や人材（社員の雇用）を必要としないからである。さらに言うなら、投資や雇用から生じるリスク負担をも回避できるからである。つまり、経営資源が不足している（資源制約・Resource Constraint）企業が成長しようとする際に選択されるのがフランチャイズだと言えよう。この資源制約論が、国内でフランチャイズ方式を採用する論拠となってきた。

では、これは国際フランチャイジングにも当てはまる理論なのであろうか。この論理に依拠するなら、国際化に際して（直接投資ではなく）フランチャイズ方式を選択する企業は、投資資金が不足していたり、国際的な事業を展開する人材が社内に不足している企業となる。つまり、小規模な企業、歴史が浅く人材が育っていない企業、海外ノウハウのない企業ほど、国際化を行うに際してはフランチャイジングを選択する可能性が高いということになるのである。しかし、この推論は現実に国際化を行っているフランチャイズ企業の分析結果

とはずれており、多くの研究で否定されてきた（Carney and Gedajlovic［1991］，Lafontaine and Kaufmann［1994］，Combs and Castrogiovanni［1994］など）。

　常識的には、国内で十分に発展していない小規模で若い企業が海外市場を指向することは考えにくく、その点では、国際化指向が強い企業は資源の豊かな企業であるとも言える。つまり、規模が大きくて（資金が豊富）、国内市場での歴史も長く（市場占有度が高く）、その間に人材やノウハウが育っている企業ほど、海外進出をしようという意思決定をしやすいと考えるほうが素直であろう。そのような企業は市場飽和感も強い（国内市場での成長余地が小さい）ため、多くの研究者が漠然と市場飽和をフランチャイズ企業の海外進出要因として捉えてきたとも言えよう。

　しかし、一方で異なる研究結果も見られる。シェーン［1996］の検証結果では、企業規模の大きさや歴史の長さは関係がないとされているのである。そこでアーロン［1999］は、資源ベース理論を基に、これまでの多数意見を踏まえて、①規模の大きな企業ほど、②歴史の古い企業ほど、③成長性の高い企業ほど、国際フランチャイジングへの指向が強いという仮説を改めて検証した。そこでは、従来の特定年次のデータではなく、1990〜1997年という長期間のデータを用いているのが特徴である。その結果、企業規模や企業の歴史は、やはり関係がないということが判明したのである。

　現実には、小規模で創業まもない（資源制約の大きな）フランチャイズ企業でも、ケディアほか［1994］が言う経営者の認識や姿勢（Managerial Perceptions and Attitudes）によって果敢に海外進出を行っているのである。むしろそれを可能とするのが、フランチャイズ方式での国際化の最大の特徴だと言えるであろう。アーロンの研究は、フランチャイズ方式が直接投資とは本質的に異なるものであるがゆえに、国際化を行う企業の性質も異なることを確認したものと言えるので重要である。

（2）エージェンシー理論（Agency Theory）

エージェンシー理論とは、プリンシパル（依頼主）がエージェント（代理人）に業務を依頼し代行させるという視点から経済や（企業）組織を捉えようとするものであり、政治学（政治家を有権者のエージェントと見なす）の議論でも用いられている。フランチャイジングでは、本部がプリンシパルに、加盟者がエージェントに相当するため、この理論に基づいた理解や分析がしばしばなされてきた。[9]

つまり、加盟者は、本部のエージェント（代理人）としてフランチャイズ・システムのコンセプトを忠実に守って契約通りの業務を実行し、フランチャイズ・システムの価値を高める義務がある。しかし、現実には、エージェントは本部の目の行き届かないところでコンセプトや契約を守らないこともあり、エージェンシー・スラック（モラルハザード）が生じることとなる。例えば、商品やサービスの質を落とす、接客ノウハウを守らない、契約通りのロイヤリティを本部に支払わない、といったことである。これは、本部にとってはフランチャイズ・システムの存亡に関わる問題でもあり、何としても避ける必要がある。

そこで、フラッドモエ＝リンクィスト（Fladmoe-Lindquist [1996]）も指摘するように、本部はエージェントに対する高度なモニタリング（監督）能力を要求されることになるのであるが、これには当然コストが生じる。これは、エージェンシー理論では「モニタリング・コスト」と呼ばれてきた。いわばこのコストは、フランチャイズ企業にとっては宿命的とも言える必要不可欠なコストである。それゆえ、エージェントのモニタリング・コストをいかに低減させるのかが本部にとっての重要な課題となってきた。

このようなモニタリング・コストの削減（エージェンシー・スラックの回避）策としては、①加盟者の選定をいかに行うか、②加盟者にどのようなインセンティブを与えるか、などを考えねばならないと言えよう。ドーァティとクイン（Doherty and Quinn [1999]）は、このエージェンシー理論が国際フラン

チャイジングを考える際にもたらす示唆を包括的に整理しており、その中でエージェントと本国の本部との間に生じる情報の非対称性がもたらす影響についても論じている。

このフランチャイジングが有する根本的な問題は、国際フランチャイジングを考える場合にも重視されてきた。まず、海外進出にあたっては、適切な海外のエージェント＝パートナー企業（マスター・フランチャイジー）を探索・選定しなければならない。これについては、コネル（Connell［1997］［1999］）、ジャンブリンガンとネヴィン（Jumbulingan and Nevin［1999］）やアルティナリィ（Altinary［2006］）、アルティナリィとワン（Altinary and Wang［2006］）、およびワンとアルティナリィ（Wang and Altinary［2008］）などの論考があるものの、まだまだ不十分である。

また、コムズとカストロジョヴァンニ（Combs, and Castrogiovanni［1994］）らが指摘するエージェントのモニタリング・コストの高さの問題や、加盟者にどのようなインセンティブを与えるべきかといった問題（例えばFrazer［1998］）なども、検討が遅れているテーマと言えよう。これらの問題を解くには、まずは実態分析を行う必要があるが、欧米では個別企業の実態に深く入った研究が少なく、むしろ統計的な研究が中心となってきたのが現実なのである。

ところで、先述のアーロン［1999］は、エージェンシー理論に基づく仮説も検証している。具体的には、①本部と海外エージェントとの課金面での結合度（加盟保証金など）が強ければ強いほど、②国内での地理的分散度が大きければ大きいほど、国際フランチャイジングへの指向が強いという仮説である。

①は、一般的に海外の加盟者が本部の指示を守らず契約解除となった場合には加盟保証金などが返却されない契約になっていることから、それが高額なほど加盟者は本部の指示に従うであろうというもので、それがモニタリング・コ

---

(9) フランチャイジング研究におけるエージェンシー理論関係の論文については、ラフォンテーヌ（Lafontaine［2005］）編の『Franchise Contracting and Organization』（Edward Elgar）に1976年〜2005年までの主要論文10編が収められている。ただし、国際フランチャイジングとは直接関係のないものがほとんどである。

ストを減少させるため、海外に出やすくなるという仮説である。一方、②は、国内（アメリカを想定）で多くの州に広く展開しているフランチャイズ企業は高いモニタリング・ノウハウを有しているので、海外にも出やすいという仮説である（p.31）。

①の課金面での結合（Price Bonding）は、シェーン［1996］がすでにフランチャイズ企業の海外進出指向を高める重要なファクターであることを指摘していたが、アーロン［1999］による検証の結果でも、小売業、ホテル、対事業所サービスのどの業種の国際フランチャイジングにも有意なファクターであることが確認されている。

②の地理的な拡大状況が国際化に影響することについても、アーロン［1999］では肯定的な結果が出ている。その理由の一つは、アメリカのフランチャイズ企業が初期段階で隣接するカナダに進出した現象がこれに相当するからである。カナダは国内同様の市場であるため、国内での拡大の延長上で国際化が生じたのである。また、国内ですでに地理的に拡大しているフランチャイズ企業は成長機会が尽きやすく、海外に新しい市場を求める可能性が高いこともそのような結果が出た理由としている。したがって、この点ではアーロンは市場飽和要因を支持している。

さて、以上の資源ベース理論とエージェンシー理論という二つの理論は、2000年以降の研究においてもフランチャイジングの基礎理論としてサシとカルプール（Sashi and Karuppur［2002］）やグラッグとラシード（Grag and Rasheed［2003］）、チョウとフレーザー（Chow and Frazer［2003］）、カストロジョバンニほか（Castrogiovanni, Combs and Justis［2006a］［2006b］）をはじめとする多くの研究に引用されてきた。しかし、これらのいわば借用された理論を越えるフランチャイジング独自の新しい理論はまだ見いだされてはいない。

5 個別企業の進出後のオペレーション実態に対する関心

　次に、実態分析研究に目を向けてみたい。先に示したように、国際フランチャイジング（フランチャイズ企業の海外進出）については、海外進出企業の特性、海外進出の動機・要因、フランチャイジング方式の選択（参入モード選択）要因などに関心が集中してきた。いうなれば、海外への「進出時の問題」に関心が偏ってきたのであり、かつ分析手法も多くのサンプルを統計的に処理するものに偏ってきたのである。

　その結果、各企業による「進出後のオペレーションの実態」にはほとんど光があたってこなかった。進出後にどのようなオペレーションを行い、どのような問題を経験したのか、それをどう克服したのか、そこから見える進出後の成功と失敗を左右する要因は何か、また従来から指摘されてきたフランチャイジングの理論的優位性が本当に機能するための条件とは何か、といった経営の視点からの具体的な研究がほとんど存在しないことが、この領域の研究の大きな特徴ともなっているのである。

　小売国際化研究においては、このような進出後のオペレーションをめぐる問題（特に、その変化＝現地適応化の問題）は、小売国際化プロセス（Retail Internationalization Process）研究としてすでに蓄積がある。我が国でも、矢作［2007］によるイオンやイトーヨーカ堂の国際化を例にした研究がある。また、川端［2000］［2001］では撤退要因の分析もなされている。しかし、国際フランチャイジング研究においては、この部分への関心はまだ低いと言わざるを得ないのである。

　個別企業の国際フランチャイジングを分析したものは、管見する限り、ベネトンを取り上げたヴィグナリー他（Vignali rt al.［1993］）やシルバーステーキ・レストランを取り上げたハジマコウとバーンズ（Hadjimarcou and Barnes［1998］）、それにデベナムズ（Debenhams）百貨店を取り上げたジョンズ（Jones［2003］）くらいである。もちろん、このほかにも海外でフランチャイジングを

行うマークス＆スペンサー百貨店を取り上げたホワイトヘッド（Whitehead [1991] [1992]）やジャクソンとスパークス（Jackson and Sparks [2005]）などの論文もあるが、それらは小売国際化研究の一環として行われており、フランチャイジング研究の視点はほとんどない。

このような状況の中で、アーロンが国内ではフランチャイジングを行っていないにも関わらず、海外ではフランチャイジングを行うコダック（Kodaks）（Alon [2001]）の中国市場進出とマークス＆スペンサー百貨店（Alon [2006b]）の海外戦略に焦点をあてて、その実態を分析していることは注目に値しよう。また、クイン（Quinn [1998a]）やクインとドーァティ（Quinn and Doherty [2000]）も、これまでの研究の統計分析への偏りを踏まえて、深いインタビュー調査による記述的分析（Ethnographic Study）を行っている。しかし、現段階に至ってもこのような分析はほとんど増加していない。

6　新しい研究視角の登場

ところで、近年では新しい動きも出てきている。例えば、フランチャイジングを本部と多数の加盟店から成るネットワーク組織の視点から捉え直す傾向もその一つであろう。

ネットワークをキーワードにした論考は多様なものがあるが、例えばクイン（Quinn [1999]）やクインとドーァティ（Quinn and Doherty [2000]）、ドーァティとアレクサンダー（Doherty and Alexander [2006]）、あるいはドーァティ（Doherty [2007]）に見られるフランチャイズというネットワークを本部がどうコントロールするのか、またどうサポートするのかという問題意識は、従来のエージェンシー理論に基づくエージェンシーのモニタリングという枠組みを越えた大きな観点を示していると言える。また、「ガバナンス」という言葉を用いてネットワークの問題を議論しているアゼヴェドとシルヴァ（Azevedo and Silva [2007]）も注目に値しよう。近年、議論が盛んとなってきた企業ガ

バナンスの視点からフランチャイジングを捉えることは本書においても理論構築の基盤として重視されているが、その詳細は次章で述べたい。

　さらに、ペリゴット（Perrigot［2008］）やダントほか（Dant, Perrigot, and Cliquet［2008］）のように、国際フランチャイジングにおいて本部がフランチャイズ店と直営店を併用する複合店舗組織（Plural Forms）を採用することに注目した研究もネットワークのあり方に関するものと言える。この問題は、国際フランチャイジング研究においては比較的新しい課題であるが、フロップとフォーワード（Fulop and Forward［1997］）が整理したように、国内フランチャイジング研究ではかなり以前から議論されてきたものである。なお、ビルクルとポゼルト（Bürkle and Posselt［2008］）は、リスクマネジメントの観点から、なぜ複合店舗組織がフランチャイジングにおいて採用されるかを説明している。

　このようなネットワークの視点からフランチャイジングを論じた論考は、ヴィンドスペルゲルほか編（Wüindsperger, et al. (eds)［2004］）にまとまった形で収められている。そのほかにもクリケットほか編（Cliquet, et al. (eds)［2007］）、ヘンドリクスほか編（Hendrikse, et al. (eds)［2008］）によるネットワークのマネジメントやガバナンスに関する編著書の中にもフランチャイジング関係の論考が見られる。しかし、それらの多くは国内のフランチャイジングを前提としており、国際フランチャイジングをテーマとしたものはまだ限られる。したがって、今後は国際的な組織のネットワークのガバナンスという観点を、どう取り込んでいくのかが重要な課題となろう。

7　新興市場への進出研究

　最後に、新興市場への進出研究の動向について触れておきたい。新興市場へのフランチャイジングでの進出を取り上げたものは1980年代後半から出始めるが、本格化するのは1990年代以降である。1990年代まではアジア諸国が取り上げられ、2000年以降はロシア、中国、ラテンアメリカなどが注目されている。

途上国市場における小売フランチャイジングを検討したウェルシュほか（Welsh, Alon and Fable［2006］）では、1980年代末以降に出された新興市場におけるフランチャイジングに関する31の文献リストが示されている（Table1, pp.141～142）。このリストに掲載された以外にも、ロシアへの参入に焦点をあてたアーロンとバナイ（Alon and Banai［2000］）、中欧・東欧市場やラテンアメリカ市場への参入を見たウェルシュとアーロン編（Welsh and Alon (eds)［2001］）、途上国市場への進出とそのインパクトを整理したアーロン（Alon［2004］）などが挙げられる。

また、新興市場進出については、ホテルのフランチャイジングを事例とするものもいくつか見られる。ウーほか（Wu, Costa and Teare［1998］）は中国や東欧へのホテルチェーンの進出を捉え、パインほか（Pine, Zhang and Qi［2000］）は中国のホテル・フランチャイジングの発展動向を捉えた。また、パンビサヴァスとテイラー（Panvisavas and Taylor［2006］）はフランチャイジングではないものの、タイに経営提携（マネジメント契約）で進出したホテルについて契約内容に踏み込んだ分析をしている。

8 欧米での研究の特性

以上、40年間にわたる国際フランチャイジング研究の系譜を概観した。そこからは、欧米での研究におけるいくつかの課題が明らかとなる。以下、理論面と実態分析面に分けて整理をしておきたい。

理論面の課題
❶フランチャイジングに関する固有の理論構築の必要性。
❷主体特性を反映した理論フレームの必要性。
❸本部と海外パートナー・海外加盟店との関係性を取り込んだ理論フレームの必要性。

❶は、言うまでもなく、他領域から借りてきた資源ベース（資源制約）理論とエージェンシー理論への過度な依存を修正すべきことを示すものである。借り物ではない、フランチャイジング研究独自のフレームが構築されるべきであろうし、それを踏まえた国際フランチャイジングのダイナミズムが議論される必要がある。

❷は、従来の研究では主体特性への関心が低く、特にアメリカで盛んな計量的分析においては多様なフランチャイジング・システム（業種）が一括して論じられる傾向にあった。アーロン［1999］では、その反省を踏まえて小売業、ホテル、対事業所サービスの3類型化が図られているが、その類型は単に形式的な業種分類にすぎない。フランチャイズ企業の主体特性をより理論的に捉えた類型化が図られる必要性があり、それに基づく主体特性と国際化行動との関係を解明する必要があると言えよう。

❸は、フランチャイズの根幹に関わる本部と加盟店との関係を、どのように理論に取り込むのかという問題である。従来は、本部が加盟店をどのようにコントロール（統制）またはモニタリングするのか、そのリスクやコストをいかに減らすのかという観点から捉えられてきた。しかし、近年では組織やネットワークのガバナンスというより広い視点から捉えようとする動きも見られる。国際フランチャイジングにおいては、海外のマスター・フランチャイザー（パートナー）が本部と店舗の間に介在するため、この問題が国内の場合よりも一層複雑化する。したがって、従来のエージェンシー理論からの発想を超えたより広い視点をもつガバナンス論を理論フレームに取り込む必要があろう。[10]

実態分析面の課題

❶アメリカ企業以外の実態分析の必要性（日本含む）。

❷製品・商標型での国際フランチャイジングの実態分析の必要性（フランチャ

---

[10] ガバナンス（企業統治）の視点を導入した理論フレームの提起については、川端［2008c］を参照されたい。この論考では、すでに本章で示された課題の一部に対する検討がなされている。

イズ企業以外の製造業系の専門店なども含む）。
❸進出後のオペレーションの実態分析（国際化の障害とその克服）の必要性。
❹契約内容に踏み込んだ分析の必要性。

❶は、実態分析がアメリカ企業のものに偏っており、他国のフランチャイズ企業の分析が非常に少なかったことをさす。これはダント（Dant［2008］）でも指摘されている。特に、日本の実態分析は皆無であった。

❷は、製品・商標型フランチャイジングがフランチャイジングとして認められているアメリカですら、ビジネス・フォーマット型に偏って研究されてきたことをさす。つまり、飲料ボトリングや石油流通、自動車ディーラーの国際化については、歴史的研究を除くと、わずかにサウジアラビアの自動車ディーラーを統計的に分析したヤバスとハビブ（Yavas and Habib［1987］）がある程度で非常に遅れてきたのである。また、欧州ではファッション専門店（アパレルブランド）の研究がいくつか見られるが、それらは小売国際化研究の色合いが強くフランチャイジング研究の視点は弱かった。

さらに、これまでの多くの研究対象が外食などの国内市場でフランチャイジングを行っている企業に集中してきたことも指摘できよう。しかし、国際フランチャイジングは、いまや消費財メーカーなどの非フランチャイズ企業にとっても重要となってきており、いわば海外市場での汎用的なマーケティング手法の一つとなってきている。その意味では、より広い視点からの実証研究が必要となろう。

❸は、これまでの研究が市場参入時点の問題に集中してきたことをさす。つまり、研究者の関心は、なぜ国際化に際してフランチャイズ方式が選択されたのか（参入モード選択）という問題に関心が集中しがちであって、進出後にどのような課題（障害）に突き当たったのか、あるいはなぜ撤退したのかといったオペレーション（運営実務）次元の問題に迫る研究が少なかったのである。端的に言えば、欧米の研究は現実にどのようなことが生じているのかを分析したものよりも、観念論的なものが多く見られると言えよう。

そもそも国際フランチャイジング研究のメッカであるアメリカでは、筆者が管見する限り主要な学術ジャーナルにおける審査が統計分析の論文を重視する傾向が強く、個別企業のケースに踏み込んだ実態分析は掲載されにくい。一方、欧州では、個別企業の実態（記述的）分析も尊重されてきたが、国際フランチャイジングは小売国際化研究の中で副次的・部分的に扱われ、メインテーマとはなってこなかったのである。このような欧米での研究特性は、外食企業への深いインタビューを行ったパイクとチョイ（Paik and Choi［2007］）など一ごく一部を除いて、国際化の真の実態に迫る論文がほとんど見られないという結果を招いている。

　これまでフランチャイズ・システムの優位性として挙げられてきた資金と投資リスクの軽減や市場拡大（出店）スピードの獲得といったものが、どのようなオペレーションによって実現されているのかを明らかにし、それを可能とする条件や戦略は何であるのかといったことを検討することは、今後増大するであろう国際フランチャイジング（海外進出の予備軍）に大きな示唆を与えることはまちがいない。そのためにも、進出後のオペレーション実態の分析が不可欠となっているのである。

　❹は、国際フランチャイジングにとって最も重要な契約内容に踏み込む研究が、ラフォンテーヌとオクスレイ（Lafontaine and Oxley［2004］）やパンビサヴァスとテイラー［2006］などごく一部を除いてほとんどなされてこなかった。言うまでもなく、契約には国際化のノウハウや戦略的意図が集約されているが、契約内容は企業秘密に触れることが多いために公開できないものも多い。したがって、どこまで切り込めるのかが鍵を握るであろう。

---

(11)　イギリスのファッション小売業の国際化を取り上げたドーアティ（Doherty［2000］）、欧州のファッション小売業を取り上げたムーアほか（Moore, Birtwistle and Burt［2004］）、ブランドの視点からファッション小売業を捉えたワイリーほか（Wigley, Moore and Birtwistle［2005］）が挙げられる。なお、鳥羽［2006］がそれらファッション小売業の国際化に関する文献をサーベイしている。

9 日本企業の国際フランチャイジング研究の理論的課題

　さて、以上のような欧米での研究成果を、第2章および第3章で明らかにした日本企業の国際フランチャイジングの歴史や実態と比較してみると、いくつかの興味深い研究課題が浮かび上がる。ここでは、特に理論的な研究課題を整理しておきたい。

　まず第1に、国際フランチャイジングの理論的解釈を最初に行ったルート［1987］では、フランチャイズ方式という市場参入モードを選択する企業は、資金が不足する企業やリスクが負いきれない企業、高度なノウハウをもたない企業、海外でのマーケティング力がない企業といったイメージで捉えられていた。したがって、消費者向けのサービス産業がそれを採用するというイメージで理解されていた。このような資源制約のある企業や海外経験が未熟な企業がフランチャイズ方式で市場参入するという見方は、その後も多くの研究者達に受容されてきた。

　確かに、第2章でも見たように、日本でも歴史的には小零細あるいは新興の外食企業やサービス企業がフランチャイズ方式で進出をしていったのが最初であり、その傾向は現在も続いている。しかし、第3章で明らかにしたように、近年では資金力もマーケティング力もある大手メーカーも戦略的にフランチャイズ方式を採用する傾向にある。つまり、フランチャイズ方式は、1980年代に考えられていたよりもずっと戦略的で汎用的な参入モードとして発展してきていると言えよう。したがって、まずは「資源制約論に依拠した市場参入モードとしてのフランチャイズ方式」という理解を脱して、新たな市場戦略あるいはマーケティング戦略として再評価する必要があろう。

　第2に、国際フランチャイジングの実態分析は、ほとんどがアメリカのフランチャイズ企業の分析を通して行われてきており、その他の国のフランチャイズ企業の国際化分析は非常に少ない（僅かに、イギリスなど欧州のフランチャ

イズ企業が取り上げられてきたにすぎない)。ちなみに、日本の国際フランチャイジングについては分析が皆無に等しい。

　日本のフランチャイズ企業とアメリカのフランチャイズ企業の最も大きな違いは、進出形態の違いであろう。つまり、第3章で見たように、日本のフランチャイズ企業は子会社や合弁会社を現地に設立して、そことマスター・フランチャイジング契約を結ぶ形をとる企業が多い。これに対して、アメリカのフランチャイズ企業はストレート・フランチャイジングでの海外進出が圧倒的である。

　そもそもフランチャイズは、投資を行うことなく海外市場に進出できる点に特徴がある。資源ベース理論がしばしば引用されてきたのも、フランチャイズ方式が資源を要しない形態であるからにほかならない。その意味では、日本企業の進出形態の実態はフランチャイズ方式の本質に反することになる。したがって、日本の国際フランチャイジングを研究するにあたっては、この一見矛盾する参入戦略を説明する理論的フレームが必要となる。

　第3に、欧米の研究では戦後に急成長したビジネス・フォーマット型フランチャイジングに偏って光があてられてきた。つまり、製品・商標型のフランチャイジングについては、ほとんど手が付けられてこなかったのである。しかし、第2章および第3章で示したごとく、日本の国際フランチャイジングでは、ファッション専門店や100円ショップといった製品・商標型フランチャイジングに非常に近い商品供給型の進出を行う専門店の国際化が目立っており、さらに近年では、スポーツ用品メーカーによる国際フランチャイジングも大規模に行われるようになっている。このような製品・商標型フランチャイジングの国際化、あるいはビジネス・フォーマット型との中間的なシステムの国際化をどのように扱うのかという問いに対して、欧米での研究成果は無力である。しかし、日本の国際フランチャイジングを論じるには避けて通れない部分であることから、製品・商標型、ビジネス・フォーマット型、その中間型などを統合的に捉える理論フレームが求められる。

　以上のことを踏まえて、次章では日本の国際フランチャイジングを捉えるためのより汎用的な理論フレームを検討することとしたい。

第5章

フランチャイジングの理論的分析フレーム
―主体特性と統治の観点から―

1 国際フランチャイジング研究の課題

　フランチャイズ・システムには、大きく分けると「製品・商標型フランチャイジング」と「ビジネス・フォーマット型フランチャイジング」の2種があるが、第1章でも述べたように日本では製品・商標型フランチャイジングが実質的にフランチャイズの中から除外されている。そのため、アメリカで最もポピュラーなフランチャイズ企業とされる自動車ディーラーやガソリンスタンド・チェーンなどが除外されてしまう結果を生んだことは、何よりフランチャイジングの研究に対して大きな影響を及ぼしてきた。
　すなわち、日本のフランチャイジングは、統計的にもビジネス・フォーマット型フランチャイジングの部分しか把握できないばかりか、日本でのフランチャイジング研究の前提そのものが、最も国際フランチャイジングが進んだアメリカにおける研究の前提とは異なったものになっていることを意味するのである。この問題は、特に国境を越えた国際フランチャイジングの研究においては深刻であり、共通の基盤整備が必要となっている。
　では、この両方のタイプをフランチャイズとして認知してきたアメリカを中心とする英語圏での研究はどうかというと、そこにはまた別の問題が存在した。

つまり、第4章で見たごとく、英語圏の研究はほとんどが「資源ベース理論」と「エージェンシー理論」の二つのキー概念をベースとしたものであったことである。確かに、この二つのキー概念自体はフランチャイジングを考える上で重要なものと言えようが、それらはあくまで他領域で生まれた理論であって、国際フランチャイジングの実態との間にはギャップが存在する。特に、第2章・第3章で見た日本の国際フランチャイジングの歴史や現状と照らし合わせると、多様な主体特性による国際フランチャイジングの態様の違い、動向の違い、課題の違い、そして今後の可能性の違いなどが、その二つのキー概念からだけでは読み取れない（説明できない）という問題がある。

そもそも、コンビニ、外食、サービス業、専門店業態、製造業（消費財メーカー）など、国際展開にあたってフランチャイズ方式を採用する企業は多様であり、一口に国際フランチャイジングと言っても、そのシステム（ビジネスモデル）の特性や扱う商品・サービスの特性がかなり異なっている。したがって、当然、実際に海外に進出しようとする場合は、その主体特性ごとに国際化の課題が大きく異なることになる。例えば、同じ市場に進出する場合でも、外食系チェーンの進出と小売系チェーンの進出とでは進出の難易度や今後の可能性が変わってくることもあろう。

これは、英語圏での研究がアメリカ企業による国際フランチャイジングを前提とした理論と計量的（統計的）な分析に偏り、とりわけ個別企業のシステム特性を踏まえた実態分析が不十分であったことに由来すると思われる。そこで、特に今後の国際フランチャイジングの広がりをにらんだ場合は、フランチャイジング独自の理論的フレームの構築が求められている。

以上のことから、本章では、①製品・商標型フランチャイジングも含めた汎用性のある、かつ②主体特性を変数とする実態に即した（より現実的な説明性の高い）理論的分析フレームを提起することをめざしたい。

2　フランチャイズ・システムの特性の捉え方

　理論的なフレームを構築するにあたって、そもそもフランチャイズ・システムは、その特性がどのような視角からどのように把握・理解されるべきなのかという本質的で根本的な問題から検討を始めたい。

　フランチャイズ・システムには「製品・商標型フランチャイジング」と「ビジネス・フォーマット型フランチャイジング」の2種があったが、これらの一番の違いはどのような点にあろうか。

　前者は、端的にはフランチャイザー（メーカー）がオリジナルな商品を開発し、その独占的販売権をフランチャイジー（卸・小売店）に与えることで成立するシステムである。例えば、自動車のディーラー制度は、そのメーカーが造った他社のものとは異なるオリジナルな自動車を独占的に販売する権利を与えることで成立している。そこでは、自動車という「商品」のオリジナリティこそが競争優位の核心であり、フランチャイズ・システムの核心を成す。これは、清涼飲料メーカーのフランチャイジング（ボトリングシステム）でも同じである。また、程度の差こそあれ、ファッション系のフランチャイズ・システムもまずはオリジナルな「商品」あっての存在と言えよう。

　これに対して後者のビジネス・フォーマット型フランチャイジングは、フランチャイジーに対して何らかのフランチャイズ・パッケージの使用権が与えられる（販売される）のであるが、そのパッケージとは、独自の商標を掲げた独自のデザインの店舗で、独自の手法によって商品やサービスを販売し、それを独自の教育・指導・補助制度によって継続的に支援するというものである。つまり、このビジネス・フォーマット型において重要な鍵を握るのは、商標、店舗デザイン、販売手法、サービス、教育・指導・補助制度などであり、これらはすべて広義のノウハウと言える。つまり、本部が開発した「独自のノウハウ」のオリジナリティこそが競争優位の核心であり、フランチャイズ・システムの核心を成している。

例えば、学習塾のチェーンはノウハウ依存型の最たるものと言えよう。コンビニも、かなりノウハウに依存するタイプのシステムである。つまり、学習塾が教える内容自体は、基本的には学校の教科書や受験問題を超えるものではなく、それ自体はほかの塾と変わらない。塾のオリジナリティは、むしろ指導方法つまり「独自のノウハウ」に存在する。コンビニも同様に、それが扱う商品のほとんどは他店でも販売するナショナルブランド品であり、一部には弁当やおにぎりなどのプライベートブランド品もあるものの、自動車ディーラーなどのように店頭の商品自体に大きなオリジナリティはない。[1]むしろ、各社の競争優位性の核心は、物流情報システムによる効率的な品揃えや商品供給、POSシステムといった「独自のノウハウ」のほうにある。

では、外食のフランチャイズ・システムはどうかと言うと、オリジナルな商品（提供メニュー・味）を核にしつつも、それに多様なノウハウ（店舗デザイン、接客サービスなど）が加わってパッケージ化されたものと言える。つまり、外食チェーンはビジネス・フォーマット型フランチャイジングの典型とされるものの、実際には提供するオリジナルな商品（メニュー）が大きな意味をもつのである。

以上のことから、多様なフランチャイズ・システムは、図5－1のように「商品」と「ノウハウ」の二つの要素から成る軸上の位置（ポジショニング）でその特徴を捉えることができるのである。

ところで、このような主体特性の違いは、海外進出においてはどのような違いとなって現れるのであろうか。そこで、「商品のオリジナリティをウリ（ベース）とする海外進出」と「ノウハウのオリジナリティをウリ（ベース）とする海外進出」の二つのタイプについて、そのイメージと課題を整理しておきたい。もちろん、現実にはこの中間型が多いのであるが、ここでは典型例における課題の提示にとどめる。

図5－1　システム特性の規定要素

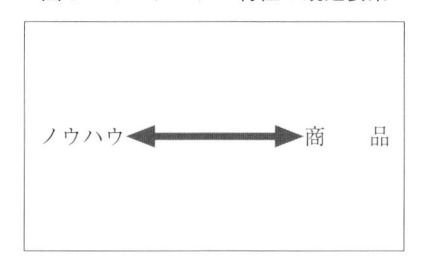

ノウハウ　◄──────►　商　品

(1) 商品のオリジナリティをベースとする海外進出

　これは、メーカーや製販一体型小売業（SPA）や外食業などの中で、とりわけ商品やメニューのオリジナリティの高さをウリ（ベース）にしたフランチャイズ・システムの海外進出である。この場合は、言うまでもなくその商品自体が市場（現地消費者）に受容されるかどうかが国際化の最大のポイントとなる。また、商品を効率よく安定的に供給できるシステム構築も課題となろう。

　ただ、商品を海外市場に受容させる場合は、進出先市場のコンテキストにおけるその商品の意味づけや価値づけが成否を分ける（大きな影響を有する）こととなろう。つまり、日本では価値のある商品であっても、当該市場での存在意義がなければ市場参入は不可能であるし、逆に日本では平凡なものでも当該市場では特別な価値を付与できれば成功を収めることとなる[2]。戦略的な方向としては、自社商品が当該市場のコンテキストの中でどのような意味づけ・価値づけができるのかを模索することにあろう。それは必ずしも、商品そのものを「適応化＝修正・改変」させなくとも達成できる点が重要である[3]。

　また、このタイプは生産と一体化しているため、国際的な生産・物流システムの構築も同時に不可欠となる。日本から輸出するのか、現地で生産するのか、第三国で生産して現地に輸出するのか、あるいは何を現地生産して何を輸入するのかといった問題である。そこでは、オリジナルな商品を生産するノウハウの秘匿性をいかに確保するのかという問題も生じる。

---

(1)　日本のコンビニは1970年代前半に始まるが、コンビニにオリジナル商品が置かれるようになったのは1980年代以降であり、現在のように商品開発で本格的に競うようになったのは1990年代後半以降のことである。

(2)　市場のコンテキストや、それと国際マーケティングとの関係については、拙著『アジア市場のコンテキスト（東南アジア編）（東アジア編）』（新評論、2005年、2006年）を参照のこと。

(3)　商品やビジネスモデルを改変させずに市場ごとの「意味づけ」「価値づけ」の違いを利用することで海外市場への参入に成功した例としては、中国市場に日本のトンコツ・ラーメンを受容させた「味千ラーメン」のケースや、香港市場に居酒屋業態を新たな価値づけで受容させた「和民」のケースがある。拙著『アジア市場のコンテキスト（東アジア編）』（新評論、2006年）を参照。

（2）ノウハウのオリジナリティをベースとする海外進出

これは、ホテルやコンビニなど商品自体のオリジナリティは低いが、ノウハウのオリジナリティが高いフランチャイズ・システムの海外進出である。このノウハウとは、商標・施設（店舗）・調達・情報・物流・会計・接客などの幅広い領域のノウハウ・パッケージを意味する。この場合は、本国で構築されたノウハウが移転できるかどうかがポイントとなる。換言すれば、ノウハウを支える社会的経済的環境が問題となる。また、その複雑なノウハウ・パッケージをどのようにマニュアル化できるかどうかも移転の成否を左右する。

より現実的には、当該市場における社会インフラの整備度、各種の社会・経済制度、法的な規制などが成否に大きな影響を与えることから、それらとの関連を注意深く捉える必要がある。

3　システムのブランド価値の管理と組織の「統治（ガバナンス）」問題

第1章の冒頭で述べたごとく、「フランチャイズ」という言葉には隷属からの解放という原義があり、本部（フランチャイザー）と加盟者（フランチャイジー）とは独立した事業者であり、対等の関係であるというのが基本である。しかし、当初こそ両者の関係は対等で本部の拘束力は緩やかなものであったが、次第に本部による加盟者の統制は強くなり、何らかの「支配－従属」という関係が生まれてくる。日本でも独占禁止法がフランチャイズ本部の不当な要求や強制を制限しているのも、そもそも本部は加盟者を監督し、統制する位置にあるからと言えよう。

では、なぜ加盟者を監督・統制する必要があるのかというと、それは英語圏の理論では、加盟者が本部の「エージェント」であるからだとされてきた。つまり、本部がエージェントを効果的に監督・統制することで、本部の費用節減

と収入増大を実現することが目的と考えられてきた。しかし、それを日本の現状を踏まえながら現実的に捉えるなら、その監督・統制の目的は、むしろフランチャイズ・システムが有するブランド価値の管理を行う必要性に基づいていると理解するほうが適切である。つまり、本部が開発し育てたブランド価値が海外市場で厳格に管理できるかどうか、またそのブランド価値が海外市場で向上するかどうかは、本部と同じ商標を使用する加盟者の行動によって規定される部分が多いため、そこには適切で厳格な監督・統制が必要となるのである。

日本でブランド価値の管理的な発想が強くなるのは、欧米と日本との商業に対する考え方の違いに基づくものであるとも言えよう。つまり、アメリカ型のフランチャイジングが本部によるドライな利潤追求システム（権利の販売システム）であるのに対して、日本のフランチャイジングの基盤には伝統的な「のれん分け」的発想が強く見られる。これは、商業の歴史の中で育ってきた商標（看板）の社会的信用に対する感覚の違いとも言えようが、それが本部による加盟者の監督・統制の部分に現れているのである。第3章で見たように、日本のフランチャイジングが欧米のそれと異なってストレート・フランチャイジングに慎重であることは、この監督・統制への厳格さの違いが影響していると考えてよかろう。

ところで、この本部による加盟者の監督・統制は、単に本部のブランドに対するリスク管理にとどまらず、加盟者が引き起こす社会的不祥事（例えば、外食フランチャイジングにおける食中毒の発生など）の防止という側面をもつ。換言すれば、本部による社会的責任の遂行と管理である。一方で、監督・統制によって加盟者がブランド価値の向上をもたらせば本部の収益増大につながるという側面も有する。したがって、ブランド価値の管理にとどまらず、新たな価値創造が重要となる。

このような意味では、ここで言う本部による加盟者に対する監督・統制は、広義の「統治（ガバナンス）」というべきものと言えよう。これは、社会的な不正管理も含めたブランド価値の管理と創造を目的としたものであり、本部が利益を（不当に）増大させるためだけに行使される内向きのものにとどまらな

いものである。その意味において、むやみな「支配」とは異なるものであるし、単なる「統制」という一方向的なものでもない。要するに、本部と加盟者が「一つのブランド価値の管理と創造を通して相互に利益を享受する方向」にフランチャイズ組織を導くことが、本部によるガバナンスの意味であり、本部に求められていることなのである。本部にとって、加盟者はブランド価値創造のパートナーであって被支配者ではない。もちろん、加盟者への統制も必要となるが、その統制は全体の組織ガバナンスの中で位置づけられ、理解される必要があると言えよう。加盟者へのインセンティブについても同様である。このガバナンスがうまくいかないと商標（ブランド）の社会的信頼性を失墜させ、フランチャイズ・システム自体の継続や拡大が困難になり、事業存続の危機を招くことになる。

　さて、このブランド価値の管理と創造は、具体的には表5－1に示すごとく、店舗間での「統一性の保持」と販売する商品やサービスの「品質の保持」、本部の定めた「ルールの遵守」などによってもたらされると考えられる。前の二者は、消費者に対するブランドイメージを形成するものである。つまり、「統一性の保持」には商標（看板やロゴ）使用の統一、店舗デザイン・レイアウトの統一（保守管理含む）、品揃えの統一、メニュー・味の統一、価格の統一、接客サービス内容の統一などがあり、「品質の保持」には商品の品質保持、店舗の品質保持（保守管理）、クリンリネス（衛生管理）の保持、サービスの質の保持、従業員教育水準の保持などがある。最後の「ルールの遵守」は、法的ルールの遵守（コンプライアンス）、取引ルールの遵守、会計ルールの遵守、本部に支払う料金や加盟金・ロイヤリティに関するルールの遵守といったシステムを支える基盤（ブランドの根幹）に関わるものをさす。

　加盟者に対するガバナンスは、国内ならば本部が直接的に加盟者の店舗を巡回して実現することも可能となるが、国際フランチャイジングの場合は距離が離れているためにそれができない。そこで、まずは現地パートナー（海外の契約相手）のガバナンスが必要となる。特に、現地でサブ・フランチャイジングを行う場合は現地の店舗の運営がパートナーに委ねられるため、現地パートナ

表5－1　フランチャイズ・システムにおけるブランド価値の管理要素

	要　素	具　体　例
1	統一性の保持	商標使用の統一、店舗デザイン・レイアウトの統一、品揃えの統一、メニュー・味の統一、価格の統一、接客サービスの統一
2	品質の保持	商品の品質保持、店舗の品質保持（保守管理）、クリンリネス（衛生管理）の品質保持、サービスの品質保持、従業員教育の品質保持
3	ルールの遵守	法的ルールの遵守（雇用、建築、衛生、会計・税など）、取引ルールの遵守、加盟金・ロイヤリティの支払いルールの遵守、その他本部との契約によって定められたルールの遵守

ーのガバナンス問題はブランド価値の管理上一層重要なものとなる。

　では、具体的には、何（どのような手段）によってフランチャイズ組織をガバナンスすればよいのであろうか。この問題を考えるにあたっては、先の図5－1（128ページ）で示したシステム特性の規定要因が手がかりとなる。つまり、本部が有するシステム自体のオリジナリティは「商品」か「ノウハウ」かという二つの方向性に収斂することから、加盟者のガバナンスに際しても、その手段としてオリジナルな商品を使うのか、オリジナルなノウハウを使うのかという二つの方向性が存在するのである。

　例えば、商品で組織をガバナンスするとは、本部が求める統一性の保持や品質の保持、ルールの遵守を加盟者が実行しない場合に商品の供給を止めることで、加盟者が活動を継続できなくすることを意味する。一方、ノウハウで組織をガバナンスするとは、同様に本部の指示に従わない場合に、ノウハウ・パッケージの供与を停止することで活動を継続できなくすることを意味する。もちろん、行き過ぎた管理や統制は法的に規制される。したがって、先の図5－1におけるポジショニングは、フランチャイズのシステム特性を表すものであると同時に、本部によるガバナンス特性のポジショニングを表すものともなっている。

4 フランチャイズ・システムの分析フレーム
——ガバナンスの手段と強さ

　次に問題となるのは、本部がどの程度までガバナンスを強めるのかである。厳しくすると、ブランド管理の精度は高まるが、その分だけ本部の管理コストが増大し、さらに管理に手間がかかる分、フランチャイジングのメリットであるスピーディーな店舗拡大が実現できなくなることもある。また、日本の管理水準にこだわりすぎると進出先市場における新しい価値創造のチャンスを逃すことにもなろう。逆にガバナンスを緩めると管理コストは低下して店舗拡大のスピードも上昇するが、ブランド管理上のリスクが高まる。このさじ加減は、システム自体が有する特性（主体特性）によって規定される部分と、戦略的な判断によって規定される部分がある。

　図 5－2 は、先のシステム特性の軸にガバナンスのレベル（強弱）の軸を重ねたものである。フランチャイズ・システムは、このように商品とノウハウのバランスにおけるシステム特性（横軸上の位置）をベースとしつつも、ガバナンスのレベルをどの程度まで強めるのかということ（縦軸上の位置）を戦略的に判断しつつ、各フランチャイズ企業が独自のポジショニングを定めているのである。これが、フランチャイズ・システムの汎用的な分析フレームとなると

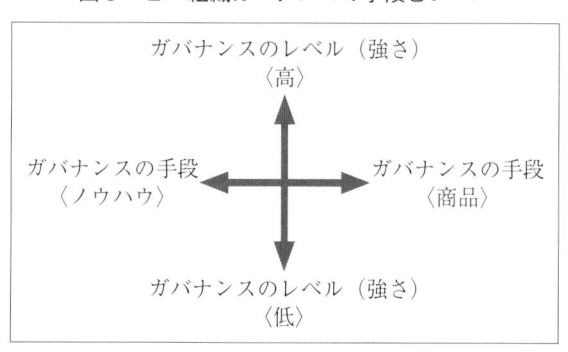

図 5－2　組織ガバナンスの手段とレベル

```
                ガバナンスのレベル（強さ）
                       〈高〉
                         ↑
  ガバナンスの手段  ←——+——→  ガバナンスの手段
    〈ノウハウ〉         ↓         〈商品〉
                ガバナンスのレベル（強さ）
                       〈低〉
```

第5章 フランチャイジングの理論的分析フレーム——主体特性と統治の観点から　135

言える。

　もちろん、この軸上のポジショニングは固定的なものではなく、競争環境や戦略の変更によってシフトすることもある。例えば、コンビニの場合はコンビニチェーン間の競争が高まるにつれて、ノウハウによる加盟者へのガバナンスレベルが高まってきたのである。換言すれば、情報物流システムの高度化自体が統制の強化をもたらしてきたと言うこともできよう。

　図5-3は、図5-2を基に主要なフランチャイズ業界のポジションを示したものである。

　まず、製品・商標型フランチャイジングの典型である自動車ディーラーやファッション系フランチャイジングは、メーカーが供給する商品そのものが競争優位の決め手となるために右側のゾーンに位置する。ただし、ファッション関連商品は多品種で消費者の選択の幅が大きく、店舗ブランド間の競争も激しい。したがって、商品販売のためには店舗デザイン（イメージ）、陳列管理、価格管理（バーゲンなど）、接客教育などを比較的厳格に管理する必要が出てくる。

図5-3　主要なフランチャイズ業界のポジショニング

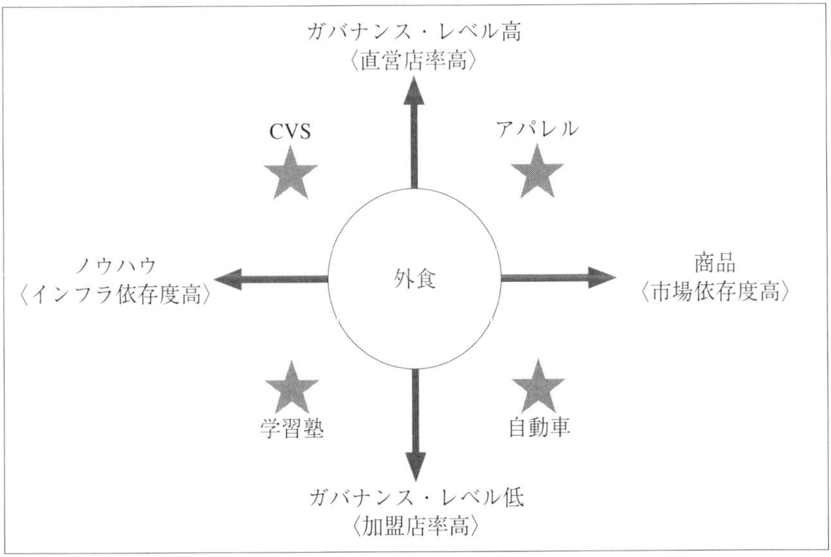

よって、ガバナンスのレベルが強い右上の象限に位置することになろう。

　一方、自動車は種類が限定されるうえにアパレルよりも商品自体の特性が売上に大きく影響するため、理論的には、店舗デザイン、陳列管理、価格管理、接客などの統一性にはさほどこだわらなくてもよい。よって、ガバナンス・レベルが弱い右下の象限に位置する。

　次に、学習塾やコンビニはどうであろうか。これらはノウハウそのものが競争優位の決め手となるビジネス・フォーマット型フランチャイジングであるため、左側のゾーンに位置する。学習塾チェーンは、教育ノウハウが教材や指導法などに収斂していることが多いため、教室のデザイン、教室内の備品配置、教員の指導態度などは厳格に管理する必要はない。よって、ガバナンス・レベルが弱い左下の象限に位置する（もちろん、ノウハウが教師の技能に大きく依存するタイプのチェーンの場合は左上の象限に位置する）。

　これに対して、コンビニは店舗デザインや陳列管理、接客にとどまらず、高度な情報物流システムというノウハウに依存したものであり、情報関連のノウハウが競争優位をもたらす。それゆえに、情報物流システムによってフランチャイザーを精密に統制する業態と言えよう。よって、左上の象限に位置することとなる。

　では、ビジネス・フォーマット型フランチャイジングの典型とされる外食チェーンのポジショニングはというと、図のように中央寄りに曖昧に位置することとなる。というのも、外食はチェーンによってシステム特性が大きく異なるからである。

　例えば、ラーメン専門店や丼専門店、回転寿司店あるいはハンバーガー店やシュークリーム店などの場合は、麺・スープや丼の具材、寿司ネタあるいはバンズやパテ、シュー皮やクリームのオリジナリティが競争優位を決するために、店頭でのノウハウよりも商品（食材）そのものへの依存度が高くなる。よって、図の円の右寄りの位置になる。これは、セントラルキッチン制を採用するファミリーレストランの場合も基本的に同じであろう。これらの業態は、メニューにもよるが、店舗での調理工程がシンプルであるため基本的にガバナンス・レ

ベルを強くする必要はない。とはいえ、現実に店頭ノウハウの統治度をどこまで上げるか・下げるかは、あくまで各企業の戦略的判断と言えよう。

他方、居酒屋のような多品種のメニューを提供するチェーンは、店舗での調理技術（味付けも含む）や店頭接客が競争優位に影響を与えるためにノウハウ依存度が高くなる。よって、図の円の左寄りの位置になる。このような業態がブランド管理を徹底するためには、基本的にはガバナンス・レベルを強める必要もあろう。とはいえ、どこまで強めるか・弱めるかは、やはり各企業の戦略に委ねられていると言えよう。

このように、外食のポジショニングは業態の特性に応じて多様性が大きいことが特徴となっているのである。

5　本部による統治と直営比率、そしてマニュアル化

フランチャイジングにおける店舗は、言うまでもなく加盟者（オーナー）が投資をして開設するのが基本である。本部が店舗や店長育成に投資をすることなしに店舗を大量に出すことができるのが、フランチャイジングの特性でもある。ところが、現実にはフランチャイズ本部は直営店と加盟店の両方を展開している場合が多く、本部によっては直営店比率が高いものも見られる。そこで、このガバナンスのレベルを強化したり、弱めたりすることの意味・影響について考えてみたい。

まず、ガバナンス・レベルを上げる一番の方策は直営店を増大させることであろう。直営店は、立地選定を本部が行って店舗建設も本部投資で行うため、本部の戦略や意思が完全に反映できる。さらに、店長も社員であるために店舗のオペレーションも本部の指示通りになるし、従業員教育も徹底させやすい。このことから、本部が戦略的に店舗のガバナンス・レベルを上げようとするならば、理論的には直営店が増大していき加盟店比率が低下するという結果を招くことになる（図5-3参照）。しかし、直営店の増大は本部の投資負担を大

きくし、事業リスクを高めるだけでなく店長などの人材育成も必要となるため、店舗拡大には時間がかかって成長スピード（市場占有スピード）が低下するというディメリットがある。これは、市場競争の激しいフランチャイズ業界においては、時として致命的なダメージとなる。

では、本部によるガバナンスのレベルを戦略的に弱めるとどうなるであろうか。その場合は加盟店を増大させることが容易となるため、投資やリスクが軽減し、成長スピードも上昇するであろう。しかし、加盟店は独立した事業者であるため、本部の意思を徹底させるには時間と労力が要求されるし、限界も多い。そのため、統一性（標準化）が確保できずに店舗ネットワークのシナジー効果が低下することも考えられる。さらに、場合によっては本部＝加盟店間でのトラブル（訴訟など）が増大するリスクもある。つまり、加盟店側の契約違反が発生したり、本部側の行き過ぎた指導（強要）による加盟店側の不満が生じたりするのである。

理想は、ガバナンスのレベルの強化を図りつつ加盟店比率を増大させることであろう。この矛盾した理想を実現する（ジレンマを克服する）鍵は、一つにはノウハウのマニュアル化を進めることにあると考えられる。ノウハウのマニュアル化は、統治に要するコストと時間、エネルギーを節減させる武器になるからである。また、情報システム化もノウハウのマニュアル化を進める不可欠な要素である。

情報システム化によるノウハウのマニュアル化が進んだフランチャイズ・システム（フランチャイズ企業）の典型はコンビニであろう。したがって、理論的にコンビニはガバナンス・レベルを上げつつ加盟店を増大させやすい性質を有していると言える。ただし、情報システム化は投資負担が大きいため、店舗数を拡大しないと投資回収が難しく、また効率化の効果も出ないという別の問題も発生することには注意が必要であろう。

また、マニュアル化の問題は、国際フランチャイジングにおいては国際間での技術移転問題と直結する。国内では「当然のこと」としてマニュアル化していない作業やオペレーションが、海外では社会的な環境条件や文化的背景など

の違いからしばしば理解されないからである。このような技術移転の困難性や容易性の問題は、「地域暗黙知」（川端［2006］）の特性に依存すると考えられるが、この問題についてはここでは深入りしない。

いずれにしろ、ガバナンスの問題と直営店－加盟店比率、マニュアル化の問題は、不可分の関係にあると言える。その複雑な関係は、国際フランチャイジングにおいてもしばしば大きな問題となるのである。図5－2で示したフレームは、このような問題も取り込んだものになっていることに留意すべきである。

6 個別企業の戦略的なガバナンス問題
──何を統治し、何を統治しないのか

図5－3では、業種や業態ごとのポジショニングを示した。それは、それぞれの業種や業態が有するフランチャイズ・システム自体の特性（主体特性）を明確にするためのものであった。

しかし、個別の企業単位でポジショニングを考える場合はより複雑なものになる。つまり、ガバナンスを強めたり弱めたりすることは、必ずしもブランド価値の管理全体に対するものではないことに注意する必要がある。ガバナンス問題を現実的に考えると、**表5－1**で示したブランド価値の管理要素の、どの部分（何）を厳しく管理して、どの部分（何）を緩やかに管理するのかという問題に行き着くからである。例えば、外食企業なら味の品質に関してはガバナンスのレベルを上げるが、店舗デザインやレイアウトに関してはガバナンスのレベルを下げるというやり方もあろうし、特定のメニューに関してはガバナンスのレベルを上げるが、それ以外のメニューは緩やかにする（各店舗の独自色を許す）というやり方もあろう。ガバナンスを緩やかにすることは単に本部の管理コストの削減をもたらすだけではなく、加盟者にインセンティブを与える（加盟者の権限を拡大し、やる気を引き出す）場合もあるため、まさに本部の戦略的な判断が必要と言える。

図5-4は、より現実的なガバナンスのイメージである。まず、ガバナンスの手段としては、商品とノウハウのどちらを重んじるのか(横軸上のポジション)を決めたあと、ブランド管理の要素ごとに統治レベル(例えば、3段階で考える)を決定していくと、上下方向に広がるガバナンスの全体イメージが描ける。つまり、その企業の統治の中心レベルが浮き彫りになるのである。それにより、全体的にどのレベルの統治度でブランド管理をしようとしているのかも明確になる。

ところで、ガバナンスの問題では対象とする部分をどこまで絞るのかということも重要となる。理論的には、ガバナンスを行う部分が少なくすればそれだ

図5-4　現実的なガバナンスのイメージ

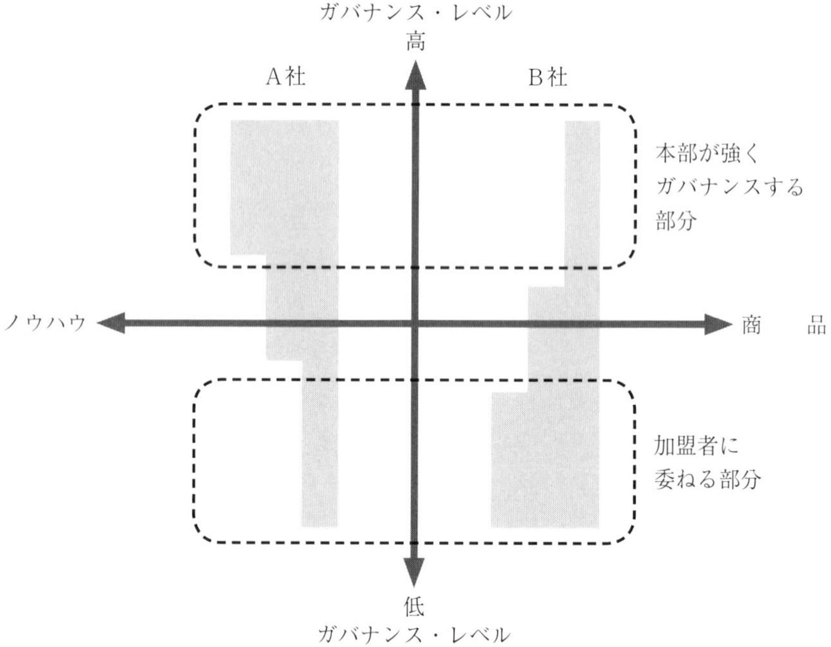

A社：ノウハウへの依存度が大きいシステムゆえに、多くの要素(項目)を強く統治する例。
B社：商品供給への依存度が大きいシステムゆえに統治する部分を絞り込み、加盟者に委ねる部分を多くした例。

けマニュアル化も進み、ノウハウ指導のコストや監視コスト（モニタリングコスト）も下がるからである。そうなれば、加盟者（店舗）もスピーディーに拡大させることが可能となろう。換言すれば、本部（システム）の競争優位性のコア（核心）をどこまで明らかにすることができるかという問題でもある。この問題は、とりわけ国際フランチャイジングにおいては重要な問題である。第6章以下でも述べるが、どこを強くガバナンスし、どこのガバナンスを弱める（パートナーの裁量に任せるか）のか、どこの利益をガバナンスして、どこの利益はガバナンスしない（パートナーの利益とする）のかといった問題である。特に、現実のケースや戦略を捉える際にはポイントになると言えよう。

　以上、本章では、第4章で明らかにした欧米での研究課題を踏まえて、主体特性（システム特性）とガバナンスの観点から各企業が戦略的に自己のシステム特性を決定し明確化していく現実的な理論フレームを提起した。これは、製品・商標フランチャイジングにも、ビジネス・フォーマット型フランチャイジングにも適用できる汎用型のフレームである点が特徴となっている。このフレームでは、システム特性とガバナンスの強さという二つの軸が基本となるが、このフレームによって、①各業態のシステム特性と国際化戦略との関係、②ガバナンスの強弱と直営・フランチャイズ比率の問題やノウハウのマニュアル化問題との関係、③ガバナンスを強める部分と弱める部分の設定と国際化戦略との関係、などを整理することが可能となった。

　以下の章では、このフレームを念頭に、各企業の国際フランチャイジングの実態分析を行いたい。すなわち、フランチャイズ・システムの特性をベースに、各々の主体特性と組織ガバナンスとの関係がどのようなものになっているのかを分析し、そこから国際フランチャイジングの具体的な課題と、その克服への鍵を明らかにしたい。

第6章

ノウハウ依存型システムの
ガバナンス問題
─コンビニと学習塾の実態から─

1　実態分析にあたって

　本章以降は、日本の国際フランチャイジングの実態分析を行いたい。ここでは第5章で示した**図5－2**のフレームに従って、主体特性と組織ガバナンスの視点から実態を捉えてみたい。まず、主体特性については、これまではビジネス・フォーマット型と製品・商標型といった区分で捉えられてきたが、第2章でも指摘したように、現実には中間的なシステムも多く、この類型は曖昧さがある。そこで、第5章で述べたフランチャイジングとしてのシステム特性（主体特性）に着目して、ノウハウ依存型のシステム（本章）、商品依存型のシステム（第7章）の二つの基本タイプに区別して（**図5－2**の横軸方向）、それぞれの主体特性と国際化の特性との関係を整理したい。加えて、その中間型にあたるシステム（外食など）の検討も行うこととする（第8章）。**図6－1**は、それぞれの対象領域を示すものである。

　本章では、この三つのタイプに属する企業が、国際フランチャイジングのガバナンス問題（**図5－2**の縦軸方向）、つまり海外パートナーや海外加盟店のガバナンスをどのような要因や戦略によって強めたり弱めたりしているのか、そして、そのガバナンスがフランチャイジングの発展・成長にどのような影響

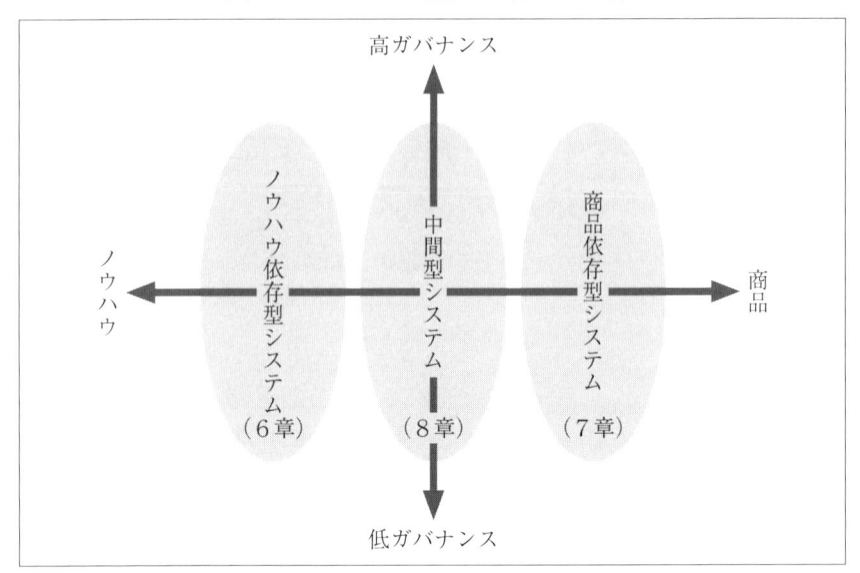

図6－1　システム特性から捉えた3分類

```
                    高ガバナンス
                        ↑
   ノ        ノウハウ    中     商品       商
   ウ        依存型      間     依存型      品
   ハ ←──── システム    型     システム ────→
   ウ        （6章）    シ     （7章）
                        ス
                        テ
                        ム
                       （8章）
                        ↓
                    低ガバナンス
```

を与えているのか（どのような問題を引き起こしているのか）、さらに、それに対してどのような戦略的対応が可能であるのかといった問題を実態分析を通して検討したい。

2　ノウハウ依存型システムの特性とガバナンス・レベルとの関係

　まず、ノウハウ依存型システムにおける国際化について見てみたい。ノウハウ依存型システムとは、前章**図5－3**でも示したように、コンビニや学習塾などのノウハウ依存度が高いものをさす。また、**図5－3**では省略されているが、ホテルやクリーニングなどのサービス業もこのタイプに属すると言える。
　ノウハウ依存型システムが海外進出を行う場合は、海外でどのようにしてノウハウを再現するのか、あるいはノウハウの品質を保つのか、といったことが

オペレーション上の重要な課題となる。したがって、ノウハウ依存度が高いシステム特性を有する企業であればあるほど、そのノウハウの再現能力（受容能力）の高い海外パートナーが必要とされるとともに、本部によるガバナンス・レベルを強める（高める）必要もある。そうなると、エージェンシー理論で議論されてきたモニタリングコストやノウハウの移転コスト（継続的な指導コスト）も高くなる。よって、理論的には、このような特性をもつ企業は一般には海外進出にあたってのフランチャイズ方式の選択は難しくなると考えられる。

しかし、これには二つの戦略的対応（解決策）への道が存在する。一つは、そのノウハウを機械化やマニュアル化することである。もし、それが可能ならガバナンス・レベルを低下させることが可能となり、モニタリングコストやノウハウ移転コストも減って、海外進出にあたってのフランチャイズ方式の選択は容易となる。例えば、複雑な店頭調理（高度なノウハウ）を必要とする外食チェーンの場合なら、セントラルキッチン化して、店頭では温めて盛りつけるだけにすれば加盟店のモニタリングコストやノウハウ移転コストは大きく低下する。

今一つは、**図5－4**で見たように、すべての部分でガバナンスを高めるのではなく、移転すべきノウハウを絞り込むことで全体のガバナンス・レベルを引き下げてモニタリングコストを低下させるという手も考えられよう。外食チェーンの場合なら、ブランドのコンセプトを体現するメニューを一つか二つに絞り込み、そのメニューに関係するノウハウのみを移転・モニタリングするようにし、その他のメニューについては現地に委ねることにするのである。

この例で見るように、確かにフランチャイズのシステム特性（主体特性）はガバナンス・レベルの高低を規定するものの、その一方でガバナンスを低下させる戦略的対応も存在することから、このガバナンス・レベルの問題は、最終的には本部の戦略的意思とそれに沿ったオペレーション戦術によって規定されることが理解できよう。

3 日系コンビニの国際フランチャイジングにおけるガバナンス問題[1]

　この主体特性とガバナンスの関係は、現実にはどのようになっているのであろうか。ここでは、日本のコンビニによる国際フランチャイジングを例に見てみたい。

（1）コンビニの主体特性とフランチャイズ化

　いまやコンビニは、フランチャイズ企業の典型例として認識されているが、本来はフランチャイズ化が困難な特性を有する業態である。まずは、このコンビニの本質的な主体特性について確認しておきたい。

　そもそもコンビニは、小型店舗で狭い商圏内に日用必需品を供給することを旨とする業態である。店舗が狭小なために限られた商品しか並べられず在庫もほとんど抱えることができない。したがって、店舗周辺の消費者が必要とする商品を無駄なく品揃えし、かつ品切れによる販売機会の逸失（機会ロス）を生じさせないようにタイミングよく補充発注を行って（在庫を圧縮して）商品や資金の回転率を高め、効率的に利益を上げる必要がある。これを実現するためには、高い市場情報収集力や売れ筋商品の分析力（商圏ニーズの把握）、的確な補充発注能力（問屋との取引力）といった高度な小売ノウハウを必要とする。その点では、店頭でのノウハウ依存度がきわめて高い業態であり、フランチャイジングが困難な小売業と言えよう。

　では、なぜフランチャイズ化が可能となったのかというと、本部がそのような高度な店頭ノウハウのほとんどを代替するシステムを構築したからにほかならない。本部が高度な情報物流システムを整備し、市場ニーズに応じた売れ筋商品を絞り込み、それを適切なタイミングで各店舗に供給するシステムを開発したのである。これによって店頭での高度なノウハウが不要となり、また徹底

したマニュアル化を進めることで高度な知識や訓練を要しなくてもその遂行が可能となった。それゆえ、店頭作業はアルバイトでも可能となったのである。

　こういったことから、コンビニのフランチャイズ・システムは、本部による物流情報システムの整備を前提としたものであると言え、それこそがコンビニの最大の特性と言える。

（2）日系コンビニの直接投資の多さとガバナンス

　さて、第3章の表3－2で示したように、日本のコンビニの国際フランチャイジングは、100％子会社か合弁会社を現地に設立し、そこを相手にマスターフランチャイズ契約を結ぶ形で進出するケースがほとんどである。つまり、直接投資での進出となっている。これに対して、同じ表3－2にあるアメリカ発祥のセブンイレブンの海外進出を見ると、投資は一切行わず、すべて現地企業を相手に直接契約を結ぶストレート・フランチャイジング方式を選択している。これは、日本に進出したアメリカのコンビニも同様で、セブンイレブンやローソン、サークルKなどの場合も進出当初はストレート・フランチャイジング方式でイトーヨーカ堂やダイエー、ユニーの子会社とそれぞれ契約を結んでおり、投資は一切行っていなかった（現在では、セブンイレブンもローソンも日本側の所有となっている）。

　言うまでもなく、フランチャイズ方式は投資を行わなくても済む点に最大の特徴があり、現地市場をよく知る現地企業にすべてを委ねて（代替させて）、現地企業の投資力や情報力でスピーディーに店舗を増大させる（市場占有率を

⑴　本章における日系コンビニの国際フランチャイジングの実態は、以下の調査による知見に基づいている。ファミリーマート（タイ：1998年5月、2000年3月、2001年3月、2003年11月、2005年6月、2006年8月、2007年5月、2008年9月、台湾：2005年7月、中国上海：2005年9月、2008年2月、韓国：2006年3月、本社：2009年8月）、ミニストップ（韓国：2005年8月、フィリピン：2004年4月、本社：2005年6月）、セブンイレブン／台湾三菱商事（台湾：1998年2月）、全台物流（台湾：1998年2月）、ローソン（中国上海：1998年3月、2002年3月）。

上げる）ことができる点に大きなメリットがある。その意味では、フランチャイジングでの海外進出の基本はアメリカ型のストレート・フランチャイジングのほうであろう。では、なぜ日本のコンビニはほとんどの市場でストレート・フランチャイジングをとらず、ガバナンスを強化する直接投資方式をとったのであろうか。この理由としては、以下の3点が挙げられる。

①システム基盤構築のためのガバナンスの必要性

前項で示したように、コンビニは物流情報システムの構築を不可欠とするため、進出先市場で高度なシステムを構築しようとすればするほど、その立ち上げには本部の強力なイニシアティブと投資力が必要とされたのである。特に、日系が進出したアジアの途上国では、そもそも社会的な物流インフラや中間流通（卸売り）業者の発展が大きく遅れていた。一方で、日系が構築を目指したシステムが、日本の高度な社会インフラを前提とした物流情報システムであったことから両者のギャップが大きく、日本本部側が出資も含めた指導力を発揮して強力にシステム構築を推進する必要があった。

例えば、日本の大手コンビニの中で最初に海外進出を行ったファミリーマートが1988年に台湾に進出した際には、日本国内でのファミリーマートの物流システムを担当していた西野商事を物流事業の出資者に加え、西野商事の物流ノウハウを移転している。[2]ファミリーマートは1992年にタイにも進出した。その際は、現地の合弁相手がタイ最大の流通企業であるサハ・グループであったことから、[3]当初はサハ・グループと共同で同社の施設や人材を利用しながら物流システムの構築にあたったが、結局は日本側のイニシアティブが発揮できずに目標とするレベルを達成できなかったとされる。そこで、店舗数が50店に到達した1997年に、ファミリーマートが西野商事に協力を依頼し、日本側の主導で物流体制を整備し直して、新たにチルドセンターも構築をしたという経緯がある。近年では、社会システムの未整備から遅れていたPOSシステムの導入も日本側の投資とノウハウ供与で進んできている。[4]このように、コンビニの海外進出においては、その物流情報システムの基盤構築に本国側のリーダーシップ

が欠かせなかったことが子会社や合弁での進出を余儀なくされたと考えられる。

　このようなことは、韓国のように当初はストレート・フランチャイジングで進出した市場でも確認できる。韓国へは、1990年にファミリーマートとミニストップが進出したが（表2－6参照）、当時は韓国政府の投資規制があったためストレート・フランチャイジングで進出した。しかし、その後の規制緩和でファミリーマートは1999年に、ミニストップは2000年にそれぞれ合弁へと切り替え、さらにミニストップは2003年に子会社化を行っている。

　この背景には複数の要因があったが、基本的には日本側が出資を行い、人材を派遣して関与を強めることでシステム基盤を強化しようというねらいがあった。ちなみに、ファミリーマートが合弁時に出資した資金はPOSの高度化投資にあてられており、ミニストップも日本からの出資によって物流情報システムを高度化している。両社ともに、この関与がその後の発展につながったとされている。

　また、フィリピンに進出したミニストップも、2000年に現地財閥のゴコンウェイ・グループとマスターフランチャイズ契約（同社は「カントリー・フランチャイズ契約」と呼ぶ）を結んで進出したが、これは第3章でも述べたように三菱商事が主導したプロジェクトであったため、情報物流システム構築については三菱商事が全面協力し、結局は三菱商事の要請によりミニストップからも現地に人材を派遣してノウハウ移転を行って運営しているのである。

　以上のように、海外の日系コンビニを見ると、市場競争の重要ツールと言え

---

(2) 1989年3月に、現地パートナーの国産汽車、ファミリーマート、西野商事、伊藤忠商事の合弁で「全台物流股份有限公司」という物流会社を設立し、同年5月に物流センターを稼動させている。なお、西野商事は、2007年4月に同じ伊藤忠系列下にある日本アクセス（旧雪印アクセス）と統合された（現社名は日本アクセス）。
(3) 当初の出資比率は、ファミリーマート30％、ロビンソン百貨店40％、サハ・グループ20％、伊藤忠商事10％であった。ロビンソン百貨店は、サハ・グループが出資リスクの軽減のために引き込んだパートナーであり、実質的な現地側の窓口企業はサハ・グループであった。現在は、ファミリーマートが90％以上を保有し連結子会社化されている。
(4) このような日本側の投資によって、タイのファミリーマートは、週3回配送から、2006年4月には週6回配送を実現させることができた。

る物流情報基盤の整備や運営ノウハウの構築は、現地パートナーの力だけではなかなか進まず、日本側の資金とノウハウがかなり投入されていることが分かる。つまり、日本側のガバナンスと投資が日系コンビニの進出には欠かせない要素であったことが、直接投資方式をとった要因となっているのである。[(5)]

②**システムの高度化と適正運用のためのガバナンスの必要性**

以上のように、日系コンビニは高度なノウハウを物流情報システムの整備によって標準化してきたと言える。その意味では、システム構築後は、理論上はガバナンスのレベルを低下させることができるはずである。

しかし、現実には、情報システムは時とともにバージョンアップが必要となる。また、加盟店が高度な物流情報システムを正しく運用し、本部に利益をもたらすようにするためには、店頭での情報機器の正しい扱い方のみならず、それと連動した多様なルールの厳守・実践も必要となる。つまり、店頭商品の管理（保管・廃棄ルール含む）、商品発注や商品授受のルール、会計処理ルール、接客マニュアル、スーパーバイザーによる指導の受容と改善などが厳守される必要があると言える。

したがって、ノウハウ自体はシステム化・マニュアル化されつつあるものの、結局はそのシステムの高度化・改良、そして適切な運用に関する本部のガバナンスを弱めることは難しいことも分かるのである。それを弱めると、売上や利益率が低下する恐れが生じるからである。換言すれば、システムが高度な（精緻な）ものになっているが故に、かえってモニタリングコストが高くなっているとも言える。このことも、直接投資方式をとった要因であった。

③**ブランド管理意識の高さによるガバナンスの必要性**

フランチャイズ企業に限らず日本の多くの小売業には、店舗づくり（施設管理、商品陳列、清掃など）や接客（挨拶や商品説明など）といった店頭でのノウハウに非常にこだわる傾向が強く見られる。これは、それらの水準が現地消費者間における店舗ブランド（商標・看板）イメージを左右するため、その水

準を落としたくないという認識が日本企業には特に強いことによる。いわば、のれん・看板を重んじる日本商業の特性とも言えよう。しかし、途上国では従業員の転職率も高いため(6)、これを日本と同レベルに維持しようとすると、かなり厳格なモニタリングと現地でのたゆまぬ教育指導が必要となる。したがって、店頭ノウハウの厳守を重視するほどガバナンス・レベルを高くせざるを得ず、その結果として、日本がイニシアティブをとれる直接投資方式を指向すると考えられるのである。

（3）サブ・フランチャイジングにおける直営店比率の高さとガバナンス

コンビニに限らず、フランチャイズ方式で海外市場に参入した企業は、当初は現地本部（マスターフランチャイジー）が直営店を出店して市場の反応や運営上の問題点を洗い出し、フランチャイズ・システムや契約内容の調整（現地化）を行い、その後は加盟店の募集（サブ・フランチャイジング）に移行して出店スピードを高める、というのが一般的なパターンである。ところが、日系コンビニの国際フランチャイジングのもう一つの特徴として、**表6－1**のごとく、韓国や台湾ではサブ・フランチャイジングにおけるフランチャイズ店比率が高いものの(7)、タイや中国では逆に直営店比率が高くなる、あるいは直営店展開

---

(5) では、日本に進出したアメリカのコンビニは、なぜストレート・フランチャイジングで進出したにもかかわらず高度な物流情報システムを構築し得たのであろうか。それは、日本側のパートナーが食品流通に長けたスーパー企業であったことや、日本では問屋（納入業者）が発展していたこと、日本の情報産業の水準が高かったことなどが複合的に影響したと言える。したがって、結果的には本国アメリカのシステムをしのぐ高度なシステムが日本で開発されるに至ったのである。その意味では、日本は例外的に高度な基盤構築を可能にする条件が揃っていた市場であったと言えよう。ところで、アメリカのセブンイレブンによる台湾進出（ストレート・フランチャイジング）は、台湾側のパートナーであった統一企業が、以前から関係があった三菱商事の協力を得て日本の菱食のコンビニ物流システムを導入し成功を収めたケースである。
(6) タイのファミリーマートの場合は、半数程度が1年以内に入れ替わるとされている。
(7) 韓国でのフランチャイズ比率の増大要因については、川端［2006］の第4章を参照のこと。

表6－1　日系コンビニの海外でのフランチャイズ店舗比率（％）

	国内	中国	韓国	台湾	タイ	フィリピン	アメリカ
ファミリーマート	93.1	41.8	90.0	91.4	23.8		0.0
ミニストップ	99.1		96.7			不明	
ローソン	87.8	不明					

注）各社2009年2月末の店舗数を基に計算。
出所）各社「有価証券報告書」に基づき作成。

からフランチャイズ展開への移行が遅れるといった現象が見られる。

　この要因にはどのようなものがあるのだろうか。以下、これまでの現地ヒヤリングで得た知見を基に、タイと中国（上海）および台湾の状況を見てみたい。

タイの場合

　タイのファミリーマートの場合は、1993年に1号店を直営で出店した2年後にフランチャイズでの1号店を出し、サブ・フランチャイジングを開始している。翌年にはフランチャイズ店比率が30％にまで達するが、以後は20％代にとどまり、2004年には9％にまで低下してしまった。その後、2006年7月からフランチャイズ店の拡大策が始まったが、それでも2009年2月段階で24％（525店舗中125店）にとどまっているのが実情である（有価証券報告書より）。

　なぜ、タイではサブ・フランチャイズ化が進まないのであろうか。この背景には、フランチャイズシステムの「構造的問題」と「本部のガバナンスの問題」の二つがあると言える。

構造的問題

　これには以下の三つが挙げられる。

　①まず、加盟時点での負担金が大きく、タイでは加盟希望者が一部の富裕層に限られてしまうことがある。そのような富裕層のオーナーは、日本のように自ら店頭に立つことはなく他人に店舗を任せて自らは利益を受け取るだけになる。いわば、投資の一環としてフランチャイズ加盟が捉えられているのである。

したがって、本部としては、責任をもって店舗運営に取り組む気構えがあるオーナーを厳選する必要が生じている。ただし、開店後のリスク管理を厳しくして選別を行うと、1か月に2・3組程度の加盟契約しか成立しないのが実情だとされる。

つまり、フランチャイズ店を増大させるには、まずは本部側のリスクマネジメントが必要になり、どのレベルのオーナーまでを許容するのか、契約後にどう教育するのか、あるいはたとえ投資事業という意識の強いオーナーとの契約であっても、運営がスムーズに行く仕組みづくりをどうするのかといった問題への対処を迫られることになる。[8]

②次に、粗利の低さがある。タイの場合は、日本のように利益率が高い弁当やおにぎりあるいはファーストフード品といった商品が売れない（存在しない）。また、メーカー支配が強くて仕入れ価格が低下しにくいこともあり、粗利益率が日本よりもかなり低くなるため、本部とオーナーとが十分な利益分配ができないという事情もある。場合（立地など）によっては直営のほうが本部の利益が上がることもあり、それがフランチャイズへの移行を遅らせている要因にもなっている。

③さらに、日本におけるフランチャイズの利点は人件費が抑えられる点が大きいが、タイは人件費が安くそのメリットは小さいことがある。また、フランチャイズ店の9割以上が店舗物件を自己で所有しないタイプであるため、本部による店舗賃料負担が大きくなるという問題もある。

本部のガバナンスの問題

コンビニは先述のように、運営に関わる多様なルールの遵守を必要とするため、その遵守の水準が加盟店にはなかなか達成できないことがある。特に、先

---

[8] タイのファミリーマートでは、本部の社員であった店長をフランチャイズのオーナーに雇い直してもらい、そこの店長に据えるということも行っている。つまり、実績のある店長を配置することで加盟店のモニタリングコストを低下させ、リスクを回避するのである。タイ人の店長は、給与条件さえ満たされれば誰に雇用されるかは特に問題にしないとされる。

述のように店舗管理に熱心でないオーナーの店舗は、従業員が手を抜くこともあり、売上や利益率が低下するばかりか、消費者に対するファミリーマートのブランド性（信頼）に傷つける結果となる。そのことが、ガバナンスの水準を上げやすい直営店への依存率の高さにつながっている。

これはフランチャイズに伴うリスク問題であるが、近年では、それへの対応として社員を独立させることも行っている。つまり、直営店を店長そのままでフランチャイズ店に転換しているのである[9]。これは、のちの中国に見るように、ほかの市場でも、またほかの企業でも多様な形で行われているガバナンス手法の一つである。しかし、現状ではそれが可能な店舗は多くはなく、月に3店程度のペースとされる（2008年9月時点）。その意味では、抜本的な解決策としてはやや弱い面もあると言わざるを得ない。

中国の場合

一方、中国におけるサブ・フランチャイズ展開にはタイとはまた異なる問題が指摘されており、地元資本のコンビニでもフランチャイズ比率の上昇が思うように上がらないとされる。

インセンティブとガバナンス

上海に本部がある地元資本の大手コンビニ・チェーンA社でのヒヤリング（2007年3月）によると[10]、まず上海ではコンビニ間の競争が激しいため、小売業の経験のない人が応募してフランチャイズ店のオーナーになると適切な店舗運営を行うノウハウがないために利益が上がらず、本部と利益配分（ロイヤリティ）をめぐってトラブルが生じやすいとされる。また、フランチャイズ店では利益を上げるため違法な偽タバコが販売されるなど、オーナーの判断で勝手な商品が別ルートで仕入れられ、勝手な価格で販売されたり、消費期限切れ商品の販売や欠品の未補充などのルール違反が生じることも絶えないとされる。

オーナーにとっては、店舗を本部が用意するタイプの契約で加盟すると初期投資が軽くなるため、「リスクが低い投資」と映る。したがって、投資家が投

資目的でオーナーになり、他人を雇って店舗を任せることも多い。そうなると店舗運営が無責任になり、様々なルール違反が生じるとされる。そこで、それを避けるためオーナー希望者には必ず一度社員になってもらい、直営店でコンビニ運営を3か月以上体験させた上でフランチャイズ店のオーナーになる制度を設けた。A社ではこの制度を「内加盟制」と呼んでおり（公募によってすぐにオーナーにすることを「外加盟制」と呼んで区別している）、フランチャイズ店の約3分の2が内加盟によるオーナーだとされる。

しかし、それでも不正行為が絶えないので、A社では最低粗利益保障制度も2005年から開始している。これは、オーナーと本部が個別に交渉により額を決めるもので、毎年更新される。最低保障粗利額に達しないと、本部が現金で補填することになっている。とはいえ、この地元のA社でもフランチャイズ比率は2007年3月時点で30％強であった。

このような環境の中、2004年末に上海に進出したファミリーマートの場合は、台湾のフランチャイズ手法をベースとしてフランチャイズ店の拡大に取り組んできており、**表6－2**のごとく、フランチャイズ店比率も徐々にではあるが上昇し、2009年中にようやく50％に達している。

同社が導入した手法は、「直営店の委託店長制」とも言うべきものである。店舗も家賃も本部が所有し、店長は社員が「のれん分け」を受ける形でフランチャイズ店の運営を任されるオーナーになるシステムである。

社員の店長との違いは、給与制ではなく本部と粗利分配を行う点である。粗利の38％が店長の取り分となるため、運営がうまくいけば1か月で1万元以上の収入が得られることになるシステムである。また、これには最低粗利保障も付いており、最大18か月間は最低粗利が保障されている（下回ると本部が補填）。また、24時間営業で負担が重くなる電気代は半額が本部負担となっている。これらの制度により、店長はやる気を高め、本部との協調もとりつつ売上

⑼　独立するとロイヤリティも大きいので店長の収入は増大する。店長のやる気も増大し、コスト管理意識も高まるため、利益率や店舗運営状況の改善が進むとされている。
⑽　当時、A社は上海で550店、その他長江デルタの主要都市に約1,200店を展開していた。

表6−2　上海ファミリーマートのフランチャイズ店比率

時　　期	2005年9月	2006年2月	2007年2月	2008年2月	2009年2月
総店舗数	72	101	102	118	165
FC店舗数	6	8	17	50	81
FC店比率（％）	8.3	7.9	16.7	16.9	49.1

出所）2005年9月値は現地ヒヤリング、その他は有価証券報告書。

の増大とコスト削減（粗利の増大）に取り組むとされる。

　これは、店長に比較的大きなインセンティブを与えることで、モニタリングコストとリスクを低下させる手法だと言えよう。ガバナンスは、厳しい監視と統制を行うだけではなく、このようにインセンティブをいかにうまく機能させるかがポイントになることを示しているケースと言えよう。

台湾の場合

　最後に、フランチャイズ方式がうまく機能しているケースを簡単に紹介しておきたい。表6−1でも示したごとく、台湾のファミリーマートでは91％以上がフランチャイズ店であり、同社の海外事業の中でも最もフランチャイズ比率が高い市場となっている。

　日本では、フランチャイズ店の売上はフランチャイズ店のものであり、それをベースに粗利益を配分する。しかし、台湾では税制の関係で、在庫も売上も本部のものとなっている。したがって、フランチャイズ方式は労働委託型のシステムとしてしか機能させることができない。これが、先述の中国に導入された「委託店長制」と呼ばれるものが台湾で生まれた背景である。

　台湾では、独立事業者（経営者）に対する指向が強く、フランチャイズの加盟希望者も多いとされる。加盟者は公募方式で集められ、家庭訪問を行って面接をした上で選別が行われる。公募でのオーナー募集にはリスクもあるが、台湾の場合はこれまで大きな問題は生じていないとされる。

　台湾の特徴は、店舗物件を自己で所有しているオーナーが多いことである。

加盟者が物件を見つけてくることもある。中国やタイでは店舗物件をもたない加盟者がほとんどであるのに対して対照的と言えよう。その理由には、物件を所有している加盟者はオーナー側の粗利配分率が高くなることや、自分が気に入った場所で開業をしたいという意識が強いことなどがあるとされる。この店舗物件を本部が確保する必要が少ないことも、台湾でフランチャイズが拡大しやすかった要因の一つとなっている。

というのも、上海をはじめとする中国の大都市ではコンビニ向けの条件のよい立地の確保が至難であり、店舗物件がコンビニの最大の競争資源となっているからである。その確保には、現地の日本人スタッフが関われない独自のルートやコネクションが必要とされ、上海のファミリーマートの場合も、店舗不動産開発には日本人は関与していない（できない）とされる。また、上海では、立地のよい物件の賃料が非常に高いため、それが本部の収益を圧迫していることもフランチャイズ化が進まない遠因となっている。

以上、3国のケースから見たように、コンビニの海外でのサブ・フランチャイジングには現地市場が有する複雑な要因が影響を及ぼすことが分かる。現地本部は、それらの現地事情を取り込みつつシステムや契約を現地適応化させ、適切な運営を実現させる必要がある。ただし、その現地適応と日本側が目指すブランドコンセプトの実現やイメージ構築とのギャップをどの程度まで日本側が認めるのか、ということが問題となる。つまり、日本でのブランドコンセプトにこだわらずに現地適応化を進めるのであれば、ストレート・フランチャイジングでよかろうが、もし日本側のイメージに沿った現地適応化を行うのであれば直接投資のほうがよいことになる。日系コンビニは、「（2）日系コンビニの直接投資の多さとガバナンス」（147ページ）で示したように直接投資が多いが、それはこの現地適応化をガバナンスしようとする意思の強さを表すものでもあると言えよう。

4 学習塾の国際フランチャイジングにおける
   ガバナンス問題

　次に、同じノウハウ依存型でも学習塾の場合はどうなるのであろうか。これまで述べてきたように、日本型コンビニの国際フランチャイジングに際しては、高度なシステム構築においても、またサブ・フランチャイジングのためのシステムや契約の整備においても日本側の強いガバナンスが不可欠となっていた。しかし、このような強いガバナンスは直接投資を必要とするため、フランチャイズ方式でのメリットと矛盾する投資やリスクが発生してしまう。

　この矛盾を解決するには、システムの基本的な設計思想を日本型から途上国市場型にどれだけ転換できるか、つまりガバナンスが低くても構築や維持が可能な、いわば簡便なシステムをどう設計するのかという問題を検討する必要があろう。すなわち、移転すべきノウハウの「絞り込み」である。この問題を考える際に参考になるのが、次に紹介する公文式（くもん）学習塾の国際フランチャイジングのあり方であろう。[11]

　公文は、2009年3月現在、海外45か国にフランチャイズ方式を中心に約7,800教室を有する学習塾チェーンで、海外の生徒数は275万人に達している（同社ホームページ）。そもそも、学習塾は学校の教科内容あるいは受験内容を、独自の指導方法（ノウハウ）で教える所というイメージがある。したがって、指導方法というノウハウが重要な意味をもつために教員の養成に本部の強力なガバナンスと投資が必要となり、基本的にはフランチャイズ化が難しいものと言えよう。

　では、なぜ公文は国内でフランチャイズ化ができたのかというと、ノウハウのガバナンス水準を低下させる二つの工夫がなされているからだと言える。一つは、教材を絞り込むことでガバナンスの対象を絞ったことである。具体的には、公文式の教材は、「基礎学力」「読み・書き・計算」「技術教育」に絞り込んだものとなっている。したがって、算数・数学にしても代数計算に絞り込み、

幾何はやらない。国語は文章読解力に集中している。さらに、英語は読解力と聴解力に絞り込まれているのである。つまり、日本の学習指導要領に準拠しておらず、「高校相当の学習ができるようになる」ことを目標に、何をどのような順番で学ぶことが望ましいかといった視点で内容を絞り込んでいる。

いま一つは、指導方法というノウハウを教員の側から教材（プリント）の側に移転させたことである。公文式の特徴は、スモールステップで作成されたプリントを生徒が自習する点にある。教師は多数の生徒の前でレクチャーは行わない。生徒一人ひとりが、自分の進度にあわせてプリントの問題を解いていき、教師はその答え合わせを行った上、その生徒が次にどのステップのプリントに進むべきかを判断し、適切なプリントを生徒にわたすだけである[17]。したがって、教師はいわば教科内容を教える必要はないのである。塾において最も核となる教師は、学習内容を教授するノウハウから解放され、

表6-3　公文学習塾の海外進出の経緯

進出年	進　出　市　場
1974	アメリカ（NY）
1975	台湾
1977	ブラジル
1979	ドイツ
1980	フランス、カナダ
1982	フィリピン
1983	イギリス
1984	オーストラリア
1985	ベルギー、ペルー
1986	マレーシア、オーストリア、スイス
1987	シンガポール
1988	香港（中国）
1989	イタリア
1990	韓国
1991	タイ、南アフリカ、インドネシア、メキシコ、中国、コロンビア
1992	スペイン、ハンガリー
1993	オランダ
1994	ニュージランド
1995	ルクセンブルク、ボリビア
1996	チリ
1997	ボツワナ、アルゼンチン
1998	スリランカ、ナミビア、UAE
1999	バーレーン
2000	ケニア、アイルランド
2001	ミャンマー、ザンビア
2002	マカオ（中国）
2005	インド
2006	カタール
2007	ベトナム
2008	ギリシャ

出所）趙・向山（2009）、21頁、図表1-6より。

プリントをわたすノウハウの取得だけに集中すればよくなったのである。逆に言えば、本部のガバナンス水準はかなり低くなったのである。

この二つの改革が塾のフランチャイズ化を可能とした。さらに公文では、教室のハード面での統一を行わないことにし、設備に関するガバナンスも不要にした。要するに、統一された看板さえ掲げていれば、教室の面積や机や椅子の規格などは一切問われないのである。これらによって、主婦が自宅の一間を教室にして塾を開くことができるようになったのである。

重要なことは、本部のガバナンス対象がプリント教材の開発・管理に集中できるようになったことである。しかも、それらのプリントは、日本の学校教育の内容とは別の汎用的な基礎的内容に絞り込まれたものであるため、海外でもそのまま通用する部分が多かった。こうして、公文式の学習塾は表6－3のように次々と国境を越えて拡大していったのである。まさに、ガバナンスの「絞り込み」の成果と言えよう。

5　まとめ

以上、ノウハウ依存型のフランチャイジングにおけるガバナンスと国際進出との関係を、コンビニと学習塾の国際フランチャイジング実態を例に検討した。

ノウハウ依存型のフランチャイズ・システムは、理論的には本部のガバナンス水準を高くすることを要求する。特に、コンビニは物流情報システムの構築やその運用と連動した多様なノウハウやルールの遵守を要求するため、本質的にモニタリングコストの高い業態であると言えよう。しかし、ガバナンス・レベルを上げるととりわけサブ・フランチィジングが難しくなり、出店スピードが低下することが日系コンビニの経験から明らかとなっている。両者は、いわばトレードオフ的な関係にあると言えよう。

したがって、いかにしてガバナンスのレベルを下げても効率的に機能するシステム、あるいは多様な制約条件のある市場環境下でもサブ・フランチャイジ

ングを成立させて出店スピードを上げるシステムを開発・構築するのかが課題となっている。また、その際には、パートナーや加盟店側にどのようなインセンティブを与えるのかということの検討、つまり「インセンティブによるガバナンス」という発想も必要となろう。

　このインセンティブの利用についてはフレイザー（Frazer［1998］）らが指摘してはいるが、一段の実証研究が進められるべきであろう。その意味では、ガバナンスはシステム（主体）特性に規定される側面と、戦略に規定される側面とが存在することが分かろう。ここで言う「戦略」とは、端的には、ガバナンスの中心をどこまで絞り込むことが可能かということである。つまり、第5章の図5－5で示した、どの部分のガバナンスを強化し、どの部分のガバナンスを緩和するのかということが戦略的に検討され、それに応じたオペレーションのあり方が模索されねばならいのである。換言すれば、「何をガバナンスし、何をガバナンスしないのか」という問題を追求することである。公文のケースは、このようなガバナンス領域の「絞り込み」によるグローバル化の好例として理解されるべきであろう。

⑾　公文の現状については、武田［2009］、趙・向山［2009］、藤川ほか［2008］などを参照した。
⑿　もちろん、それには高度な判断力も必要になるが、学習内容を教えること自体と比すれば一定のトレーニングで可能となる。

第7章

商品依存型システムの
ガバナンス問題
―製販一体型専門店の実態から―

1 商品依存型システムの特性と
ガバナンス・レベルとの関係

　さて、商品に依存するタイプのシステムは、既述のように、日本ではフランチャイズの定義から実質的に外れてきたものである。したがって、企業の中には自らの行動がフランチャイズに該当するとは認識していないものも少なからず見られる。しかし、本書では、それらを商品依存型システムとして捉えて実態分析を行いたい。

　商品依存型システムとは、基本的には商品そのものに競争優位性があるフランチャイズシステムである。第5章の図5－3で見たごとく、自動車ディーラーやアパレル系専門店のようにオリジナリティの高い商品の生産と一体化した販売システムがこれにあたる。多様な商品を企画製造してチェーン店に供給し、販売する100円ショップも、このタイプと言えよう。つまり、メーカーや製造問屋によるフランチャイズ方式での販売システムがこのタイプに属するのである。したがって、本部にとってフランチャイズを展開する第一義は自社のオリジナルな商品の供給（商品販売・市場開拓）にあり、卸売りによる利益が本部の収益の柱となるシステムであると言えよう。これは、第2章で見た「製品・

商標型フランチャイズ」と呼ばれているものを含むと言える。

　ただし、この商品依存型システムは、現実にはオリジナルな商品の供給を第一義としつつも、程度の差こそあれ、商標やノウハウ（店舗デザイン、商品管理ノウハウ、販売ノウハウ、接客ノウハウ、アフターサービスノウハウなど）もパッケージ化されており、それが商品の価値やイメージに影響を及ぼして（「ブランド性」を生み出して）いるシステムでもある。したがって、商品の特性や品質と販売ノウハウの両方が実現して初めて成立する（販売につながる）システムとも言えよう。また、商標やノウハウが移転される限りは、それへの対価としての何らかのロイヤリティも発生しているのである。この点が、メーカーや問屋による単純な卸売り販売とは異なる点と言えよう。

　よって、商品依存型システムが海外進出を行う場合は、まずは、①その商品が進出先市場で価値のあるものとして受容されるかどうか、あるいは進出先市場で受容される商品を開発できるかどうかが問題となり、同時に、②その商品のブランド価値を創出するノウハウを海外で再現（移転）できるかどうかが問題となる。

　理論的には、商品そのものが進出先市場で価値をもつのであれば、本国の本部によるガバナンス・レベルはかなり低下するはずであろう。消費者は商品の価値そのものに惹かれて購入するのであるから、本部は価値ある商品の開発・生産に経営資源を集中させればよいことになる。しかし、上述の②の販売ノウハウの再現を厳密に行おうとするならば、それに向けた本部のガバナンスが必要となる。

　とはいえ、そのガバナンスにおいて必要とされるレベルは商品の特性によって一様ではない。例えば、ファッション衣料品の場合は、店頭でのノウハウ（店舗デザイン、陳列、接客など）が商品のブランドイメージに大きな影響を与えるため、そのブランド性に関わるノウハウへのガバナンス・レベルは高くなろう。また、モニタリングコストも相応のものが必要となるはずである。

　一方、自動車のディーラーの場合は、来店前からメーカーブランドや商品自体の個性を消費者が認識していることが多いため、ファッション商品ほど店頭

のノウハウに依存する部分は少なかろう。そのことは、例えばファッション専門店（ブランド店）の店舗はデザインが統一されているが、自動車ディーラーの店舗は全国的なデザインの統一がなされていないことからもうかがえよう。また、アメリカの自動車ディーラーのように複数のメーカーの自動車を販売する場合は、そもそもメーカー側の店頭ノウハウのガバナンスは難しいと言える。

100円ショップに至っては、ガバナンス・レベルはさらに低くてもよかろう。100円ショップの場合は、端的には魅力的で多様な商品を均一価格で大量に店頭に陳列することが重要なのであり、あとは顧客が店頭で判断してレジまで運んで購入するのが基本である。その商品にどのような価値を見いだすのかは顧客の側に委ねられているのであり、ファッション専門店や自動車ディーラーのように店頭での専門的な説明や利用方法の提案・アドバイス、アフターサービスなどは不要なのである。

では、現実の日本企業の国際フランチャイジングにおけるガバナンスはどのようになっているのか、以下、ファッション専門店、自動車ディーラー、100円ショップ、そしてスポーツ用品店を例に検討してきたい。

2　ファッション専門店の主体特性とガバナンス

（1）ファッション専門店の主体特性

ファッション専門店については、その内容や歴史的経緯がやや複雑であるため、実態に入る前にその主体特性について整理をしておきたい。

さて、ファッション専門店にはアパレルが展開するものと SPA（Specialty Store Retailer of Private Label Apparel）が展開するものとが混在している。いずれにせよ、生産機能と一体化している点が特性と言えよう。まず、アパレルとは衣料品の製造卸のことであり、オリジナルなデザインや企画に基づいたファッション商品を生産し（自社生産または外部委託による）、それを小売店に卸

売販売する企業のことを言う。したがって、基本は卸売り企業（問屋）である。

しかし、1970年代になると、そこから川下の小売段階に踏み込んで独自の小売店舗チェーンを直営方式で構築し、自社ブランド（商標）の店舗で販売する企業が出現する（他の小売店への卸売りは行わない）。それは、生産から小売（川上から川下）までを統合して内部化した企業といえ、広義の「製販統合型企業」とも呼ばれる。鈴屋、三愛、アイマリオ、ミキハウスといったところが草分けと言えよう（靴ではアメリカ屋靴店など）。つまり、独自のマーケティング戦略に基づいて消費者に直接販売するようになったのである。

とはいえ、製販統合を行うと、当然ながら小売チェーン展開のための資金が必要となり、そのための雇用も増え、何より小売店舗運営のための手間暇（在庫管理や販売ノウハウの確立など）を要するため投資リスクが高まる。しかし、自社商品に対する消費者の反応が把握できれば、その情報を直ちに生産やデザインの改善はもちろん、在庫調整にも反映できる。また、直販だと卸売り販売に伴う代金回収の手間とリスクもなくなることから資金の回転率が改善される。何より、消費者に直接、自社商品がめざすブランドイメージを浸透させやすくなるため、多くのアパレル企業は卸売り企業から脱皮し、独自ブランドの小売チェーンも展開するようになっていったのである。これが、現在では当たり前のように見られるアパレル系のファッション専門店である。

ただし、大手のアパレル企業は百貨店やセレクトショップなどを対象に卸売りも継続しており、オンワード樫山やワールドのように卸売りとファッション専門店展開（例えば、23区、組曲、五大陸、OZOC、アクアガール、CdeCなど）の両方を行う企業も多く見られる。この卸売り販売には商品供給を行うだけのものもあるが、商標貸与や什器・陳列および品揃えなどのノウハウの一部をパッケージ化した商品供給型のフランチャイズ的な卸売り販売も見られる。フランチャイズと呼ばないのは、ノウハウ指導料（ロイヤリティ）などが発生しておらず、収益が商品販売（卸売り）からの利益に限定されているからである。

ところで、1990年代になると情報システム化が進み、市場情報（流行や売れ筋情報など）が短期間のうちに生産や物流に反映できることになった。製販統

合は高度化し、かつ国際的な生産ネットワークとも連動して、市場情報を基に売れ筋商品を効率よく生産し、効率よく流通させる（リードタイムを短縮して店舗に供給する）「システム産業」としてのファッション企業が出現した。これがSPAと呼ばれるものである。例えば、ファーストリテイリング社の「ユニクロ」やファイブフォックス社の「コムサデモード」、ハニーズ社の「ハニーズ」、ポイント社の「ローリーズファーム」といった専門店チェーン、外資ではGAP、ZARA、ジョルダーノなどがSPAに該当する。[1]

（2）ファッション専門店のガバナンスのあり方

　ファッション専門店チェーンは、基本的にはファッションメーカーが展開している商品供給を第一義とするチェーンであるため、本来はフランチャイズ方式でスピーディーに店舗拡大を図って生産規模（ロット）を拡大する方向がめざされるべきものと言えよう。実際、フランチャイズ展開を行うメーカーも見られるが、一方で近年では直営方式のみで展開するところも増えつつある。むしろ、規模が拡大するにつれて直営化が進む傾向すら見られるのである。

　ファッション専門店が直営店を重視する理由は、店舗デザインや店頭での陳列、接客などがブランドイメージに与える影響が大きなこと、市場変化に応じた素早い品揃え対応の徹底や価格管理の厳格化を行うこと、市場情報の囲い込みを行いたいという意思が強いこと、などが挙げられよう。つまり、自らの商品のブランドコンセプトを重視すればするほど、店頭ノウハウへの依存度が高まってくる。また、市場・顧客の情報を重視すれば（一元管理して独占的に囲い込もうとすれば）するほど、本部の関与が強化される必要があろう。その結果、ガバナンスレベルを上げねばならず、フランチャイズ化が難しくなる。

　SPAのような高度な物流情報システムを有するチェーンも、理論的にはコンビニと同様に高度な店頭ノウハウを情報システム化によって標準化したわけで

---

[1] SPAの概念は、GAPが1980年代中頃に自社の特性をアピールするために定義したものとされる。

あるから、フランチャイズ化が可能な業態になっていると言えよう。しかし、実際にはこれとは反対の傾向が見られる。例えば、ユニクロは2009年11月末段階で、国内約800店舗中フランチャイズ店は20店しかなく、海外では116店舗すべてが直営である。同社は、海外進出においてもストレート・フランチャイジングは行っていない。

このようなガバナンスの強化は外資にも見られる。ZARAは1997年に日本のビギ・グループと合弁（出資比率49％）で「ZARAジャパン」を日本に設立し、そことのフランチャイズ契約によって商品供給を行っていたが、2003年に85％に出資比率を引き上げたのちに2005年末に100％子会社化を行った。同社は世界統一のブランドイメージを保つため、店舗内装素材、ウィンドウディスプレーから商品貸出までスペイン本社による集中管理を徹底しており、子会社化は、スペイン本社のガバナンスレベルを上昇させるための方策であった。

3　日系ファッション専門店の国際フランチャイジングにおけるガバナンス

では、このような主体特性とガバナンスとの関係は、日本のファッション専門店企業による海外進出の実態においてはどのようなものになっているのであろうか。日本のファッション専門店の海外進出プロセスにおいて、ストレート・フランチャイズ方式での海外進出や現地でのサブ・フランチャイズ展開がもっていた意味を、ガバナンスの観点から検討してみたい。ただし、ここで対象とした日本のファッション専門店は、国内でフランチャイズ展開を行っている企業、海外にストレート・フランチャイジングで進出した企業、あるいは海外でサブ・フランチャイジングを行っている企業、のいずれかに該当するものである（巻末**付表2**を参照）。

ところで、日本のファッションは、欧米市場で評価を得るのに時間がかかった。そのため、国際化はアジア市場で先行的に深化していったという歴史的な

経緯がある。したがって、以下では、そのような歴史的経緯に沿って進出形態とガバナンスの変化を検討していく。

（1）子会社からストレート・フランチャイズへ

　日系ファッション専門店の海外進出は、1972年に婦人服専門店の「鈴屋」が駐在員事務所開設と同時にパリに出店したのが最初とされている（奥住［1989］p.101）[2]。衣料品専門店が欧州に調達（仕入れ）基地を設けることは、当時すでに珍しくなかったが、店舗を開設するのは珍しかった。その目的は、自社のファッション商品がどのような評価を受けるのか、海外でどのようなものが流行し売れているのかといった情報収集であった[3]。そのために日本人駐在員を置いて情報収集をさせるとともに、アンテナショップも運営するために100％子会社が現地に設立されたのである（巻末**付表2**参照）。

　このように、パリやニューヨークといったファッション拠点都市に子会社を設立してアンテナショップを開設する傾向は、その後もいくつかの日系ファッション専門店が採用していく。この現象は、見方を変えると、日本のファッション商品が欧米では評価されていなかったことを意味する。つまり、現地での販路がなく、現地からの商品供給のオファーもなかったため、輸出やストレート・フランチャイズ方式あるいは合弁形態がとれず、100％子会社を現地に設立して独自にチャネル開拓をせざるを得なかったのである。

　しかし、1970年代も後半になると状況に変化が現れ、日本のファッション商品が独自の市場を獲得するようになっていく。例えば、欧州で高く評価された山本寛斎ブランドの場合は、1977年から1981年にかけて欧州各地のブティックに対して商品供給を開始している。

---

[2]　鈴屋はその後も積極的に海外展開を行ったが、1997年に日本の経営が破綻し、海外からすべて撤退した。
[3]　1990年の日経流通新聞社による専門店調査でも、海外進出をしている企業の目的は、過半数が「情報収集」と答えている。

一方、アジア市場では、所得増大に伴って1970年代後半から日本の既製服への需要が高まった。そこで、シンガポールや香港の現地百貨店が東京ブラウスや三愛との間でストレート・フランチャイズ契約を結び、商品を供給してもらう手法を取り始めた。⁽⁴⁾日本の専門店側にとっては、アジアは欧州のように情報収集をする市場ではないため、リスク軽減の面からも商品供給（輸出）を柱とするフランチャイズ契約が採用されたのである。

その後、1980年代に入ると日系百貨店やGMS（総合スーパー）のアジア進出が増大し、日本のファッション専門店は、それらアジアの日系大型店が「日系らしさ」を主張する重要なコンテンツとなっていく。それに伴って、日系百貨店やGMSからアジアへの商品供給型のフランチャイズ出店依頼が増加していくようになる。大丸や東急のシンガポール進出、そごうの香港進出などは、日系ファッション専門店の国際化に小さからぬ影響を与えた。

専門店側にとっては日本での取引が長い百貨店やGMSからの誘致はむげに断れない面があったし、また逆にアジア市場の将来性をにらんだ実験的出店として積極的に捉えた場合は、日系百貨店やGMSへのインショップ出店は、自社製品をよく知る相手との取引であるためリスクが非常に小さく、メリットが大きかった。このようにファッション専門店の国際化は、百貨店やGMSの海外進出と二人三脚で進んできた点に特徴があると言えよう。

（2）ストレート・フランチャイズから子会社へ

ところが1980年代中頃になると、ストレート・フランチャイズ方式は一つの転機を迎える。つまり、ストレート・フランチャイズで出店し、現地のパートナー（代理店）に商品を輸出する（卸売りをする）だけでは以下のような問題が生じてきたからである。

- ❶新鮮な品揃えが構築されない（資金的問題から新しい商品の発注がなされない、代理店にとって利幅の大きな商品・ブランドへの偏りができるなど）。

❷ディスプレイの品質が確保できない（日本側からの指示が守られない）。
❸店舗販売員に対する指導不足（商品知識や接客ノウハウ指導の不足）。
❹店舗での勝手なバーゲンが行われる（日本側の価格統制ができない）。

　このような結果、ファッション専門店の命でもある進出先市場でのブランド性の確立ができないことが問題となってきたのである。1970年代には日本のファッションはアジア市場では群を抜いてデザインや品質のレベルが高かったが、1980年代になると香港やシンガポールの地元ファッションメーカーのデザイン性が急上昇して、地元商品との価格面での競争に巻き込まれるようになっていた。しかし、代理店の店舗への指導・監視不足により、店頭での安易な値引きによる価格崩壊や販売員の商品知識不足、接客ノウハウ不足が目立つようになり、日本ブランドは単に高いだけの商品という誤解も招くようになった。それがさらなる現地でのバーゲンを誘発し、ブランド確立を阻害していたのである。

　このため、1980年代後半になると、現地代理店任せのフランチャイズ方式ではなく、合弁や子会社に切り替えてブランド確立のためのガバナンスを強化しようとする動きが広がるようになっていった。例えば、1982年にフランチャイズ方式で香港に進出した三愛の場合、当初のパートナーは香港の個人事業者であったが、先述の❶から❹のような問題を経験したことから1985年に子会社方式に切り替えている。三愛はアジア市場の将来性を感じ取り、アジアでの販売

---

(4) 鈴屋は、1979年にシンガポールのメトロ百貨店とフランチャイズ契約を結んでいる。また、東京ブラウスは1981年にシンガポールのロビンソン百貨店、台湾の大統百貨店、香港のクラッセ百貨店とそれぞれフランチャイズ契約を結んでいる。

(5) 日系百貨店の進出は1960年代から、GMSの進出は1970年代から見られたが、当時は店舗規模が小さく、テナントを入れるスペースもなかった。また、欧州に出された百貨店の場合は、日本人観光客向けの現地ブランド品を中心に品揃えをしていたため、日系ファッション専門店を入れるコンセプトはなかった。しかし、1980年代に増大したアジアの百貨店やGMSの海外店舗は所得増大による現地市場の将来性をにらんだものであり、しかも店舗規模も大きなものが多かったため、日系ファッション専門店が積極的に誘致された。

(6) 近年では2004年6月の上海久光百貨店（香港そごうが設立）の開業が、日系ファッション専門店やその他の日系専門店、日系外食企業の中国進出の促進要因となってきた。

ノウハウを自ら取得しようとしたとされる（第2章9節）が、そのように本格的な市場参入は直接投資でないと実現できないという観念がその後も長く続いてきたのである。

（3）ファッション専門店にとってのストレート・フランチャイズ方式の可能性

　しかし、ここで留意すべきことは、前項で挙げた❶～❹のようなストレート・フランチャイズ方式の問題が生じるかどうかは、パートナーの選定や日本側の対応（契約）の仕方に依存する部分も大きいということである。日本国内における当該専門店のブランド性をよく理解しているパートナーが獲得できれば、あるいは日本側のノウハウ指導がうまく機能するような契約内容（仕組み）であれば、ストレート・フランチャイズでの進出も可能であろう。実際、巻末の**付表2**を見ると、子会社や合弁で進出した企業の中にも多くの撤退が見られるし、逆にストレート・フランチャイズでも店舗数を伸ばしている企業が見られる。むしろ、ストレート・フランチャイズでの進出の基本特性である投資リスクの低減は、資本力の弱い新興ファッション企業にとっては大きな魅力であろう。

　さて巻末の**付表2**では、1980年代後半以降もストレート・フランチャイズ方式が散見されたり、最近になって再びストレート・フランチャイズ方式が増えているが、近年ストレート・フランチャイズ方式で進出した3社へのヒヤリングによると、当該ブランドをよく理解した信頼のおけるパートナーが見つけられたことや、投資リスクの小ささに対する魅力が背景にあったとされる。要するに、商品供給（輸出）だけではブランド管理ができないため、ストレート・フランチャイズ方式にしてノウハウの部分も指導するようにしているのである。この点では、フランチャイズ方式のメリットが生かされつつあるとも言える。

　また、「ダックス」を中国で展開する三共生興（1997年進出、現在25店）の場合を見ると、中国でのストレート・フランチャイズ契約の相手（代理店）は広

告業を営む企業である。言うまでもなく、広告業者はブランド性の重要性を理解するパートナーであり、ブランド性の確立の面でも有利なパートナーと言えよう。同社の中国事業が順調に拡大していることからすると、パートナーは必ずしも衣料品販売の代理店である必要がないことがうかがえるのである。

（4）サブ・フランチャイジングの未発達

　以上のように、日系のファッション専門店はストレート・フランチャイジングでの海外進出には消極的なのであるが、それ以上に、現地での店舗展開をフランチャイズ化するサブ・フランチャイジングには慎重である。つまり、現地店舗はほとんどが直営店なのであり、それはストレート・フランチャイジングで進出した企業においても例外ではないのである（現地のパートナーが直営店で展開している）。

　その理由は、言うまでもなくブランドガバナンスのレベル（店頭での品揃えや価格管理、接客など）を上げねばならないためである。日本側は、フランチャイズ店では求めるブランド性の実現が難しく、それを行おうとするとモニタリングコストが大きくなってしまうと考える傾向が強い。そもそもファッション専門店は国内においても直営比率が高く、フランチャイズ展開を行わない企業も少なくないが、その理由もブランドガバナンスの厳格化を実現するためである。SPAの場合も、情報システム化が進んでいるにもかかわらず、やはり国内でのフランチャイズには消極的な企業が多いのである。このような国内でのフランチャイズ経験の少なさが、海外でのサブ・フランチャイズ展開に消極的な要因にもなっている。

　新興市場でサブ・フランチャイジングを行う際に、日本側が心配するリスクは以下のようなものである。

❶フランチャイズ店が現地本部に対してロイヤリティや仕入れ代金を支払わない。

❷商品の横流しをする（契約店舗以外の店に卸売り販売をしたり、自分が経

営する契約外店舗で販売したりする)。
❸独自に仕入れた商品を一緒に店頭に並べて販売する。
❹現地本部の指示に従った新商品の仕入れや適切な補充発注を怠り、店頭の品揃えがコントロールできなくなる。
❺大幅な値引き、勝手なセールを行う(本部の価格管理ができない)。
❻接客のノウハウ(マニュアル)が守られず、ブランドイメージを低下させる。
❼店舗(デザイン・照明含む)や什器(じゅうき)の維持・更新あるいはディスプレイが守られず、ブランドイメージを低下させる。
❽商標やロゴの不正使用(規定通りのデザインを守らない、契約期間終了後も使用し続ける、他社商品にロゴやラベルを流用するなど)。

もちろん、厳しい管理やチェックによって守らせることは可能ではあろうが、万が一の事態がもたらすブランド性に与える被害の大きさ、モニタリングコストや訴訟に発展した場合のコストの大きさなどを考慮すると決断できない企業も多いのである。実際、海外における店舗のフランチャイズ展開は、現実には例外的にしか存在しないといっても過言でない。中国に120店舗も出店するカジュアル衣料のハニーズでも、そのほとんどが直営店となっているのである。

(5) 進出形態とファッション専門店のガバナンス

以上のことから、ファッション専門店の海外進出においては、まず「(1)子会社からストレート・フランチャイズへ」(169ページ)で示したように、商品供給型のストレート・フランチャイズ方式が採用されるためには商品自体への市場の評価が定まっていなければならず、そうでない場合は、子会社を設立して本部のイニシアティブの下に販路開拓がめざされることが分かる。また「(2)ストレート・フランチャイズから子会社へ」で示したように、ファッション商品はブランド性の確立が強く求められるという主体特性があるため、ス

トレート・フランチャイズ方式よりもガバナンスのレベルを引き上げやすい直接投資方式がとられる傾向が強いこともある（第5章の**図5－4**で示したポジショニングを参照）。

しかし、これは店頭でのノウハウ依存度を上げることになり、商品依存型の特性とは矛盾する方向性をもつものである。商品依存型のフランチャイジングのメリットは、繰り返すまでもなく、資金とリスクの低減のみならず、スピーディーに店舗を拡大することで自社商品専用のチャネルを構築して、最終的には生産規模をスピーディーに拡大できることだと言える。

ただ、「（3）ファッション専門店にとってのストレート・フランチャイズ方式の可能性」で示したように、フランチャイズ方式での海外進出とブランドガバナンスとは必ずしもトレードオフの関係ではない。近年では、ストレート・フランチャイジングのメリット（投資コストとリスクの削減）を生かしながら、どのようにしてブランドガバナンスを行うのかが模索されていると言えよう。さらに「（4）サブ・フランチャイジングの未発達」のサブ・フランチャイジング（現地でのフランチャイズ店舗の展開）とブランドガバナンスの両立も、日系ファッション専門店企業にとっては大きな課題と言えるのである。

（6）進出先の市場特性とフランチャイジングの可能性

ここで注意が必要となるのは、進出先市場の特性との関係である。つまり、欧州・アメリカ・アジアに進出する場合はそれぞれファッションブランドの流通のあり方が異なっているため、進出形態やガバナンスのあり方も大きく異なっている。

例えば、日本発の世界ブランドの一つである「イッセイ・ミヤケ」[7]の場合は、1980年代にパリ、ロンドン、ニューヨークに出店したところから海外進出が始

---

[7] 同社は国内でも海外でもフランチャイジングを行っていないため、巻末の**付表2**でも取り上げていない。なお、同社に関する記述は、2009年12月の国際事業統括部へのヒヤリングに基づく。

まった。同社は1970年代のファッション専門店と同じく、海外での販路開拓をすべく子会社での進出を行った。現在の店舗ブランドとしては「ISEEY MIYAKE」「HaaT」「PLEATS PLEASE」「CAULI FLOWER」があり、日本を除く海外24か国に301の販売店（取り扱い店）のネットワークを構築している（2009年12月時点）。

なお、欧州、アメリカ、アジアでは、高級ブランド衣料品の流通チャネルがまったく異なっていることには留意すべきであろう。まず欧州では、高級ブランド衣料品は貴族階級や富裕層が身に着けるものであるという認識が存在しているため、一般消費者が訪れる百貨店には置かれない（出店されない）。この点は日本と大きく違っており、日本ではむしろ百貨店が窓口になって多くの欧米ブランドを一般消費者に紹介してきた。その結果、所得向上に伴って百貨店の大衆化が進むとともにブランド品も大衆化し、限られた富裕層を相手とする高級ブランドの路面店の発展は大きく遅れたのである（近年になって、ようやく東京の銀座や大阪の心斎橋周辺に出店されるようになった）。

しかし欧州では、ブランド衣料は、大都市にブランドが直営で出店する路面店が存在するほかは、貴族階級や富裕層を常連客としている大都市の高級ブティック（セレクトショップ）で主に販売されている。メーカー側も、そのような店舗に自社のコーナーを設けてもらえるかどうかがブランド性の決め手となる。路面店も出されるが、それはいわば高級ブティック（セレクトショップ）の経営者に仕入れを行ってもらうためのショールーム的な機能を果たしているにすぎないのである。

したがって「イッセイ・ミヤケ」は、欧州にはパリとロンドンに現地子会社が運営する直営店があるが、それ以外の都市やショッピングセンター、百貨店には出店をしていない。現在、欧州には「イッセイ・ミヤケ」の商品を扱う店舗が171店もあるが、すべて卸売りベースでの商品供給店（高級ブティック）となっている（それらとはフランチャイズ契約は行っていない）。

また、アメリカ（カナダを含めて39店舗で販売）では欧州と異なり、高級ブランドは一部の階級の専有物ではないものの、一部の富裕層の専有物（象徴

という意識が高い。したがって、富裕層を相手とする高級百貨店（サックス・フィフス・アベニューやニーマン・マーカスなど）が高級ブランド衣料の主要な販売チャネルとなっている。よって「イッセイ・ミヤケ」は、アメリカではバイヤー向けのショールーム的機能を果たす直営店（子会社が運営する）がニューヨークに1店あるだけでそのほかには店舗をもっていない。子会社を通して、高級百貨店などへの卸売り販売に力が入れられているのである。

　一方、アジア市場（日本以外の6か国83店舗で販売）では状況が大きく変わる。アジアでは百貨店とショッピングセンターがブランド品の窓口となっている。日本もそうであるが、アジアでは欧州のような階級意識がないため、ブランド品の所有は大衆の憧れである。また、アメリカほど富裕層と大衆との区別が明確でないため、所得上昇とともにブランドの大衆化も急速に進んだ。要するに、誰でも買ってもよい商品、欲しければ無理をしてでも買う商品となっている。

　したがって、誰でもアクセスが可能な場所に店舗を開くことが重要となる。その結果、「イッセイ・ミヤケ」では現地代理店を通して、百貨店内やショッピングセンター内にショップを展開して販売する形をとっている。同社ではフランチャイズ展開は行っていないが、アジアではその可能性が存在していると言えよう。

　以上のことから見えてくることは、高級ブランド衣料品店の欧米でのフランチャイズ展開の難しさである。欧米でのフランチャイズ展開が可能であるのは、大衆向けのファッション専門店に限られることが分かろう。一方、アジア市場では、フランチャイズ展開の可能性の大きさがうかがえるのである。日本のファッション専門店の多くがアジアを中心に展開しているのは、欧米での日本ファッションに対する評価の厳しさもあるが、むしろアジアにおける店舗展開によるブランド構築のやりやすさが影響していると推測される。

（7）欧州のファッション専門店の国際化実態

　欧州のファッション小売業の海外進出については、第4章で見たように、イギリスの研究者を中心にすでにいくつかの研究がなされてきた。しかし、それらは小売国際化研究の一環としての研究であってフランチャイジングへの視点は弱い。それらの先行研究では、市場参入モードを議論する部分でフランチャイズ方式について触れられることが多かったが、フランチャイジング実態に関する分析は限られたものしかない。多くの研究者の関心は、輸出、子会社、合弁、フランチャイジングといった市場参入モードの選択がどのような要因に基づいているのかという問題に集中していたのである。

　とはいえ、興味深い指摘も見受けられる。フランスのファッションブランド店であるクーカイやモルガンによるイギリス市場への参入実態を分析したムーア（Moore［1997］）では、学習の進展によって採用される市場参入モードが変化していき、輸出（卸売り）から直接投資へ、そしてフランチャイジングへと進んでいくことが確認されている。つまり、フランチャイジングは進出先市場での評価の獲得や適切なパートナーの探索の難しさから、学習が進んだ最終的な形態（市場参入モード）として認識されているのである。要するに、フランチャイズ方式での進出は、理論的には進出経験の浅い企業（資源が制約されている企業）に有利な手法とされてきたが、現実には学習が進んだ企業でしか採用できないということがうかがえるのである。この現実は、先に見た日本のファッション専門店の進出実態とも重なる部分が多い。

　また、イギリスのファッション専門店の国際フランチャイジングを分析したドーァティとアレクサンダー（Deherty and Alexander［2004］）やムーアほか（Moore et al.［2004］）では、本部と海外パートナーとの複雑な相互関係性を基に両者の関係のあり方が述べられている。しかし、それらは観念的な議論が多く、ともすれば文化的な摩擦の問題に帰結させようとさえしており、現実味のある結論には達していない。欧米での先行研究は、前述の「（6）進出先の市場特性とフランチャイジングの可能性」で述べたような日系ファッション専門

店の経験や実態に照らすと、少なくとも二つの点で課題が残されていると言える。

一つは、進出先市場の特性の違いがもたらす影響を踏まえていない点であり、今一つは対象とされているブランドの特性がもたらす影響を踏まえていない点である。後者を補足すると、海外進出の市場参入モード選択を議論する際には、対象がラグジュアリーブランドであるのか、中級ブランドであるのか、それともファストファッション（ブランド性よりもコストパフォーマンスを重視する）であるのかによってフランチャイジングに際してのガバナンスのあり方が変わると考えられるが、そのような違いは意識されていないのである。先行研究で国際フランチャイジングを行う企業として取り上げられてきたのは、ベネトン、ネクストなどの中級ブランドが多いことには留意が必要であろう。

4　自動車ディーラーの国際フランチャイジングにおけるガバナンス実態

（1）自動車ディーラーの主体特性

第2章で見たごとく、フランチャイジングの発展の歴史の中できわめて重要な位置を占めていたのは自動車メーカーによるディーラー制度である。それは、現在でも製品・商標型のフランチャイズシステムの代表と言えるものである。

そもそも自動車ディーラーは、ファッション専門店ほど店頭のノウハウには依存していないと考えられる。例えば、商品のブランドガバナンスにしても、それは店頭が規定する部分よりも製品自体のデザインや性能（メーカーの製品開発能力）、あるいはメーカーによる広告戦略などに依存する部分のほうが大きいからである。基本的に消費者は、店頭で商品を決めるのではなく、来店する前にある程度は商品知識を入手しており、目的とする商品の絞り込みをしてから来店しているのである。しかも、ファッション専門店のように、消費者が

頻繁に店頭に足を運ぶプロセスの中で商品のブランドイメージを構築していくわけでもないため、その意味では、理論的にはフランチャイズ化が比較的容易であると言える。

20世紀の初頭からアメリカの自動車メーカーがディーラー制度を構築できたのも、複雑なガバナンスや店頭での高度なノウハウを必要としなかったからだと言えよう。第5章の図5－4で、自動車ディーラーのポジショニングをファッション専門店よりガバナンスの水準が低いところに位置づけたのは、このような原則的な捉え方に基づいているからである。

では、その実態はどうなのであろうか。自動車ディーラーの国際フランチャイジングについては、現実には2種類の現象が存在する。一つは、フランチャイザーである自動車メーカーが海外で現地の販売店をディーラーとして組織する現象である。言うまでもなく、これが基本形と言えるであろう。しかし、近年ではもう一つ別の現象も見られる。それが、ディーラーによる海外進出である。つまり、あるメーカーのディーラーが、海外でそのメーカーの現地生産車を販売するディーラーになるというものである。以下、この二つの現象におけるガバナンス問題を順に捉えてみたい。

（2）自動車メーカーによる国際フランチャジングのガバナンス実態

言うまでもなく、日本の自動車はいまや世界中に販売されており、その生産ネットワークのグローバル化に伴って各地でディーラー網を構築してきた。[8]

例えば、トヨタの場合は、2008年の年間実績で、全世界での販売台数（系列のダイハツと日野を含む）が897万台強となり、GMを抜いて販売台数で世界一となったが、そのうちの76％にあたる682万台が海外での販売となっている。その販売システムは、世界各地で生産された自動車が世界各国のディストリビューター（卸売会社）に供給され（アジアの場合は2008年4月時点で15社）、そこから各国内にある多数のディーラーに出荷されて、ディーラーの店頭やセールス担当者を通して消費者に販売されるというものである。

すでに述べたように、商品依存型のシステムは、理論的にはガバナンスのレベルが低くても展開が可能なものである。しかしながら、いまや自動車メーカー各社は先進国市場のみならず新興市場においても熾烈な販売競争を展開しており、それがガバナンスのあり方にも影響を及ぼしている。

例えば、先のトヨタの世界一の販売実績を支えるのはトヨタの商品の優秀さもあるが、より直接的には「トヨタ販売方式（TWSM：Toyota Way in Sales &Marketing）」と呼ばれる販売手法にある。[9] つまり、メーカー（本部）による各国ディーラーに対するガバナンスのあり方に依拠していると言っても過言ではない。このトヨタ販売方式の詳細は石坂［2008］や大石［2009］、大薗・清水・竹内［2008］に譲るが、端的に言えば、メーカー（本部）とディストリビューター、そしてディーラーの三者が三位一体となってトヨタのブランド性を構築することによって効率的に販売台数を伸ばしていく手法のことを言う。

この販売方式を世界のディーラーに浸透させるために、同社は「GKC（Global Knowledge Center）」を設置し、「チャンピオン」と呼ばれる各地域の優れたディストリビューターを通じて数段階からなるトレーニング・プログラムを提供している。このGKCは、一方的な知識の発信や移転だけではなく世界各国から成功事例や情報を収集し、それらを整理して再び世界へ発信するという作業を繰り返している。それにより、絶えざる改善と進化が実現されるとともに、高度な人材育成を行おうとしているのである。

すなわち、単なるディーラーの支配や監視といった次元を超えて、知識創造を介した本部とディーラーとの連携システムをつくり出しているのである。きわめて高度なガバナンスのシステムと言えよう。もちろん、それにはコストも時間も人手も要るが、それが世界一の販売実績を支えていると言えるのである。

---

(8) 日本と海外のディーラー制については、石川［2009］、塩地・キーリー［1994］、塩地［2002］、孫［2003］などを参照のこと。
(9) トヨタは、これまではその効率的な生産方式で知られてきたが、近年では、その生産方式と販売方式とが車の両輪となって「トヨタウェイ」を支えると位置づけられるようになっている。

ここでは、最も典型的なトヨタのケースを挙げたが、他社においても競争の激化とともにベクトルの向きがノウハウを重視する方向を向いてきていると言ってよい。よって、自動車ディーラーのシステムは、激しい販売競争の結果、かつてのようなガバナンス・レベルが低い商品供給システムの域を超えて、高いガバナンス・レベルのものへ変化しつつあると言えよう。

（3）ディーラーによる国際フランチャイジングの実態

次に、末端のディーラーによる海外進出の実態を見る。特に近年では、新興市場に進出しようとするディーラーが現れてきており、将来的には国内市場の縮小を背景に増大する可能性もあることから、その実態におけるガバナンス問題を捉えてみたい。

さて、20世紀の初め、アメリカから当時の新興市場であった日本に自動車会社が入ってきた時は、日本では競合する自動車メーカーは非常に少なく、また車種も限定されたものしかなかった。しかし、現在の新興市場には多くの自動車メーカーが参入しており、それぞれが多様な車種を販売している。さらに、それらのモデルチェンジも頻繁に行われている。同じ新興市場と言えども、かつての新興市場である日本と現在の新興市場とでは、ディーラーから見た環境がまったく異なることを認識すべきであろう。

日系ディーラーの海外進出としては、トヨタ・カローラ八戸が2004年末にバンコクに進出した事例と、横浜トヨペットが2008年6月にカナダ・オンタリオ州に出店した事例、さらに千葉トヨペットが2009年4月に中国の浙江省上虞市に進出した事例があるくらいである。その他は、住友商事がベトナムの日野自動車系の地元大手ディーラーであるチュンロン・エンジニアリング社に資本参加（25.5％）した事例が見られる。国内市場の縮小を背景に、日本の自動車販売会社による中国、ロシア、ベトナムなどの新興市場への関心は高まってはいるものの、現時点ではまだ消極的と言わざるを得ないのが実態である。[10] そこで本節では、トヨタ・カローラ八戸と千葉トヨペットの新興市場での実態を基

に、ディーラーの主体特性とガバナンスとの関係について見ていきたい。

　まず、トヨタ・カローラ八戸（青森県、新車販売7店、中古車販売6店）による進出は、トヨタの海外への輸出販売を請け負っている豊田通商がタイでの新車販売を補強するためにトヨタ系ディーラーに進出を呼びかけたことに応じる形で実現したものである。豊田通商はトヨタ・カローラ八戸と共同で「トヨタ・リブラ」社（日本の豊田通商51％、タイ豊田通商44.8％、トヨタカローラ八戸4.2％）をバンコクに設立している。現地ではタイ・トヨタで生産された自動車のディーラーとして活動をしており、資金面を豊田通商が、店舗運営・広告・人材教育をトヨタ・カローラ八戸が担当している。タイ・トヨタは、地元ディーラー89社による250店の販売網をすでに構築していたが、営業面での人材が不足しているためにトヨタ・リブラを新たにこれに加えたのである。

　一方、千葉トヨペットによる進出は、地方ディーラーが主導する直接投資で海外進出を行った最初のものであり、同社（35％）、日本旭興進株式会社（35％）、上海フォルクス・ワーゲン自動車上虞販売サービス有限会社（30％）の三者合弁で「上虞市勝康豊田汽車銷售服務有限公司」を中国に設立している。現地では、トヨタの現地生産会社である一汽豊田が生産した新車を地元のディーラーとともに販売しており、店舗と修理工場は千葉トヨペットが運営している。

　これらは、日本でのトヨタのフランチャイジーが海外進出をし、進出先でトヨタの現地生産会社のフランチャイジーとして自動車を販売しているという点では、確かに商品供給型の国際フランチャイジングの一つと言える。しかし、その実態をよく見ると、単純な商品供給型のフランチャイジングとはやや異な

---

(10) 社団法人日本自動車販売協会連合会が2008年3月にまとめた調査「アジア主要国の自動車流通市場の実態把握と課題」においても、国内のディーラーは現段階では海外進出には消極的ではある。しかし、国内の自動車販売市場は急速に縮小しつつあるため、今後、海外市場をめざすディーラーが増加する可能性は高いと言えよう。
(11) 豊田通商は、トヨタ車の車両や部品などの輸出入のほか小売販売も行っており、2008年8月時点で欧州49、中南米6、中国25、中国・日本以外のアジア6の計86か所の小売拠点を有している（同社ホームページより）。

る面もある。というのも、この2社が扱う自動車は同じ地区にある他のディーラーでも扱っているため、日本でのように商品自体がディーラーの競争優位性を規定することはない(12)。むしろ、現地におけるこの2社の競争優位は店頭でのノウハウのほうにある。

例えば、タイのトヨタ・リブラでは地元のディーラーがやらない日本的な営業活動を行ったり、丁寧な接客やアフターサービス（メンテナンス）に力が入れられたりしている。中国の上虞市勝康豊田汽車においても、日本式のきめ細かな店頭ノウハウや、日本から派遣した整備士を中心とする整備チームの高い技術力によって競争優位となっている(13)。つまり、海外では店頭ノウハウや営業ノウハウへの依存度が高くなっており、ガバナンスのレベルを上げざるを得ない状態になっているのである。それゆえ、商品依存型のシステムでありながらサブ・フランチャイズでの店舗展開が難しくなっていると言えよう。実際、トヨタ・リブラ社もあくまで直営店での展開であり、上虞市勝康豊田汽車も（ノウハウ移転上の問題から）無理をして店舗数の拡大を図る予定はないとされている(14)。

したがって、日系ディーラーの国際フランチャイジングにおいては、現状では純粋な商品依存型のガバナンス特性が現れていないと言える。逆に言えば、今後どこまでノウハウのマニュアル化やノウハウ移転のシステム化を進めることができるのかが、国際フランチャイジングを拡大させるうえでの課題と言えよう。

5　100円ショップの国際フランチャイジングにおけるガバナンス問題

（1）100円ショップの主体特性とガバナンス

商品依存型のフランチャイズシステムの中で、近年、急激に頭角を現してい

るのが、日本発祥のビジネスモデルである100円ショップのチェーン店である。2009年末において、100円ショップで国際フランチャイジングを行っているのは「ダイソー（大創産業）」、「シルク（ワッツ）」、「キャンドゥ（キャンドゥ）」の３社であり、「セリア（山洋エージェンシー）」が輸出ベースで海外進出している。

100円ショップのビジネスモデルは、中国などで安く開発した自主企画商品や、大量買い取りをすることで安く仕入れた日本商品を店頭に大量に並べて100円均一で販売するものである。特徴は、何と言ってもその商品のオリジナリティと100円という安さにある。スーパーやホームセンターなどで扱うナショナルブランド商品と見かけや品質に差がない商品も多く、さらに他店では扱っていない自主企画のオリジナル商品も少なくない。台所用品、食器、手芸用品、文具類、家庭雑貨、化粧品、園芸用品、大工道具、日用衣料、インテリア、ペット用品、玩具、外傷薬品、家電周辺器具、書籍・地図、加工食品（菓子・レトルト・調味料）など、日常生活で必要となる商品はおよそ何でも揃っている。

このビジネスモデルが世界の新興国市場で人気を集める理由は、価格と商品にあると考えられる。

まず、価格は日本では100円であるが、香港では10香港ドル（約120円）、韓国では1,000ウォン（約80円。一部500、2000、3000ウォン）、台湾では39元（約100円、参入時は50元均一）、タイ65バーツ（約180円）、シンガポールでは２シ

⑿　消費者も、現段階では日本とは異なり、事前に詳細な商品情報をもたずに店頭を訪れる傾向もある。
⒀　2009年１月〜11月末まで（１〜３月までは仮営業）の販売台数は572台で、初年度450台という目標を軽く超え、600台を上回る見通しとされている。この販売台数は、50店ある日本の千葉トヨペット１店当たり平均300台強の倍である。また、有料点検も月に150台と、日本の平均の倍に達している。これらの結果、初年度から黒字化の目処がたったとされている。千葉トヨペット専務で副会長の勝又隆一氏は、「日本流のきめ細かなサービスこそ今後、競合ディーラーとの１番の差異化になるツール」と述べている。（日経MJ 2009年12月７日付）
⒁　2010年１月の千葉トヨペット社へのヒヤリングより。

ンガポールドル（約130円）、フィリピンでは85ペソ（約170円）、ドバイでは6ディルハム（約150円、一部8〜30ディルハム、参入時は5ディルハム）、ルーマニア5レウ（約160円）と、税や競争環境の関係で微妙に異なる[15]。ただし、これらの価格が日本のように「安さ」感を与えるかどうかは、その市場ごとの商品価値との相対的な関係で決まるため、必ずしも日本と同じとは限らない。むしろ、新興市場の庶民にとっては高目の価格になっているとも言えよう。

また、海外でもとられている均一価格制は消費者に安心感を与えるものではあるが、そもそも均一価格店自体は19世紀にアメリカで発祥した業態であるため[16]、それ自体は世界中ですでに見られてきたものである。例えば、台湾では10元ショップが増大してきており、ダイソーは価格面では優位性が失われている。

その意味では、海外でのダイソーの優位性は価格の安さや均一制にではなく、商品自体に存在すると見てよかろう。ダイソーの商品は日本のみならず世界中で生産されているが、すべて日本から一括して輸出されている。海外生産品も、すべて一旦は日本に輸入されてから改めて輸出しているのである。日本製品はいまや世界中に高品質イメージがあるため、まずは日本から来た商品が販売されていること自体が海外では価値ある差異化をもたらすと言えよう。

また、商品の種類の豊富さ、珍しさも優位性の一つとなっている。他店では目にしないオリジナル商品が並び、それらは定番商品ではない「売り切れご免」の商品であることも少なくないため来店のたびに新しい商品を目にすることになり、消費者を飽きさせない。それがリピーター客を増やすきっかけともなっている。先進国イメージの強い日本の、見たこともない多様な生活雑貨そのものへの興味が来店する要因となっているのである。

さらに、ダイソーの商品はすべて日本市場向けに製造された商品であるため、使用説明も日本語で書かれたものをあえてそのまま販売している。それが日本から来た商品であることを消費者に分かりやすくアピールしているのであるが、海外の消費者には読めないので使い方は分からない。しかし、消費者が商品を手にとって使い方を想像しながら選ぶこと自体がダイソーでの買い物の魅力の一つとなっているようである。

このような、100円ショップが有する主体特性は、店頭での複雑なノウハウは必要ない。つまり、魅力的な商品を供給することが何より重要なのであり、店頭での商品説明や接客は必要とされないのである。実際、日本と同じように海外でもセルフサービスの店舗が基本となっている。したがって、原則的にはガバナンス・レベルも低いものでよいと言えよう。

（2）100円ショップの国際フランチャイジング実態

第3章の表3－3でも見たように、100円ショップの中でも最大規模で海外展開を行っているのがダイソーである。同社の国際事業は、2000年に香港に進出したのを皮切りに、台湾、韓国など東アジアへの進出から始まった。国内での競争が激化し、店舗数が2,500前後と頭打ちになってきた2005年頃から本格的に海外事業を拡大するようになっていった。

表7－1に見るように、2008年10月には日本以外の24の国と地域に523店舗を構えるまでになった。進出先は、アジア一円はもちろん、北米から中東、そしてポーランドにまで至っている。ただし、中国へは香港に進出しているのみであり、本土へは未進出となっているのも特徴と言えよう。ダイソーの海外売上額は公表されてはいないが、2009年10月時点では1割未満とされている。

このダイソーに次いで国際展開が進んでいるのがセリアである。ただしセリアは、フランチャイズ契約は結ばず輸出のみに徹している。しかし、輸出先市場数は16市場に達しており、積極的な海外進出によって、総売上額672億6,000万円のうち1割弱にあたる6億円を海外市場で売り上げている（2009年3月期）。

---

(15) 為替レートは2010年1月1日時点。
(16) 木綿［2005］は、「アメリカでは、1879年にペンシルバニア州ランカスターにおいて、F. W. ウールワース (Frank Winfield Woolworth) 氏は"5セント"と"10セント"という二つのプライス－ラインを採用する"5セント・10セント店"の開業に成功したが、これは、おそらく小売史上初めての本格的な"均一価格店"であったと言えるだろう」(p.264) と指摘している。

表7-1　100円ショップの海外展開

進出年	ダイソー	シルク	キャンドゥ	セリア（輸出のみ）
2000	香港			
2001	台湾、韓国			台湾
2002	シンガポール	（韓国）		中国・上海、フィリピン、カンボジア
2003	タイ、カナダ			イギリス、ニューカレドニア、アメリカ、タイ、ニュージランド、ロシア
2004	クウェート、カタール、アラブ首長国、インドネシア			香港
2005	バーレーン、オマーン、マカオ、アメリカ（西海岸）、ニューカレドニア、			
2006	ニュージランド		中国・上海	イラン、韓国
2007	モーリシャス、ルーマニア			オーストラリア
2008	マレーシア、ベトナム、サウジアラビア、レバノン			
2009	ヨルダン、フィリピン	タイ		ベトナム、インドネシア
進出市場	24市場	1市場	1市場	16市場

注）（　）は撤退。セリアはフランチャイズ契約を結ばず輸出のみ。
出所）各社問い合わせ、有価証券報告書などに基づき作成。

さて、ダイソーの海外進出形態の基本はストレート・フランチャイジングである（表3-3参照）。これは、100円ショップのフランチャイジングが商品供給を柱とするものであり、ノウハウ移転の必要性が比較的小さなことから、リスクが大きい直接投資を行うまでもないことを意味するものと言えよう。したがって、直接投資ではリスクが大きくなる新興市場にも進出しやすいことになる。同社は、まだ日本の流通業が進出していない、いわばリスクが高い市場（中

東地域、カンボジア、ロシア、ニューカレドニア、ルーマニアなど）にも積極的に進出しているが、それは商品依存型の主体特性に起因していると言えよう。

商品依存型の主体特性は契約や収益構造にも現れている。例えば、ダイソーの契約は、基本的には商品の供給契約（卸売り、輸出販売）をベースとして、それに店舗運営ノウハウの指導が加わったものとなっている。したがって、本部の利益は、商品供給（卸売り販売）による利ざやを基礎に、加盟者の売上額に対して課せられるロイヤリティ、それに店舗ごとの運営管理費・指導料として徴収される課金（月額固定制）の三つによって構成されている。ダイソーの場合、国内でのフランチャイズ契約では売上に対するロイヤリティはゼロであり、運営管理費として1店当たり月に3万円が徴収されるにすぎない。つまり、国内では海外以上に商品供給（卸売り）の利ざやの比重が大きくなっているのである。

以上のようなことから、100円ショップは商品依存型のフランチャイジングの基本形と言うことができよう。すなわち、自動車ディーラーやファッション専門店よりも商品依存度が高いのである。そして、このような主体特性を備えたシステムこそが、国際化の可能性が最も大きなタイプだと言える。

6　スポーツ用品メーカーによる国際フランチャイジングにおけるガバナンス問題

（1）スポーツ用品店の主体特性

最後にもう一つ、近年、急激に国際フランチャイジングを進めているスポーツ用品メーカーの実態に触れておきたい。第3章の表3-3からも分かるように、専門店業態においては、ミズノ、デサント、アシックスといったスポーツ用品メーカーが中国で大量出店を行っている。特にミズノは、2009年10月末時点でこそ販売拠点網の効率化（店舗絞り込み）を行い644店となっているが、

2008年末では902店舗にも及んでいた。

　ここでいうスポーツ用品とは、スポーツ器具、ウェア（スポーツアパレル）、スポーツシューズの三つに大別される。これらは、それぞれが異なる商品特性を有している。そこで、それぞれの特性とガバナンスとの関係を見てみたい。

　まず、スポーツ用具は専門性が高い商品であり、販売の際には販売員の商品知識が要求される。「プロショップ」と呼ばれる特定競技種目の用具を扱う専門店では、特に店頭でのノウハウレベルが上昇すると言ってよかろう。次のウェア関係は、「スポーツアパレル」と呼ばれるように、ファッション専門店ほどではないがブランド性の確立が求められる。商品自体のデザインはもちろん、店舗デザインやディスプレイ、接客などによるブランドイメージが重要になると言えよう。最後のスポーツシューズはスポーツ用具とウェアの中間的なものであり、ブランド性の確立と共に商品知識などの専門性もある程度は求められる。

　したがって、ガバナンスの観点から言うなら、スポーツ用具のショップは、シューズやウェアと比べてフランチャイズ展開が難しくなると言えよう。また、シューズやウェアの店舗展開においても、100円ショップのような商品供給中心だけではすまず、店頭ノウハウのガバナンスが必要となる。

（2）スポーツ用品店の国際フランチャイジング実態

　このような主体特性をふまえて、ミズノを例に、スポーツ用品店の国際フランチャイジングの実態を見てみたい。[17]

　ミズノは、1994年に中国に「上海美津濃有限公司」を設立して生産と輸出を開始した。その後、1996年秋からは直営店による中国国内での販売（内販）も開始された。また、1997年からはフランチャイズ店の展開も始まった。ただし中国では、中国で生産された商品の70％以上は輸出しなければならないという規定があったため、中国工場は輸出用の生産拠点という位置づけであった。

　しかし、2001年のWTO加盟以降、段階的に流通市場が解放されてきた結果、

2004年に大きな転機が訪れた。まず、同年6月に外資のフランチャイジングが解禁となる。また、70％以上を輸出に回す規制も撤廃され、内販専門の販売会社も設立できるようになった。さらに、同年12月からは外資による100％子会社での販売会社設立が認められるようになり、それと同時に、フランチャイズ販売用も含めた内販用の商品（完成品）を自主輸入することも解禁されたのである。

このような2004年の大きな環境変化の中で、ミズノは製造と販売の両方を行っていた上海美津濃有限公司は2005年5月に製販分離を戦略的に行った（第3章3節（4）参照）。すなわち、製造はこれまで通り「上海美津濃有限公司」が担当し、販売は新たに100％子会社の「美津濃（中国）体育用品有限公司」（以下、中国ミズノ）を上海に設立して、それが全面的に担当することとなったのである。ただし、販売子会社の稼働開始は2006年5月まで延びた。

中国での内販（中国国内での販売）は、当初は代理店経由で行っていた。つまり、代理店への卸売りである。それはミズノがマーケティングにかかるリスクとコストをもつ必要がないというメリットがあったが、マーケティングは代理店任せ（コストも代理店が負担）であるため、ミズノ側が望むようなマーケティングを行ってくれないというディメリットもあった。

そこで、2006年に販売子会社が稼働してからは、代理店を介さない販売子会社による直販体制を敷いた。つまり、上海や北京といった重点地区では販売子会社がこれまでの直営店展開を強化し、それ以外の地方都市ではフランチャイズ店の展開を強化するようにしたのである。これにより、マーケティングは自社の計画に基づいて行われるようになり、利益率も向上したとされる。この中国ミズノの総裁には、もともとマレーシアの代理店のゼネラルマネージャーをしていた華人系マレーシア人を招いた。

この販売子会社は、積極的な出店戦略と北京オリンピックに向けた市場拡大

⒄　ミズノに関する記述は、2009年12月のミズノ常務取締役（中国ビジネス担当）・北野周三氏、およびアジア・オセアニア部長・安達盛光氏へのヒヤリングと、各種の報道を基に筆者なりの整理をしたものである。言うまでもなく、文責はすべて筆者にある。

との相乗効果により、2006年末で726店舗、2007年末で871店舗、そして2008年末には902店舗にまで急成長した。このうち、フランチャイズ店は2006年末が492店、2008年末が642店となっている。

ただし、フランチャイズ店では専門性の高い用具類は扱っていない。ウェアとシューズが中心の品揃えとなっている。その理由は、用具を扱うノウハウの移転やガバナンスが難しいからである。とはいえ、ウェアやシューズは先述のごとく、ファッション専門店に近いある程度のブランド性の構築を要求される。店舗デザインや価格管理、接客ノウハウ、アフターケアなども必要となる。また、店舗の維持管理や品揃えのための資金力も必要となる[18]。

なお、2009年に行われた販売拠点網の効率化（店舗絞り込み）の対象には直営の不採算店も含まれているが、むしろその中心は、2008年秋からの不況によって採算がとれずに解約を申し出た加盟者と品質の低い加盟店の整理（契約打ち切り）であった。すなわち、2008年末と2009年11月末とを比較すると、直営店が36店、フランチャイズ店が238店も減少しているのである。

中国市場は広大であるため、ミズノは今後も中国での成長にはフランチャイズ展開は不可欠としている。しかし、フランチャイズ店のガバナンスをどのように実現し、店頭でのブランド性を向上させていくのかが大きな課題となっている。具体的には、店舗規模やデザインの統一性の徹底、接客手法、商品知識の向上、アフターケアへの対応などである。そのためにはガバナンス・レベルの向上が避けられず、そのコストをどう考えるのかが問題と言えよう。

7　まとめ

以上、商品依存型のシステムの主体特性とガバナンスとの関係について検討してきた。繰り返すまでもなく、商品依存型のシステムでは、本来は商品供給（卸売り）を柱とし、店頭でのノウハウ依存度が低いフランチャイズ展開が可能となる。つまり、ガバナンス・レベルを上げないですむのである。

しかし、これまで見てきたように、そこに「市場競争」という要素が入ると状況が変化する。例えば、ファッション専門店では市場競争が激しくなるにつれて独自のブランド性の構築が不可欠となり、ガバナンス・レベルを上げる方向にシフトしてきた。それは製品・商標型の典型とされてきた自動車ディーラーの新興市場戦略においても同様で、やはり店頭ノウハウの高度化が市場競争上不可欠となってきている。また、スポーツ用品店の国際フランチャイジングも商品供給を柱として急拡大してきたが、ウェアやシューズといったものはファッション専門店に近いブランド構築を要求し、またスポーツ用具類は店頭での高度なノウハウを要求するため、やはりガバナンス・レベルの引き上げが課題となっている。

　このような事実からすると、現時点で商品依存型のフランチャイズ・システムの特性を最もよく反映しているのは、100円ショップの国際フランチャイジングであることが分かろう。つまり、他の専門店と比較すると店頭でのノウハウ依存度が低いからである。その意味では、本章で取り上げた事例の中では最も海外での成長力（市場開拓力）をもったシステムと言えるのである。とはいえ、100円ショップも競争が激しくなり、より高度な運営が必要となればガバナンス・レベルを上昇させなければならないことは必至である。

　以上のように、商品依存型のフランチャイズ・システムにとっては、進出先市場での競争の度合がガバナンスのあり方やガバナンス・レベルの規定要因となる。

⒅　ミズノの中国事業では、フランチャイズ店とは現金取引が基本となっている。

第8章

中間型システムの
ガバナンス問題
――外食企業の実態から（味千ラーメンと吉野家を中心に）――

1　中間型システムとは

　ノウハウ依存型と商品供給型との違いは、基本的には本部の競争優位がもっぱらノウハウのオリジナリティに存在するのか、それとも商品のオリジナリティに存在するのかという点にある。中間型システムとは、ノウハウと商品双方のオリジナリティを合わせたところに競争優位性が存在するものを指す。

　このタイプの典型は、外食のフランチャイズ・システムである（**図5-4**参照）。例えば、ラーメンチェーンの場合なら、麺やスープといったオリジナルな商品の競争優位性を核にしつつも、商標やノウハウも大きな競争力があると言えよう。

　しかし、外食のフランチャイズ・システムには現実には多様なものがある。そこで本章では、日本の外食企業の中で国際化が大きく進展している重光産業の「味千ラーメン」と吉野家ホールディングスの「吉野家」（牛丼）の実態を例に、外食の主体特性と国際化に際してのガバナンスとの関係を検討したい。

2 味千ラーメンと吉野家の国際フランチャイジング

まず初めに、この2社の国際フランチャイジングの実態を見ておきたい。**表8-1**は重光産業（以下、味千ラーメン）の、**表8-2**は吉野家ホールディングス（以下、吉野家）の海外進出状況を整理したものである。

味千ラーメンは、1994年の台湾進出から国際化を開始した企業である（撤退

表8-1　味千ラーメンの海外展開状況（2009年12月時点）

市　　場	進出年	進出形態	店舗数
（台湾）	（1994年）	（合弁）	（撤退12）
（中国北京）	（1995年）	（合弁・技術供与）	（撤退）
中国	1996年	合弁	372
シンガポール	1997年	ストレート・フランチャイジング	18
フィリピン	2000年	ストレート・フランチャイジング	1
アメリカ	2001年	ストレート・フランチャイジング	7
タイ	2002年	ストレート・フランチャイジング	9
インドネシア	2003年	シンガポール企業のサブ・フランチャイジング	4
オーストラリア	2004年	ストレート・フランチャイジング	5
カナダ	2005年	ストレート・フランチャイジング	3
マレーシア	2007年	シンガポール企業のサブ・フランチャイジング	5
台湾	2007年	中国現地法人との合弁	2
韓国	2009年	ストレート・フランチャイジング	1
海外合計			427
国内合計			103

注1）アメリカはニューヨーク（2001年）、ロサンゼルス（2004年）、サンフランシスコ（2007年）の3地域ごとに契約相手が異なる。
注2）マレーシアは、クアラルンプール、ペナン、ジョホーバルの3地域ごとに契約相手が異なる。
注3）中国（香港）の合弁会社は、2007年3月30日に香港市場に上場を果たした。また、2006年12月には香港（1996年）、深セン（1996年）、上海（1999年）の三つの合弁会社が、上海に置かれた持ち株会社、味千（中国）控股有限公司の傘下に統合された。
出所）重光産業でのヒヤリング、ホームページ、その他の資料に基づき作製。

済み)。現在では、すでに海外11か国に約430店舗を展開しており、それは国内の店舗数の4倍以上に達していることは注目に値しよう。一方、吉野家は、1975年にアメリカに進出して以来、現在までに海外6か国に約350店余りを展開してきた。とはいえ、国内の1,159店と比べると海外店舗は3割程度と、ま

表8－2　吉野家の海外進出（2009年12月時点）

進出市場	進出年	進出形態	店舗数	撤退
アメリカ	1975	子会社＆FC	97	
台湾	1988	合弁（85%）＆FC	49	
香港	1991	合弁（15%）＆FC	32	
（フィリピン）	(1992)	合弁（25%）＆FC	(撤退1)	1995
中国・北京	1992	香港企業のサブFC	97	
（インドネシア）	(1994)	ストレートFC	(撤退3)	1998
中国・遼寧	1994	香港企業のサブFC	29	
（タイ）	(1995)	ストレートFC	(撤退5)	1998
（韓国）	(1996)	ストレートFC	(撤退4)	1998
シンガポール	1997	ストレートFC	14	
中国・大連	2000	香港企業のサブFC	10	
フィリピン	2001	ストレートFC	7	
中国・上海	2002	合弁（50%）＆FC	12	
中国・フホホト	2003	香港企業のサブFC	2	
（マレーシア）	(2003)	ストレートFC	(撤退3)	2009
中国・深セン	2004	合弁（40%）＆FC	5	
（オーストラリア）	(2004)	合弁（15%）＆FC	(撤退1)	2009
中国・福建	2008	合弁（51%）＆FC	3	
インドネシア	2009	ストレートFC	0	
海外合計			357	
（国内合計）			1,159	

注1)「進出年」とは1号店開業年。
注2) 子会社＆FCや合弁＆FCとは、現地に設立した子会社や合弁企業とマスター・フランチャイズ契約を結んだことを意味する。
注3) 店舗数は2009年11月末時点。中国・北京の店舗数には河北省の店舗を含む。（　　）内は撤退時の店舗数。
出所) 吉野家インターナショナル内部資料およびホームページを基に筆者作成。

だ国内が中心の企業であることが分かろう。

この2社の海外進出における共通点は、中国市場の比重の大きさである。味千ラーメンは海外全体の87％が中国の店舗で占められており、まさに中国市場で大きく成長を遂げたことが分かる。対して吉野家も、中国市場においては合計190店と市場別で最大の店舗数になっている。同社は、進出以来35年の歴史をもつアメリカ市場（97店）と中国の2市場を今後の成長の極として位置づけているのである（有価証券報告書より）。

さて表8－3は、味千ラーメンの中国での合弁会社の業績表である。中国は、以前は香港、深圳（シンセン）、上海に三つの合弁会社を設けて、それぞれの合弁会社との間でエリア・フランチャイズ契約が結ばれていたが、2006年12月に上海に持株会社である「味千チャイナ・ホールディングス」を設立し、そのもとに統合された。この企業は2007年3月末に香港市場に上場を果たしたが、日本の外食企業としては初の海外上場として注目を集めた。[1]

この表を見ると、わずかの期間に店舗が9.5倍、売上が3.8倍、営業利益が4.5倍、そして税引き前利益も4倍と、驚異的な伸びを示していることが分かる。特に、中国大陸での伸びが著しく、売上は5.5倍、営業利益は8倍近いものになっている。近年の外食業界では中国市場への進出が盛んとなっているが、

表8－3　味千チャイナ・ホールディングスの業績概要

	2005年	2006年	2007年	2008年	増加率%
店舗数	33*	144	210	315	954.5
売上げ	**436,478**	**598,391**	**1,081,970**	**1,673,072**	**383.3**
大陸	256,121	413,644	865,795	1,401,264	547.1
香港	180,357	184,747	216,175	271,808	150.7
営業利益	**75,582**	**149,778**	**246,894**	**338,485**	**447.8**
大陸	35,605	100,656	201,341	280,082	786.6
香港	39,977	49,122	45,553	58,403	146.1
税引き前利益	**71,938**	**142,971**	**307,205**	**298,912**	**415.5**

注）2005年の店舗数は推計値。金額の単位は千香港ドル。
出所）AJISEN (CHINA) HOLDINGS LIMITED ANNUAL REPORT 2006 & 2008

この味千ラーメンという地方ラーメンチェーンの中国市場での急成長が、他の外食企業の海外進出マインドに与えている影響は小さくないものと推察される。

ところで、この2社はともに中間型のシステムに分類されるものの、システム自体のあり方(主体特性)や海外進出にあたっての戦略的方向を捉えると、そこには大きな違いも見られる。そこで本章では、日本の外食産業における国際フランチャイジングを代表するこの2社に焦点をあてて、「ラーメン」と「牛丼」というコアメニューの違い(それぞれのシステム特性の違い)や、ガバナンスに対する考え方の違いが国際フランチャイジングにどのような影響と結果をもたらしているのかを明らかにしたい。それにより、中間型システムの国際フランチャイジングにおける課題を検討したい。

3 味千ラーメンの国際フランチャイジング実態

(1) 味千ラーメンとはどのような企業か[2]

味千ラーメン(重光産業)は、熊本に本社を置く中堅のラーメンチェーン(国内103店)である。この企業は、現社長である重光克昭氏の父の孝治氏が1972年に創業した家族経営のラーメン店から出発している。オリジナルなトンコツスープをベースとしたラーメンを特徴としている。

創業者の孝治氏はもともと台湾の出身であり、15歳の時に日本に渡り、宮崎県の高校を卒業後、熊本大学に進み応用化学を学んだとされる。卒業後は九州特産の棒ラーメンの製造会社の経営者を経て、ラーメン店の経営に乗り出した。その際に取り組んだのが、のちに味千ラーメンの命となるラーメンスープの開

---

(1) 公募増資と売り出しを合わせた上場規模は16億香港ドル(約240億円)であった。
(2) 本章の味千ラーメンの記述部分については、重光産業(株)本社海外事業部の本田修氏へのヒヤリング(2007年9月)と、味千チャイナ・ホールディングス技術開発研究部(上海)の大橋久敏副総監へのヒヤリング(2005年9月、2008年3月)がベースとなっている。

発であった。

　孝治氏は、まずトンコツスープに目をつける。トンコツスープは福岡県の久留米市が発祥とされるが、当時はまだ熊本県でも一般的なものではなかった。それを、専門の化学の知識も生かしながら故郷の台湾の香味油「千味油」を使って改良を重ね、独特のスープに仕立てた。トンコツ味の深みを残しつつも特有のしつこさを抑えた洗練されたもので、日本でも台湾でも好まれる味となっている。

　このスープこそが、味千ラーメンの競争優位の源泉とも言えよう。現在、このスープの製法は日本本社が厳格に管理しており、日本から各国の海外店に輸出されている。数年前からは中国の上海工場でも中国国内向けのスープがつくられるようになったが、その味の核心を支える調味料はやはり日本から輸出され、日本人工場長の管理の下に置かれている。

　また、味千ラーメンではこのスープと相性のよいオリジナルな麺も製造している。先述のように創業者がもともと棒ラーメンの製麺業を営んでいたことから、製麺はこの企業のコア技術とも言えるのである。したがって、この企業は、門外不出のスープとそれに適した麺を製造する企業で、店舗展開とともに、麺とスープのセットを販売することで収益を確保している食材供給企業だと言えるのである（同社の麺とスープのセットは、一般消費者向けにもスーパーなどで販売されている）。

　国内でのフランチャイズにあたってもスープと麺の販売益が柱となっており、加盟店からのロイヤリティについては、店舗規模や売上に関係なく、一律で1店当たり月に15,000円という安い設定がなされてきたのである。このような契約では、加盟店側は頑張れば頑張るほど利益が増えていくことになる。本部としては、これによりスープや麺などの食材の売上が伸びればよしとしているのである。

　このような契約にしている背景には、亡き創業者の理念も影響している。それは、「本部が過剰に儲けるよりも加盟者側に利益が残るようにしなければ、のれんは長続きしない」というものである。加盟店にインセンティブを与える

ことで、本部と加盟店の両方が成長をしていくというのがこの企業の基本であり、そのスタンスはのちに見るように国際化においても貫かれているのである。

以上のように、味千ラーメンのシステムは、食材供給を第1とする商品供給型システムに近い中間型システムと言えよう。[3]

（2）味千ラーメンの国際化と中国進出の経緯

先の表8-1を見ても明らかなように、現在展開している11市場のうち、日本からの資本が入っている所は中国市場と台湾市場のみであり、その二つの市場では現地に合弁会社を設立して、そこにマスター・フランチャイズ権を与える形をとっている。[4] 他の市場は、すべて現地企業とのストレート・フランチャイジング契約となっている。ただし、現地の店舗は、基本的にすべて各国の現地本部（マスター・フランチャイジー）の直営店となっている。中国の店舗も、現在のところすべて直営である（今後はフランチャイズ展開も視野に入れているとされるが、現段階では行われていない）。

直営にする理由は、言うまでもなくブランド管理のガバナンスを強化するためである。外食産業は、食材や調理工程の管理、店舗や調理場の衛生管理、接客マナーの品質管理などが不可欠であり、その管理水準がブランド性を大きく左右するからである。これは中国事業についても当てはまり、急激な店舗拡大を行ってはいるものの、すべて直営店での展開となっているのが特徴である。なお、先述のように味千ラーメンの海外事業の中でも中国の店舗数は群を抜いており、他市場はまだそれほどの店舗数には至っていない。ただし、東南アジアでは、シンガポールのマスター・フランチャイザーである現地企業がマレーシアとインドネシアでのマスター・フランチャイズ権も有しており、[5] 両国の現

---

[3] このような食材供給に重きを置く手法は、国際フランチャイジング第1号であった「どさん子」ラーメンのシステムと共通している。
[4] 同社では「エリア・フランチャイズ権」と呼んでいる。
[5] オーナーは日本人とされる。

地企業とサブ・フランチャイズ契約を結んでいる。その点では、シンガポールと中国が重光産業の海外事業にとっての拠点的機能を果たしていると言えよう。

　さて、ここで同社の中国進出の経緯について触れておきたい。同社が初めて海外に出たのは1994年の台湾であり、前社長の知人を通して紹介された故郷・台湾の大手製麺企業と組んでの展開であった。味千ラーメンのスープの味の故郷でもある台湾であるがゆえに成功も容易かと思われたが、この進出は失敗に終わる。当初こそ日本側が店舗や品質管理を厳格に指導したものの、軌道に乗ると管理を現地側に委ねすぎ、その後のチェックを怠ったことが原因であった。(6)その結果、台湾の店舗では顧客の注文によってスープの味を変更したり、調理の手順を守らず手抜きをしたり、勝手なメニューを追加するなどの事態が生じていたのである。

　結局、台湾では12店舗まで拡大したものの、味千ラーメンのブランド性が保持できないと判断し、2000年に契約を解除して撤退することとなった。(7)

　しかし、この間の1996年に進出した香港では大成功を収めることとなる。香港進出は、香港でクレープ店を展開する事業家の鄭威濤（愛称・リッキー）氏が東京で開催された「フランチャイズショー」（見本市）で味千ラーメンの展示コーナーを見て、香港での店舗展開を申し込んできたのがきっかけであった。ところが、麺などを日本から供給するコストが高くつくことがネックとなり、話は保留となっていた。

　同じ頃、香港で食品や漢方薬の販売を手がける女性経営者の潘慰（愛称・デイシー）氏が中国の経済ミッションの一員として熊本県を訪れた際に味千ラーメンの本社工場を見学したことがきっかけで、味千ラーメンの製麺事業（日本向け輸出事業）を中国でやらせて欲しいと願い出てきた。そこで、1996年にデイシー女史との合弁で深圳（シンセン）に製麺工場が建設され、日本のみならず香港にも麺を供給することでリッキー氏による香港でのチェーン事業が開始されることとなった。(8)

　この香港での事業が順調に進展すると、今度はデイシー女史が大陸で店舗展開をやらせて欲しいと願い出て、1998年にはデイシー女史との合弁である深圳（シンセン）

の製麺会社が華南地区のエリア・フランチャイズ権を、1999年には同様にデイシー女史との合弁で上海に設立された製麺会社が華中のエリア・フランチャイズ権を得ることとなった。こうして、香港はリッキー氏が、大陸はデイシー女史がチェーン展開を行う体制が構築されたのである。

　デイシー女史は、その後2003年に大連に、2004年に青島と重慶に、そして2005年に北京に、それぞれ地元事業家との合弁会社を設立（日本側は出資せず）し、店舗展開地域を拡大していった。さらに、2007年3月にはリッキー氏から香港の事業権も譲渡されて、中国全土を統括することとなった。

（3）「ラーメンレストラン」業態の創造

　このように、香港は味千ラーメンにとって海外での最初の成功市場となったが、成功の要因は何と言ってもその業態開発にある。これは日本のスタイルを現地に「適応化」（修正）させたのではなく、現地で新たに創造した点に意義がある。つまり、海外進出にあたってどのようなことを行うべきかを如実に物語る好例と言えるのである。そこで、この新業態の創造のプロセスについて述べてみたい。

　まず、日本の味千ラーメンと海外の味千ラーメンとの大きな違いは、海外ではラーメン専門店ではなくラーメンを柱とする日本食レストランとして発展している点であろう。同社は、これを「ラーメンレストラン」と呼んでいる。

　その出発点は香港にあった。日本ではラーメン専門店であるがゆえに、サイドメニューにはチャーハン類やパイクー（豚角煮）丼、ギョーザ、おにぎり程度しかない。しかし、香港ではパートナーのリッキー氏の提案で、焼き鳥、揚

---

(6) 重光社長は「パートナーとの付き合い方を知らなかった」と、2004年のインタビュー記事の中で当時を振り返っている（日本LCAのWEBサイト）。
(7) 台湾市場には2007年4月に再進出を果たしている。日本側が50％を出資する合弁企業とのマスター・フランチャイズ契約であり、日本人駐在員が1名いる。
(8) 重光産業内では、潘慰氏のことを「デイシー」、鄭威濤氏のことを「リッキー」と香港流のニックネームで呼んでいるため、本稿もそれに倣うこととした。

げ物、ウナ重などの日本食メニューを追加するようになった。当初、日本本部には、このような日本では扱っていないメニューを置くことに抵抗感が強かったが、中国人は大勢で店を訪れて様々なものを食べる習慣があるためラーメン単品では顧客に支持されないと判断したことや、香港では価格が高い日本食をリーズナブルな価格で提供することで若者の支持が得られるのではないかという期待もあり、リッキー氏の提案を受け入れたとされる。

それらのメニューは、期待通り日本食がブームとなっている香港の若者の間で人気を呼び、集客に大きく貢献した。これを機に、その後も様々なメニュー開発が進められ、現在ではカツ丼、うどん類、エビフライ、焼き魚、デザートなども加わり、110種類にも及ぶサイドメニューが揃えられている。

サイドメニューの充実とともに、店舗デザイン（インテリア）も日本的なラーメン店とはかけ離れたものに大きく変更された。赤と黒をベースとした現代的なデザインで、壁には江戸時代の相撲絵が大きく描かれ、お洒落な日本レストランというイメージが印象づけられている。この日本風のファッショナブルな店舗の雰囲気と、様々な種類の日本食が女性の人気を集めたのである。店舗のデザインや内装は、味千チャイナ・ホールディングスの子会社が担当しており、香港をはじめとするデザイナーや中国業者が行っている。この店舗デザインも、重要な業態要素の一つとして集客に貢献しているのである。

その結果、中国では麺類メニューの売上が全体の46％にとどまり、サイドメニューや飲料が54％を占めるようになっている。また、アルコール類はほとんど出ない。これは、売上の70％以上を麺類が占め、ビールなどのアルコール飲料が多く出る日本とは大きく異なる。さらに、女性客が6割以上を占めている点も中国での大きな特徴となっている。その年代も、20代を中心とした若い人たちが多いとされる（2008年の上海でのヒヤリング）。

中国の味千ラーメンが顧客への調査を行った結果では、来店理由として、「スープがおいしい」とともに「衛生的な店の雰囲気」や「ファッション性」を挙げた顧客が多かったとされる。この新しい業態が海外の味千ラーメンのスタンダードとなっており、その意味では味千ラーメンは海外で新たなグローバル・

フォーマットの開発に成功した企業と見ることができよう。

　この香港での「ラーメンレストラン」業態の創造は、日本本部の柔軟な姿勢から生まれたものである。日本ではラーメン専門店であることが「意味」や「価値」をもって集客につながるが、海外でも同じ評価を得るとは限らない。日本人の固定観念にとらわれず、現地市場の消費者にとってどのような業態やメニューが「価値あるもの」として受容されるのかを素直に判断したことが、競争優位性のある業態の創造につながったと言えよう。

（4）トンコツスープはなぜ受容されたのか

　このように、中国の味千ラーメンはラーメン専門店として発展したわけではなかったが、それでも味千ラーメンが提供するラーメンそのものが受容されなかったとしたらこれほどまでには成長しなかったと考えてよかろう。しかし、味千ラーメンのようなトンコツスープの麺料理は、基本的には中国には存在しない。ラーメンはもともと中国の湯麺が発祥であるが、湯麺はスープが透き通ったシンプルなものが多く、味もあっさりとしており、日本のトンコツラーメンのような濃厚さや脂っこさ、臭みはない。その点では、日本のトンコツラーメンはスープが濃厚すぎる、脂っこすぎる、臭いが強すぎるとして敬遠する人も少なくないのである。

　では、なぜそんなトンコツスープの味千ラーメンが受容されたのか。それには三つの要因が考えられる。まず一つは、味千ラーメンのスープは、トンコツベースとはいえ、先述のごとく脂っこさや臭みを除いた洗練されたものに改良されており、「台湾と日本のフュージョン」とも言うべき味だけに、基本的には中国の人々が受け入れられやすいものになっていることがある。

　二つ目は、味千ラーメンの味が、それまでの中国の湯麺とは根本的に異なっていたことであろう。すなわち、もともと中国にあった料理を日本風にアレンジしたもの（まがい物）としてではなく、完全な「日本料理の一つ」として受容されたということである。価格についても、中国の湯麺であるならば高いと

思われたであろうが、日本料理なら高くても納得されたのではないか。ラーメンとはいうものの、中国人が経験しなかったトンコツ味であったことが幸いしたと考えられよう（この点については、川端［2006］pp.225〜227を参照）。

　三つ目には、味千ラーメンの味こそが日式ラーメンのスタンダードなのだ、と消費者に思わせたことであろう。それまでの香港や中国大陸の日式ラーメン店は現地の日本人を意識したものが多く、中国の消費者を意識したラーメン店は味千ラーメン以外にほとんど存在しなかった。したがって、味千ラーメンの店で初めて日本のラーメンを経験した中国人も多い。そのような人々にとっては、トンコツラーメンが「日本ラーメンのスタンダード」として刷り込まれたのである。これは、味千ラーメンの市場参入タイミングが早かったことの成果（先行者利益）でもあったと言えよう。

（5）中国事業のキーパーソン

　中国事業の成長要因は、このようにラーメンレストラン業態やトンコツラーメン自体が消費者にうまく受容された点にあるのだが、実はもう一つ、中国事業の成功を決定づけた要因がある。それが、中国側のパートナーの存在である。重光産業側も、このパートナーなくしては中国での成長はなかったと高く評価している。

　中国側のパートナーとは、前述のデイシー女史のことである。デイシー女史は、現在では中国事業のほとんどすべてを取り仕切っている。きわめて研究熱心な経営者であり、しばしば日本を訪れては、日本食をはじめとする様々な情報を収集し、経営に反映させているとされる。彼女の日本および日本食に対する理解の深さとこだわりの強さは、次のような逸話からもうかがえる。

　近年、上海本社の日本人スタッフが新しいメニューとして「スキヤキうどん」を提案した。試食会での彼女の助言に従って日本人の指導のもとで改善を重ねたものの、結局、彼女は日本で食べたスキヤキの食感や味のレベルに到達できていないとして、取りやめる指示を出したというのである。妥協を許さな

い経営者の一面を如実に物語っている話と言えよう。

　もう一つ、デイシー女史の理念をうかがわせるものに、2007年末に実施された味千チャイナ・ホールディングスの組織再編がある。同社は、デイシー社長（総裁）をトップとして、その下に店舗開発や営業を担当する部門、総務や生産を担当する部門、財務を担当する部門の三つを配置している。それらの部門は、それぞれ中国人の重役（副総裁）が統括しているが、それとは別に社長直属になっている部門が存在する。それが、商品開発と従業員教育を担当する部門である。実は、同社には日本人スタッフは4名しかいない（そのうち3名が重光産業からの出向）が、工場長の1名を除いた3名は商品開発研究の部門に配属され、新商品の開発、既存メニューの品質向上やコスト削減などに携わっている。

　このことは、同社が事業のコア（核心）がどこにあるのかを明確に認識している現れと言えよう。すなわち、商品（品質向上と開発力）と教育こそが「外食企業の命だ」と見なしているのであり、そこに日本人を配置し、それを社長自らが直接ガバナンスすることで高い品質（ブランド性）と競争優位性の確保、およびそれらに関する的確な判断とスピーディーな決定を確保していると考えられるのである。

　とはいえ、別の側面から見ると、日本人スタッフは店舗開発や総務・人事、財務といった通常業務には直接関わっていない（日本側がガバナンスをしていない）ことになる。しかし、それが事業展開のスピードが上昇している要因とも解せられる。多くの日系企業で指摘されるように、日本人が統括する部署では日本本社とのやり取りなどで決断が遅れることが生じやすいからである。その意味でも、興味深い組織ガバナンスのあり方と言えよう。

（6）ガバナンスとインセンティブ

　しかし、このケースでは日本側のガバナンスが及ばない部分が多く存在する。また、そもそも約8,000名もの従業員の中で日本人スタッフが4名しかいない

ことも疑問である。そこで、公表されている「アニュアルレポート」(2008年度版)から同社の出資比率を見ると、デイシー女史が個人で95％の株式を所有する企業(Favor Choice Group Limited)が全体の51.6％を所有し、断トツの占有比率を占めている。2番目に多いのは重光社長の個人所有分の2.97％で、日本本部の味千ラーメン(重光産業)はわずか1.27％しかもっておらず、両者を加えても日本側は4.24％にしか達しないのである。その点では、同社はほとんどデイシー女史の所有と言っても過言ではないだろう。

では、なぜ日本側はこのような低い出資比率にとどまっているのであろうか。この出資比率問題については、2006年の設立当時に社内でもかなり議論されたようであるが、最終的には「パートナーに大きなインセンティブをもたせることにより、味千ラーメンを世界に広げることを優先させたい」という重光社長の判断があったとされる。

「(1)味千ラーメンとはどのような企業か」でも紹介したように、同社の理念はパートナーにインセンティブを与えることで共存共栄を図ることであった。中国事業についても、相手に大きなインセンティブを与えることで結果的にガバナンスのコストを抑え、拡大のスピードを上昇させたのである。また、パートナーへのインセンティブは相互の信頼関係の深さの証でもあり、それがデイシー女史の重光産業への忠誠心を高めることにもつながっていると推測できる。

ところで、インセンティブを重視する味千ラーメンは、拡大スピードを上げるために国内同様に海外パートナーに課すロイヤリティも非常に低く設定している。例えば、通常のロイヤリティは売上高に比例させる場合が多いが、中国事業では1店舗に対して月額1,000USドルの固定制であり、店舗ごとの加盟金もないため、売れば売るほど現地側が儲かる仕組みとなっている。

ただ、出資比率が小さく、ロイヤリティが低く設定されているものの、それでも重光産業側には毎月、店舗数に応じたロイヤリティ(月1,000USドル)や食材販売収入(麺やスープなど)および麺やスープの現地生産に関連したロイヤリティが入る。中国事業で見ると、ロイヤリティ収入と食材販売で5億円余りが重光産業にもたらされている。言うまでもなく、店舗が急拡大を続ければ

これらの収入も比例して増加していくのである。

　実際、表8－3にもあるように、2006年末時点の店舗数は144店舗であったが、それが2007年末には210店に、2008年末には315店にと急速に増大してきており、2009年末現在では372店舗（表8－1）に至っているのである。当然、それに応じてロイヤリティや食材販売収入も増えつつある。その意味では、一時的な収入の大きさにこだわるよりも、フランチャイズ事業としての長期的な収入拡大面を重視したやり方と理解できよう。また、中国での成長による国際的な知名度の上昇や、他の国々からの出店要請の急上昇など（主に華人系企業からのオファー）を見ても、そのリターンは小さくないと言えよう。

　このように、パートナー側に大きなインセンティブをもたせるという重光産業の判断は、「味千ラーメンを世界に広げたい」という外食企業としての理念を優先したものではあるが、投資リスクを回避しつつ成長スピードを速めてロイヤリティや食材供給を増大させることや、世界市場でのブランド性（知名度）を構築するといったフランチャイズ事業の基本型を追求したものでもある。

（7）リスクを回避する仕組み

　言うまでもなく、重光産業の海外事業の手法は様々な試行錯誤や失敗の積み重ねの中で学習されてきたものである。先述のごとく、中国事業を始める前には台湾での失敗経験があった。そのため、その後の海外パートナーの選定や海外での事業管理（広義のブランド管理）には慎重な姿勢をとるようになっている。

　例えば、海外で味千ラーメンをやりたいと申し入れてくる人の多くはすでに別の事業を営んでいる事業家あるいは投資家であることが多いことから、本腰を入れて味千ラーメンの事業展開に取り組むのかといった点が問題となる。つまり、自らは出資をするだけで、他人に任せて利益だけを得ようとする経営者も多いのである。そのあたりの事情は、第6章で見たアジアにおけるコンビニ加盟の希望者と同じである。

そこで、オーナー自身が店舗に入ってでも真剣にやろうとする人物であるかどうか、外食事業や日本食に対する理解が十分であるかどうかが厳しく見極められるようになった。香港事業のパートナーであったリッキー氏や、現在の中国事業を任せているデイシー女史の場合も、実際に店舗の仕事を経験してもらうことで味千ラーメンへの情熱を有しているかどうかが慎重に評価された。その意味では、中国事業の成功は味千ラーメン側の判断の正しさがもたらした必然とも言えよう。

とはいえ、パートナーを最初から正しく評価することは難しいため、同社は新しい市場ではいきなりマスター（エリア）・フランチャイズ契約を結ぶのではなく、店舗ごとにフランチャイズ契約を結ぶ形をとっている。その手法は、2001年のアメリカ・ニューヨーク進出での苦い経験を踏まえてのものであった。つまり、当時はパートナー企業には最初から「エリア・フランチャイズ権」を付与するシステムであったが（アメリカの場合は州単位で付与）、ニューヨークの場合は一等地市場であるにもかかわらず現地パートナーの事情で店舗投資がなされず、店舗数が伸びなかったという経験をしているのである。

そこで、以後の進出では、現地企業にいきなりエリア・フランチャイズ権を付与するのではなく、当初は第１号店のみで契約を行い、その後も店舗毎に加盟金を取りながら慎重に実績を見てからエリア・フランチャイズ権を与えていく手法に転換している。このように、いくつかの失敗経験を重ねる中で、国際フランチャイジング事業のリスク回避に対する学習を積み上げてきたのである。

（8）しなやかなガバナンスをめざして

味千ラーメンの海外事業を見ると、きわめて日本企業的な面とそうでない面とをあわせもつ企業であることが分かってくる。

日本企業的な面とは、自己の短期的な利益に目を奪われることなく、パートナーの利益や自社のブランド性の上昇面を重視して、長期的な視点から事業を成長させようとしている点である。また、スープや麺の品質を厳格に管理し、

味千ブランドの品質をおろそかにしない職人気質的なものを貫いている点も日本的と言えよう。さらに、現地市場でのブランド管理を撤退するために、サブ・フランチャイズではなく直営店方式で展開をしている点も多くの日本の外食企業と共通するものである。

　しかし、一方で、現地パートナーには大きなインセンティブを与え、また現地からのメニュー変更などの要望には柔軟な姿勢で取り組むことでパートナーの能力とやる気を十分に活用するという手法は、多くの日本企業が不得意とするものである。多くの日本企業は、現地側が日本でのブランドイメージや本社の経営方針を逸脱しないようにと、ガバナンスを強化しすぎることがしばしば見受けられるからである。その意味では、味千ラーメンの中国事業の手法、すなわちスープや麺の製造にかかる核心部分は厳格にガバナンスを行いつつも、現地での成長を実務的に支える店舗開発や総務などは現地側に大胆に委譲するやり方は、いわば「しなやかなガバナンス」と呼ぶこともできる。それこそが、中国での驚異的なスピード展開をもたらしていると考えられるのである。

　日本の外食チェーンの中国進出は今後もますます増加するであろうが、一方で、すでに進出した外食チェーンの中には成長が伸び悩んでいる企業も少なくない。味千ラーメンのガバナンスは、非上場の中堅企業で、オーナー（社長）の決定権が大きな企業ならではのものであることは否めない。とはいえ、国際フランチャイジングのあり方を考える上ではきわめて貴重なデータを提供してくれているのではないかと思われる。

---

(9) このようなパートナーの見極めについては、他の日系外食チェーンも非常に重視している。例えば、居酒屋チェーンの和民も香港で事業をやりたいと申し出たパートナーに日本で厳しい研修を課し、申し出から１号店開店まで２年半もの年月をかけている。（川端［2006］pp.241〜246）

4 吉野家の国際フランチャイジング実態[10]

(1) 吉野家とはどのような企業か

　吉野家が国内でフランチャイジングを開始したのは、店舗数が10店になった1973年のことであった（フランチャイズ1号店は小田原店）。同時に、チェーン化に向けてのシステム構築がめざされるようになったが、まず課題となったのは牛肉を安く安定的に確保することであった。そこで、吉野家は牛肉の買い付け会社をアメリカのデンバーに設立した。これが、のちの国際展開のきっかけとなるのであるが、そのことは次節で改めて述べたい。

　その後、吉野家はフランチャイズ企業として急成長を遂げ、フランチャイズ展開開始から5年後の1978年には早くも200店舗に達するなど、店舗数は急増の一途を辿った。しかし、この急成長は適正な食材の確保や合理的な店舗立地の選定などが追いつかないという状態を生じさせた。採算性を無視した出店の増大や、食材仕入れの失敗も重なって粗利益率が急低下していったのである。それを挽回するための合理化として、タレの粉末化やフリーズドライ牛肉を使用したことにより牛丼の品質が低下し、その上、値上げも行ったために急激な客離れが生じてしまったのである。

　そして、1980年7月、ついに吉野家は事実上の倒産である会社更生法適用の申請を行い、再生のために1983年にはセゾングループの資本参加と支援を受けることとなった。更生手続きは1987年に終結したが、後述のごとく、この倒産は同社のその後の国際化に大きな影響を与えることとなった。復活後の吉野家は、2007年10月に持ち株会社制に移行し、さらに2009年3月には海外事業部を「吉野家インターナショナル」として子会社化し、国際化の強化を図ったのである（第3章1節を参照）。

　吉野家ホールディングスは多様な業態を展開しているが、その中核事業は「吉野家」ブランドの牛丼チェーンであり、それが全売上高の6割以上、全営

業利益の9割を占めている。したがって、吉野家の牛丼へのこだわりには並々ならぬものがある。牛丼は、薄切りの牛肉とタマネギを特製のタレで煮て、それをぴったり85グラムすくって丼のご飯の上に盛りつけて客に提供するものである。一見すると、非常にシンプルなビジネスモデルのように見えるが、素材が限られて調理工程も単純なだけに、少しの変化があるだけで味や食感が大きく変わるとされる。したがって、そこには様々なノウハウが存在し、それを厳密に守って「うまい牛丼」「吉野家の牛丼の味」を正確に消費者に伝える（提供する）ことに努力を惜しまない姿勢とこだわりが見られる。その背景には、コア・メニューである牛丼の品質をおろそかにしたことが倒産につながったことに対する反省もうかがえる。

例えば、牛丼の肉は、アメリカ産のショートプレートという部位を特製のスライサーで1.3ミリ（±0.1ミリ）の薄さに正確にスライスされる。ショートプレートはバラ肉の近くの部位であるが、脂身と赤身のバランスが牛丼に向いており、それ以外は決して使われない。アメリカ産牛のBSE騒ぎの際にも、他国のもので代替せず、牛丼を販売停止にしたことからもアメリカ産のショートプレートへのこだわりの強さがうかがえよう。ちなみに、肉の薄さも1.3ミリから厚すぎたり薄すぎたりすると吉野家独特の風味と食感が失われるとされている。つまり、味が変わってしまうのである。

また、タマネギも重要な味の決め手となる。甘味があって、長時間煮ても煮溶けない適度な食感のあるものが厳選されている。さらに、味の決め手となるタレは国内の指定メーカーにつくらせており、全国の店舗に供給されている。また、このタレは海外にも供給されており、世界標準となっている。それでも、店頭の大鍋で煮ると、来店客の数（回転率）によって具の煮詰まり具合に違いが出て、牛丼の味にも変化が出るとされる。要するに、標準化が非常に難しい食べ物なのである。この牛丼の標準化の難しさと、それへの吉野家のこだわりの強さが国際フランチャイジングのガバナンスに小さからぬ影響を及ぼしている。

---

(10) 本章の吉野家の記述部分については、吉野家インターナショナルの加藤広慎部長、礒部明氏、小出義夫氏らへのヒヤリングがベースとなっている。

ところで、吉野家はタレを世界中の店舗に供給しているものの、それは原価で供給されているため、そこからの利益はゼロである。国内では食材も供給しているが、それは鮮度の確保と品質の標準化を目的とするもので収益ねらいのものではない。その点では、味千ラーメンとは違って、吉野家は食材は供給するもののノウハウ依存型に非常に近いタイプのシステムと言えるのである。

（2）吉野家のアメリカ進出

　先述のごとく、吉野家はフランチャイズ・チェーン化に向けて牛肉の安定供給を実現するため、1973年に牛肉の買い付け会社（USAヨシノヤ）をアメリカのデンバーに設立した。ところが、その翌年になると、日本政府が国内の畜産業を保護するために牛肉輸入の全面禁止措置を講じてしまった。それによりUSAヨシノヤは、設立の目的である牛肉の日本への輸出業務が行えなくなってしまった。

　そこで、窮余の策として考えられたのがアメリカでの牛丼店の展開であった。当初は、日本が牛肉輸入を再開するまでの「つなぎ事業」という意味もあったとされるが、ともかく海外初の店舗が1975年2月にデンバーに開店したのである。よって、吉野家のアメリカでの出店は、戦略的なアメリカ市場への進出といったイメージとは大きく異なるものであった。

　ところで、当時のアメリカでのメニューは牛丼（並サイズ）のみであり、価格はマクドナルドなどの他のファーストフード店より高めであった。また、アメリカ人は脂身の多い牛肉を好まず、米飯にも馴染みがなかったため、人気は今一つであったとされる。それゆえ、デンバーでは、その後7号店まで出店したものの成長には限界が見えつつあった。そこで1977年11月になると、米飯に慣れているアジア系やヒスパニック系が多い西海岸地区での出店をめざして現地法人の「ヨシノヤウエスト」がロサンゼルスに設立され、1979年6月に1号店を開店した。西海岸での店舗展開は順調な滑り出しを見せ、1年ほどの間に13店舗にまで拡大していった。

ところが、1980年7月に日本本社が倒産して資金供給が止まったことで、1981年にはヨシノヤウエストも破産法（日本の民事再生法に相当）の申請を行うことになる。これを機に、業績の悪かったデンバーの7店舗はすべて閉鎖され、ロサンゼルスでも4店をリストラして9店舗から再スタートを切ることとなったが、アメリカの法人は倒産後に行った改革が功を奏して業績が急激に回復していった。そして、1984年には出店を再開するようになり、さらに1985年12月には債務の165万ドルを完済するに至った。ヨシノヤウエストは、その後、店舗数を急増させ、翌1986年には20店舗、1991年には50店舗を超えるようになり、1996年には90店舗を超えるまでに成長したのである。

　このアメリカでの実績が、再生後の吉野家が世界市場に目を向けるきっかけとなった。

（3）吉野家のアジア進出

　さて、アメリカ法人が債務を完済した1年余りのちの1987年2月末、日本本社も遂に債務を完済し、更生手続きを終えた。更生終結とともに、吉野家はアメリカ西海岸での順調な事業実績をにらんで海外進出の推進という新たな方針を打ち出した。

　そのターゲットは、米飯文化を共有するアジア市場であった。米飯食や牛肉の脂身に慣れないアメリカ市場での苦労を経験した吉野家は、アジアという食文化的に距離が近い市場にねらいを定めたのである。

　その最初の進出先は、1988年2月に1号店を出した台湾であった。その後は、**表8-2**に見たように、香港、中国・北京、フィリピン、インドネシア、タイ、韓国、シンガポールなどに矢継ぎ早に出店をしていった。初期の台湾、香港こそ合弁での進出であったが、北京からあとは現地企業とのフランチャイズ（ストレート・フランチャイズ）契約での進出が主となっていき、投資リスクを抑えた国際化が進展していった。

　しかし、それらのアジア事業は意外にも苦戦の連続であった。最初の布石で

ある台湾事業は、後述「(7) 台湾事業がもたらしたグローバルモデル」のような努力によって低迷から脱出して現在では50店舗近くにまで成長したが、**表8－2**にあるように、アジアでは市場からの撤退を余儀なくされた所もある。具体的には、フィリピン、インドネシア、タイ、韓国、マレーシア、オーストラリアの6市場である（フィリピン、インドネシアは再進出済み）。

撤退の直接的な要因は、フランチャイズ契約を結んだ現地のパートナー企業にある場合が多い。契約通りのロイヤリティを日本側に支払わなかったり、積極的に店舗投資を行わないために店舗が拡大せず、市場での認知度が上がらなかったことが要因となっている。

もちろん、根本的な問題としては、出店はしたものの当初予想されたほどの収益を生まなかったこともある。それは、店舗立地の失敗（立地選定の悪さ、高すぎる家賃）や、牛丼というメニューを消費者に受容させること（販売手法など）の失敗などによるものである。また、ストレート・フランチャイズによる進出ではパートナー企業の判断が優先するため、撤退も現地パートナーの判断に従わざるを得ないという弱みもあった。

一方で、大きく成長を遂げた市場もあった。台湾や香港、それに中国大陸である。中国大陸では、**表8－2**に見るように、北京や遼寧省といった地区で店舗数を大きく増やしていることが分かろう。それらは、香港のパートナーが展開する店舗である。このパートナーの成功によって、現在、中国市場は吉野家の戦略市場となっている。

（4）海外展開の仕組みと海外パートナーの重要性

表8－2からも分かるように、吉野家の海外進出はすべてフランチャイズ方式のものである。すなわち、現地企業をパートナーとしてストレート・フランチャイズ契約を結ぶか合弁会社を設立して、そことフランチャイズ契約を結んでいるのである。

具体的には、**図8－1**のように、日本側が現地パートナーに一定地域内での

「吉野家」の商標（店舗ブランド）使用権を独占的に与えて、牛丼のタレの供給を行い、運営（商品製造や販売）ノウハウを供与している。それらの対価として、吉野家側が加盟料やロイヤリティなどを受け取るのである。具体的には、加盟料350万円、ロイヤリティは4％というのが基本であり、1994年に結ばれたインドネシア以降の契約に統一的に適用されている。

なお、1991年に契約を結んだ香港と中国（北京）については、当時の現地の規制に従って、ロイヤリティが香港で3％、中国（北京）で2％になっている。また、1店出店するごとに受け取る店舗開設料もあり、香港・マカオで15,000 USドル、中国大陸で7,500 USドルとなっている（有価証券報告書より）。

一方、海外パートナーは現地で店舗展開をするが、この際には通常は加盟店のオーナーを募集してフランチャイズ展開（サブ・フランチャイズ）を行う手法がとられるが、海外の吉野家の場合はパートナー企業によるサブ・フランチャイジングを認めてない。というのも、海外で募集したオーナーを教育して商品やクリンリネス、接客の品質を確保することは困難だと判断しているからである。特に、牛丼の具は店舗で煮込むため、その品質維持のノウハウを指導することが難しいのは前述のごとくである。加えて、店舗の運営指導をするスーパーバイザーを養成するシステムも必要となる。また、そもそもフランチャイズで展開するよりも直営で展開したほうが利益率は高いため、現地パートナー企業はサブ・フランチャイジングをやりたがらないともされる。したがって、

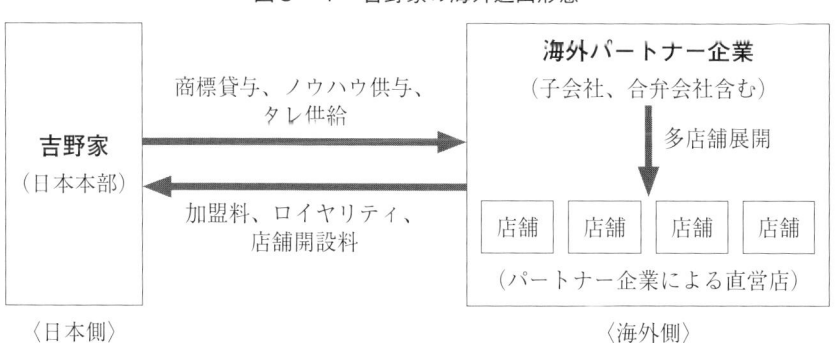

図8－1　吉野家の海外進出形態

```
┌─────────┐   商標貸与、ノウハウ供与、   ┌─────────────────┐
│  吉野家  │         タレ供給         │ 海外パートナー企業   │
│(日本本部)│ ──────────────────────→ │ (子会社、合弁会社含む)│
│         │ ←────────────────────── │                      │
└─────────┘   加盟料、ロイヤリティ、   └─────────────────┘
                  店舗開設料                    │ 多店舗展開
                                               ↓
                                    ┌──┬──┬──┬──┐
                                    │店舗│店舗│店舗│店舗│
                                    └──┴──┴──┴──┘
                                  （パートナー企業による直営店）
 〈日本側〉                                〈海外側〉
```

吉野家の海外店は、すべて現地パートナー企業による「直営店」である点が特徴となっているのである。このあたりのガバナンスの考え方は、味千ラーメンと共通するところがある。

　言うまでもなく、フランチャイズ契約での海外進出は、投資を伴わないために投資リスク回避ができ、現地パートナー企業の経営資源や現地情報（市場情報）収集力を活用でき、現地での店舗管理をパートナーに代行させることができる、といったメリットがある。しかし、それは現地のパートナー企業が日本本部側の事業コンセプト（あるいは企業理念）を正しく理解し、契約を厳格に守る（ロイヤリティの支払いなど）ことができ、そして本部が求める水準での店舗運営を実現できる能力を有していることが前提となる。その意味では、事業の成否は現地パートナー次第ということになり、どのようなパートナーと組むのかが非常に重要となる。

（5）海外パートナーの選定基準

　では、パートナーはどのようにして選ばれるのであろうか。その選定基準については、吉野家は基本的に以下のような目安を有している。[11]

- 商品の品質を維持するために、投資を惜しまないという哲学を共有できること。
- 飲食チェーンの事業経験を有すること。特に、欧米のファーストフードチェーンの現地パートナーとしての経験があれば尚よい。
- 契約を厳格に守ることができる、欧米的な契約概念を理解する経営者がいること。
- 短期間で店舗を多店舗出店できる資金力を有すること。
- 外食立地（店舗開発）に関する土地勘があり、可能なら店舗物件の家主との結び付きがあること。

　このようにパートナー選定の条件は厳しいため、現実には食材での取引があ

る商社の紹介を受けることも多いとされる。とはいえ、**表8－2**で示したように、それでもうまくいかない市場も見られるのである。

　このパートナー側の能力に依存するリスクを回避するためには、自らのガバナンスを強めることが可能なパートナーとの合弁会社を設立し、そこを相手にマスター・フランチャイズ契約やエリア・フランチャイズ契約を結ぶ必要がある。

　表8－2のように、吉野家も初期の進出についてはリスク回避の観点からこの形態がとられた。しかし、それでは先述のフランチャイズ企業としてのメリットが生かせないことになる。したがって、吉野家では可能な限り慎重にパートナーを選定した上で、現地パートナーと直接マスター・フランチャイズ契約を結ぶストレート・フランチャイズ方式をとってきているのである。

（6）アメリカ事業がもたらしたグローバルモデル

　吉野家は多くの市場で展開してきたが、それは単純に日本のモデルを拡散していったのではなく、自己のシステムを見直して新たなモデルの創造を行うことでグローバル化を進めてきたのである。つまり、そのような新たな創造が可能なガバナンスのあり方が求められると言えよう。そこで、ここではアメリカ事業から新しいモデルが創造されたケースを紹介しておきたい。それらは、1市場への適応化の中で生まれた対応であったが、国境を越えて移転されるガバナンスの必要を示している。国際フランチャイジングの成功は、このようなグローバルな本部のガバナンスが重要となるのである。

　さて、アメリカでの牛丼事業は決して当初から順調だったとは言えず、また1981年には会社更生法の適用申請という苦境にも見舞われたが、そのような苦しい状況の中で、その後のグローバル展開にとってきわめて重要な二つのモデルが誕生した。以下で、それらを順に述べていこう。

---

(11) 海外とのフランチャイズ契約担当者からのヒヤリングによる。

ウォークアップ方式

　アメリカのデンバー1号店は、店内のほぼ全席がカウンター席であった。カウンターの材質や色調、椅子の材質や形状こそ日本の吉野家のそれとは大きく異なるものであったが、日本のイメージを継承する象徴的存在であった。

　ただし、マクドナルドをはじめとする他のアメリカのファーストフード店では、レジカウンターで注文をして支払いを済ませ、商品を受け取って好きなテーブル席に着くという「ウォークアップ方式」が常識であった。しかし、瀬戸物の丼は重い上に席まで持ち運ぶ間にひっくり返すというリスクもある。その点では、フルサービスで丼を提供できるカウンター式が優れているとされる。とはいえ、カウンター席では3人以上での来店客が会話しづらいこともあり、アメリカの来店客には人気がなかった。

　その後、このカウンター方式こそが来客数が伸びない要因の一つではないかと考えられるようになり、1979年から西海岸の店舗でウォークアップ方式が導入されるようになった。変更後は、店舗自体がファーストフード店らしさをもつようになり、来店客数も改善したことから、以後はこのスタイルがアメリカでの標準フォーマットとなった。さらに後述するように、のちにこのスタイルは台湾にも導入され、アジアのスタンダードにも発展していくのである。

チキン丼とコンボの開発

　ヨシノヤウエストは1983年の破産法の申請後に再建をめざすことになったものの、当時のメニューは牛丼のレギュラー（並）サイズ1種類しかなかった。しかも、アメリカ人には牛丼の評判はよくなかった。吉野家の牛丼の肉は、「赤身が6」で「脂身が4」という比率になっている。この比率が、肉の柔らかさはもちろん、牛丼のうまみとコクを引き出しているとされる。ところが、アメリカ人は脂身を好まないため、「赤身が8」で「脂身が2」程度の比率の肉（バラ肉）でスタートした[12]。赤身ばかりにすると、当然、タレの馴染み具合や米飯との馴染み具合が変わって食感や味が大きく変わるため、これが限界の比率であった。

しかし、そこまで脂身を抑えても抵抗を示す人が多くいたのである。当時のアメリカでは健康志向が台頭してきており、脂っこい印象の食べ物が敬遠されたことも災いした。それゆえ、牛丼の市場はヒスパニック系やアジア系の人々以外になかなか拡大しない状況が続いていた。

　そこで、会社再建にあたって、現地の日本人スタッフによって新メニューの開発が開始された。短期間に様々な試みがなされたが、再建途上ゆえ失敗が許されない状況下で、確実に現地市場に受け入れられるメニューとして選ばれたのがチキン丼であった。チキン丼には野菜が添えられており、チキンのあっさり感と野菜がアメリカ人にもヘルシーな印象を与えた。また、サラダもサイドメニューとして加えられた。ヒスパニック系やアジア系の消費者にはチキンは馴染み深い食材であったため、チキン丼は歓迎されることとなった。

　チキン丼の開発と同時に、「コンボ」と呼ばれるメニューも開発された。それは、深みのある皿にご飯を入れ、その上に牛丼の具とチキン丼の具を半々に盛りつけ、その境界線に野菜を添えたメニューである。さらに、丼の単品に大盛り（Large）を加えた。

　こうして、牛丼、チキン丼、コンボという３種類のメニューと、それぞれの大盛りがアメリカで定着するようになる。これにより、店舗の入店客と売上は飛躍的に増大した。例えば、牛丼のレギュラーサイズ１種類しかなかった1982年では、１日の来店客が285名であったが、３種類のメニューになった1983年の来店客は平均で654名を記録し、2.3倍の増加となった。ただし、客数の増加はメニュー効果だけではなく、クーポン制の導入効果も加わっているとされる。つまり、集客のために「Buy 1 Get 1 Free」（牛丼を１杯食べると２杯目が無料）というクーポンを無料配布したのである。

　このような思い切った制度の導入が決断できたのも、一刻も早く会社を再建しなければならないという危機的な状況下ならばこそであった。いずれにしろ、客数が増大したことで商品の回転率が上昇し、牛丼の具もご飯も劣化しないう

⑿　現在では、本来の味に近づけるため半々程度にまで引き上げられている。

ちに客に提供できるようになった。その結果、味が向上して固定客をつかむようになったとされる。このような努力の結果、アメリカ法人はわずか２年余りで更正手続きを終えたのであった。

　この牛丼、チキン丼、コンボの３種類のメニューは、その後アジア市場にも導入され、吉野家の海外店舗でのスタンダードとなっていくのである。

（７）台湾事業がもたらしたグローバルモデル

　次に、台湾事業がもたらしたグローバルモデルの例を紹介しておく。一般に、台湾市場は日本に対する消費者の印象もよく、日本の商品や日本食に対する評価も高い。端的には、日本そのものがブランド性を有している市場と言える。[13] その意味では、成功の確率が高い市場であったはずであり、アジア市場へのゲートウェイになるはずであった。しかし、意外にも台湾での業績は予想したほどには伸びない状況が続いた。この苦境の中で、アメリカ同様に二つのグローバルモデルが生まれることになる。

ウォークアップ方式

　アメリカで問題となったカウンター方式の店舗スタイルは、実は台湾でも評判がよくなかった。台湾では日本と同じスタイルでの出店にこだわったことや、台湾の担当者がアメリカでの経験がない日本本社から赴任したスタッフであったこともあり、日本式のカウンター方式をそのまま持ち込んでいた。しかし、このカウンター方式の店舗スタイルこそが、集客力を弱めて業績不振を招く要因の一つと見なされるようになった。

　というのも、大人数で卓を囲んで会話をしながら食事を楽しむ華人系の人々にとっては、個々人が横並びになりカウンターで丼を素早くかき込むスタイルは侘びしさを感じさせるものにほかならなかったからである。日本人は「牛丼」というメニューを庶民的ファーストフードと見なしているが、台湾の消費者は、牛丼といえどもハレのイメージを有する日本食の一つと見なしている。

それがゆえに、カウンターでの食事は、明らかに日本から来た牛丼レストランには似つかわしくない存在に映ったと思われる。

このように、牛丼に対する認識（意味づけ）の違いが、カウンターという店舗スタイルへの反応の違いとなって最終的に業績に影響を及ぼしていたと言えよう。そこで、台湾でも1991年から台北の士林店でアメリカ式のウォークアップ方式への転換実験が行われ、それが効果を上げたことから1994年から全店舗に導入されることになった。アメリカのヨシノヤウエストで始まったウォークアップ方式は、この台湾で吉野家のグローバルモデルとして認知されるようになった。そして以後は、すべての海外市場に導入されていくこととなる。

東坡（トンポー）丼の開発

台湾での業績低迷への打開策として、ウォークアップ方式への転換とともに打ち出されたのが新しいメニューの開発であった。華人系社会では、肉と言えば豚肉がポピュラーであり、牛肉は日本人が思うほど高級なものとは見なされない。そこで、台湾の人々の間でポピュラーな食べ物である東坡（豚の角煮）を乗せた丼が1993年頃から導入された。この丼は当初から10数％の売上比率となり、チキン丼と同じ程度の重みをもつヒット商品となった。

この台湾での実績を踏まえて、東坡丼は1998年に香港と中国大陸の北京に導入される。これは、香港と北京が同じパートナーによる運営であったことによる。その後は、香港のパートナーが展開する遼寧や大連でも導入され、さらに深圳でもメニューに加えられた。なお、一時期は華人系住民が多くを占めるシンガポールにも導入されたが、シンガポールには宗教的に豚肉を回避するイスラム教徒が多数住むことから、イスラム教徒が安心して来店できるようにと取りやめとなっている。

このようにして、台湾で開発された東坡丼は、現在では中国大陸のスタンダードメニューとして拡大し定着しているのである。

---

(13) 台湾市場における親日感情については、川端［2006］を参照のこと。

（8）吉野家におけるガバナンス

前項では、特定市場のために開発されたモデルが他の市場に移転され、広域でのスタンダードモデル（一種のグローバルモデル）となっていった例を紹介した。しかし、海外の吉野家を俯瞰すると、むしろ各国ごとの多様性もかなり見られる。これは、もちろん標準化と適応化の問題として捉えることができるが、見方を変えると、日本本部が海外店舗の何を統一的に管理しようとしており、何を現地の管理に任せているのかというグループ企業間のガバナンスのあり方の問題として理解することができる。そこで、以下では、何を統一的にガバナンスしているのかという問題を検討してみたい。

さて、吉野家の海外戦略の中で、グローバルにガバナンスが行われているものを突き詰めていくと以下のようなものに絞られる。

❶牛丼を中心とした飲食店というコンセプト
❷牛丼の味（品質）
❸看板の規格（大きさ、文字、色彩）
❹クリンリネスを含む店舗運営の管理

❶については、吉野家という企業のレゾンデートル（存在意義）を示すものでもある。これを脅かす問題があるとすれば、それは独自のメニュー開発であろう。したがって、新たなメニューの決定権は日本の吉野家が有している。また、海外でどのようなメニューを開発しようが、吉野家が牛丼を柱とした店であるというコンセプトを崩壊させるようなメニューを提供したり、牛丼の存在を薄れさせるほど多くの種類を提供したりすることは断じて許されてはいない。実際、海外でのメニュー別の売上構成を見ても、すべての市場において牛丼はトップの売上を誇っており、これまでに牛丼をしのぐ商品は開発できていない。

❷については、まず牛丼のタレをすべて日本国内の委託メーカー1社から独占的に供給（輸出）することで品質（味）の統一性を保持している。アメリカと中国の一部については現地生産のタレを使っているが、それも委託メーカー

の現地工場が生産するものである。このように、タレの生産委託先を1社に限定することでレシピの機密も厳格に管理しているのである。また、先述のように、タレと牛肉やタマネギが醸し出す味や食感を世界で統一的に保持するという努力も払われているのである。

❸については、後述のように店舗デザインは各市場でかなりの裁量が認められてはいるが、看板については世界標準化された厳格な規格がある。文字の大きさや形状はもちろん、トレードマークであるオレンジ色についても使用できる色番号が決められており、それと異なる色は使えない。

❹のクリンリネス（衛生管理）も含めた店舗管理については、「QSCMチェック」が3か月に1回の割合で定期的に行われている。このチェックは、日本本部から各市場の店舗に直接調査員が出向き、Quality 50項目、Service 17項目、Cleanliness 27項目、Management 8項目について行っている。海外パートナーには調査時期は通知されるが、どの店舗をチェックするのかは知らされない。点数と改善点がパートナー企業に通知され、改善に向けての協議が行われる。年に2、3回は同じ店舗を回り、改善の様子がパートナー企業に通知されることになっている。

吉野家がこのような厳しいチェックを行う背景には、牛丼の具が店内で加工され（煮込まれ）、チキンも店内でグリルされているため、店舗の運営レベルが商品の品質を規定してしまうという事情がある。すなわち、吉野家のブランドイメージそのものが店舗の運営水準に左右されやすいのである。その意味では、この「QSCMチェック」の項目は、すべてがブランド管理そのものであるとも言えよう。

5　味千ラーメンと吉野家に見る中間型システムのガバナンス問題

以上、味千ラーメンと吉野家を比較しながら、それぞれのシステム特性とガ

バナンスの実態（現実）について概観した。

　味千ラーメンが商品供給に重きを置くシステム特性であるのに対して、吉野家はノウハウに重きを置くシステムであり、同じ外食企業でも大きな主体特性の相違が存在することが確認できた。また、そのような特性が、ガバナンスのあり方にも大きな影響を与えていることも確認できた。さらに、味千ラーメンのケースでは、ガバナンスにおけるインセンティブの効用についても確認できた。一方、吉野家のケースでは、グローバルモデルがどのようにして生まれたか、グローバルなガバナンスがどのような形で行われているのかが明らかになった。

　この2社のケースは、外食と一口に表現している企業のシステムにも実は様々なバラエティが存在し、その特性が国際フランチャイジングの展開にも大きな影響を及ぼしていることをよく物語っていたと言えよう。

結 章

国際フランチャイジングの発展に向けて

1 本書を終えるにあたって

　本書では、これまでの欧米での研究がフランチャイズシステムの主体特性を正確に踏まえていないこと、および他分野からの借り物である「資源ベース理論（資源制約論）」と「エージェンシー理論」に依拠しすぎていることの２点を踏まえて、①「商品依存型システム」、「ノウハウ依存型システム」、「中間型システム」という主体特性を捉える三つの観点と、②フランチャイズ組織の独自性に基づいた「フランチャイズ組織のガバナンス（統治）」という観点を提示した。そして、図５－３で示したように「主体特性」と「ガバナンスレベル」との関係性（二つの軸）の中で国際フランチャイジングを捉えるフレームを提起した。

　さらにそのフレームに従って、第６章～第８章では、主体特性がガバナンスのあり方に理論的にどのような影響を及ぼすのか、日本企業は実際どのようなガバナンスを行ってきたのか、そしてガバナンスにとって何が重要となるのかを明らかにした。そこで、本書を終えるにあたって二つの点について整理をしておきたい。

　１点目は、第６章から第８章で明らかになったことをもとにシステム特性と

ガバナンスの関係を整理しておくことである。これは、今後、新興市場で国際フランチャイジングを行おうとする企業に対して、戦略レベルでの示唆を与えるものとなろう。

2点目は、筆者がこれまで実態調査を行ってきた日本企業の「経験」(第6章〜第8章で取り上げなかった企業を含む)を整理して、「進出時」や「進出後」に対処しなければならない課題を整理しておくことである。これらは、今後、新興市場で国際フランチャイジングを行おうとする企業に対してオペレーションレベルでの示唆を与えるものとなろう。

2　主体特性とガバナンスの関係

(1) 主体特性と戦略的方向性

第6章でも述べたように、ノウハウ依存が強いシステム(フランチャイズ企業)はガバナンス・レベルを上昇させねばならないため、理論的にはフランチャイジングが難しくなる。外食であっても、店頭の調理ノウハウが高度になればなるほどその国際移転や標準化は困難となる。一方、第7章で示したように、商品依存が強いシステム(フランチャイズ企業)はその商品の競争力が強いほどガバナンス・レベルを高める必要がないため、理論的にはフランチャイジングが行いやすくなる。よって、商品供給を柱としたフランチャイジングも可能となろう。

ただし、これらは理論的な原則論であって、現実にはノウハウ依存型のディメリットを戦略的な対応で乗り越えることも可能であるし、逆に商品依存型のメリットが市場競争の激化とともに失われることも起こりうる。例えば、ノウハウ依存型では、コンビニのように徹底したシステム化、マニュアル化で乗り切る方向性もあろう。また、公文学習塾のようにガバナンスを行う部分を絞り込む(コア・コンピタンスへの集中を行う)ことでモニタリングのコストを低

下させ、グローバルな展開を可能とするビジネスモデルを構築することも可能となる。

一方、商品依存型では、ファッション専門店や自動車ディーラーのように、程度はともかく、市場競争の中でブランド構築を要求されるようになると店頭でのノウハウ依存度が上昇するため、商品供給型（卸売り型）のメリットが失われていくのである。競争優位性をノウハウに求めるとフランチャイジングはコストがかかり、技術移転が難しくなる。

商品依存型のメリットをどうすれば生かせるのかを考える場合、一つのヒントとなるのがトヨタのケースと味千ラーメンのケースであろう。トヨタは、ディストリビューターの高度化を介し、本部とディーラーとが価値連鎖を形成することでより緊密な価値創造サイクルを形成しようとしている。これが、トヨタの販売方式であったと言える。他方、味千ラーメンの場合は、加盟者への大胆なインセンティブの活用で乗り越えようとしている。両社ともに、本部と加盟者が管理・監視する側とされる側という関係を超えて、目標を一つにする「仕組みづくり」によるガバナンス戦略をとったのである。

（2）新たな戦略的模索をめざして

ここで留意すべきは、ガバナンス領域の絞り込み、あるいはパートナー（フランチャイジー）との緊密な関係構築といった戦略方向とは別の、第三の戦略的方向性も存在することである。それは、いわば「母市場の再現」、「母市場での前提」を超える戦略的方向性である。

例えば、日本型のコンビニは、海外でかなりのインフラ投資を行いながら多くのエネルギーを投入して日本型のシステム移転（再現）を進めてきた。しかし、多くの現地担当者が気付いているように、市場によってコンビニに期待される「便利さ」の意味は異なっている[1]。また、市場によってシステムに求めら

---

[1] コンビニの「便利さ」の意味が市場ごとに異なることについては、川端［2007］を参照のこと。

れる「効率」の意味も異なっている。したがって、戦略的視点から市場特性や社会インフラの整備度、消費者の特性に合わせた（シンクロさせた）システムの再設計が必要となるのである。

　端的に言うなら、日本的な発想での「高度なノウハウ」を有することが、海外では必ずしも優位性を保証してくれるとは限らないということである。筆者が管見する限り、欧米から来た競合他社や地場の競合他社が、日本的発想で見ればかなりルーズなシステムやノウハウで優位性を獲得しているケースも多数見られるのである。市場ごとの必要性や価値観を無視した「高度なノウハウ」へのこだわりは、時として成長への大きな障害になるとも言えよう。

　それは、ブランド性の構築という点においても同様である。商品依存型のフランチャイズの場合は、日本市場で獲得したブランド性を海外でそのまま再現しようとするのではなく、海外で「新たな価値創造」を行う発想が重要となるのである。このような問題は、いわばフランチャイズ・システムの市場適応化問題とも言えよう。

　しかし、その場合の「適応」とは、単に与件としての環境に合わせる（迎合する）ことではない。持ち込んだ商品やノウハウ（フランチャイズ・システム）に対して、進出先の市場環境（市場のコンテキスト）がどのような意味や価値を与えるのかを冷静に見定めて、その商品やノウハウが新しい環境の中でどのような価値や効用を生み出す可能性があるのかを検討し、システムを再設計することが真の「適応」なのである[2]。

　ここで重要となる認識は、フランチャイズ・システムは市場環境の上部構造にすぎないことである。つまり、当然のことながら、上部構造は下部構造（市場特性や市場内の様々な前提）を基盤に成立するものである。海外市場に進出することで、下部構造が異なれば上部構造もまた変化させねばならない。上部構造だけを強引に移転することは不可能なのである。この発想の切り替えこそが、新たな戦略的イノベーションを生み出す第一歩となろう。

3 今後の国際フランチャイジングの課題
―海外市場での新たな価値創造をめざして―

　次に、日本企業が国際フランチャイジングにおいてどのような経験をしたのかをもとに、進出時と進出後のオペレーションレベルの課題を簡単に整理しておきたい。すなわち、これまでの章では取り上げなかった企業も含めて、日本企業がどのような壁にぶつかり、それにどう対処したのかを踏まえ、今後の国際フランチャイジングに向けて検討すべき課題を示しておきたい。

　なお、以下の記述は、筆者がこれまでにヒヤリング調査を行った日系のコンビニ4社、外食22社、ファッション専門店8社、その他の専門店9社の計43社[3]と、韓国の外食2社、コンビニ4社、中国のコンビニ2社、外食2社の計10社の合計53社における「経験」に基づいたものである。ただし、それらは秘匿事項に関わる事柄も多いため、個別の社名を提示しつつ「経験」を述べることは行わないこととしたい。本節は、論拠を示しながら分析を進めることが目的ではなく、あくまで今後の国際フランチャイジングに資する示唆を提示すること

---

[2]　補足をすると、ラグジュアリー・ブランドは、しばしばグローバルな標準化で世界市場を席巻する企業の代名詞のように語られてきた。しかし、現実には、たとえ外見は同じように見えても、そのブランドが有する意味や価値が市場ごとに異なっていることも多い。なぜなら、それらは市場のコンテキストが規定しているからである。つまり、その商品や店舗、ノウハウを受容する市場の側の「意味づけ・価値づけの仕組み」までをも企業が標準化することはできないのである。その意味では、ラグジュアリー・ブランドといえども、それぞれの市場で独自の価値創造を成し得たからこそ国際化ができたと言えるのである。つまり、表面的な標準化‐適応化問題ではなく、我々はその基層にある「意味づけ・価値づけ」の次元をにらみながら適応化問題を捉える必要があると言えよう。この問題については、川端［2005］［2006］を参照のこと。

[3]　ヒヤリングは日本本社および海外各地の現地法人で行われたため、1社であっても複数回ヒヤリングを行った企業が16社含まれる。その中には、10回を超えるヒヤリングを行った企業も2社存在する。なお、ヒヤリングの時期は1998年5月～2009年12月までの長期間にわたるが、その間に倒産した企業1社を除くと、1990年代に行った企業は2002年以降に再度ヒヤリングを行っているため、実質的には8年間に絞られる。また、特定の時代環境を反映した「体験」と判断したものについては取り上げなかった。

が目的であることを鑑み、ご理解いただきたい。

さて、これまでの日本企業が経験した障害や問題は以下のように整理できる。それを順に述べていきたい。

（1）海外パートナー企業に関する問題

国際フランチャイジングは、まずは海外パートナーの探索からスタートする。しかし、これはどの企業にとってもきわめて難しい問題である。日本企業の経験を見ると、パートナー探索には二つの道がある。一つは、取引のある銀行や商社などの海外情報をもつ取引先から紹介を受ける道であり、今一つは海外からフランチャイジーになりたいというオファーを出してきた企業の中から選ぶ道である。

いずれにしろ、何を基準に選択するのかが問題となるが、明確な基準をもっている企業はない。しばしば用いられる選定基準は、本部側との理念の共有度（理解度）といったきわめて曖昧なものや、フランチャイズビジネスの経験度、資金力と投資意欲、交渉担当者の熱意、店舗物件情報の保有度などである。

しかし、「パートナーに問題があった」ことを海外市場からの撤退理由に挙げる企業も非常に多く、その選定基準の設定や選定の判断は困難をきわめている。逆に、「パートナーに恵まれた」ことを成功の理由に挙げる企業も多く、国際フランチャイジングの成否がいかにパートナー次第となっているのかがうかがえる。

しかし、問題の核心はパートナーの選定の仕方にあるのではなく、むしろ選定後の関係構築のほうにあると考えるべきであろう。つまり、パートナーのガバナンスが問題となるのである。

（2）海外店舗オーナーに関する問題

日本企業の国際フランチャイジングでは直営方式での出店が主流であるが、

やはり現地でのサブ・フランチャイジングを行うことが本来の姿と言える。現地でのサブ・フランチャイジングを行う場合は、オーナー（加盟者）の選定が大きな問題となる。海外でサブ・フランチャイズを行う日本企業の多くは、ロイヤリティの未払いや契約不履行などのトラブルを抱えている。したがって、第6章で触れたように、社員として一定の経験を積んだ店長クラスの人材に「のれん分け」をする形でフランチャイズ展開をしようとする企業も多い。

とはいえ、それでは出店スピードが上がらないため、むしろ一定の違約行為によるリスク、一定量の閉店リスクを前提にした「契約の整備」、「仕組みづくり」が必要となろう。また、多くの契約不履行が利益配分の少なさに起因するものであるため、インセンティブをうまく使った契約遵守への誘導も考える必要がある。

（3）店舗開発に関する問題

国際フランチャイジングにおいてしばしばその重要性が指摘されることは、よい立地の確保の問題である。特に、1号店を認知度の上がる場所に開けるかどうかは、新興市場での成否の分かれ目になることも多い。開業初期にパートナー任せで立地を決めた企業ほど経営不振に陥る傾向も見られたことから、初期段階での現地での立地のガバナンスが重要となる。また、中国では物件情報へのアクセスが日本人スタッフには難しいという問題が、韓国では「プレミアム」と呼ばれる権利金が発生する問題が、タイでは賃貸期間が長期になって賃料が前払いになる問題が、香港では家賃の変動幅が大きくなる問題がそれぞれ生じており、それらが進出後の運営や収益に大きな影響を与えている。

筆者の調査では、一般に海外での売上に対する家賃比率は、国内のものより高くなる傾向にある。さらに、台湾や中国では柱の多い店舗構造が、タイでは棟割り方式での賃貸慣行が問題となることもある。

---

(4) タイの都市部では、3階建ての建物を棟割り（縦方向）で分割して賃貸するため、1階部分しか必要でない場合でも2階3階部分も一緒に借りる必要があり、無駄が生じている。

（4）商品調達に関する問題

コンビニなどにおいては、メーカー物流の未整備から欠品が増大する傾向がある。また、外食では品質の良い食材を安定的にどう調達するのか、またどこで安全に加工をするのか、どこの施設で安全に保管をするのかといったことが問題となることも多い。自社商品を販売しない（ノウハウ依存型）システムでは、このような調達をめぐる問題が運営の障害となることも少なくない。

その点では、現地の日系のメーカーやサプライヤーのネットワークがどれだけ利用できるかどうかも進出時の課題となる。また、中国進出に際しては、台湾企業と組むことで大陸にある台湾系の企業ネットワークを活用する手法も考えられる。

（5）法規制に関する問題

欧米では看板の大きさに対する規制が、タイでは看板への課税が、オーストラリアではエリアごとの営業時間規制が、韓国ではタバコ店の距離規制（タバコを売るコンビニの立地規制）が、問題となるケースも見られる。また、外食では、日本で使っている調理器具の輸入コストが関税で高くなったり、法的規制によって使えなかったりするケースも見られた。

（6）従業員・人材に関する問題

海外では、ジョブホッピングが激しく直営店の店長候補が育たない、仕事よりも家庭を大事にするため欠勤が多い、競合他社の引き抜きにより社内情報やノウハウ（レシピなど）が流出する、取引業者からの収賄が絶えないなど、この従業員や人材育成をめぐる問題は運営上の大きな障害となっている。キャリアパス（昇進・昇級）のシステム、研修のシステムをどう構築して、従業員にどのようなインセンティブを与えるのか、つまり「辞めない仕組み」、「不正を

しない仕組み」をどうシステム化するのかが課題となる。

（7）知的財産の問題

　進出先の市場で、商標が他者によって登録済みで使えないケースが見られた。また、契約切れの加盟店が商標（看板）を使い続けたり、紛らわしい商標に変更したりするケースも少なくない。さらに、商品依存型のシステムでは、コピー商品の氾濫も深刻な障害となっている。時間と費用をかけて訴訟をしても勝訴するとは限らない。知財権については、事前の対策が課題となっているが、一部のファッション専門店がアジア専用ブランドを開発したように、国内の商標にこだわらない発想も必要となろう。

（8）ノウハウ移転のマニュアル化・システム化問題

　しばしば指摘されるように、日本企業はノウハウのマニュアル化が遅れている。ノウハウ移転は、単にマニュアル化を行うだけでなく、昇進や昇給とセットになっていることが効果をもたらす場合が多い。ノウハウ移転に際しては、ペナルティよりもインセンティブをどう連動させるのかが重要となる。また、マニュアルも、文字だけではなく写真や映像をいかにうまく使うのかも課題となっている。

（9）文化（制度・慣習レベル）に関する問題

　制度や慣習をめぐる文化問題の典型としては、宗教の問題がある。特に、イスラム教徒が多い市場では、外食業がハラル対応（イスラム教の教義に従う）の食材を用いねばならないことから調達コストが高くなったり、メニューや味付けの変更を強いられたりしている。一般に海外での外食は、消費者に安全性と健康への寄与をいかに分かりやすくアピールできるかが重要なものとなっている。そのためには、調理プロセスの可視化などの工夫も求められよう。

(10) 文化（地域暗黙知レベル）に関する問題

　制度や慣習は文化の上層部を形成しているが、逆に文化の基層部に存在するのが「地域暗黙知」[5]である。これは、当該の地域社会で共有されている規範意識のような言語表現不可能な「感覚」を意味する。それは個人的なもの（暗黙知）ではなく、市場（地域社会）で共有化されているものを言う。要するに、何を価値あるものと見るか、何を美しいものと見るか、何を魅力的なものと見るか、といった問題は、個人的な差異を超えて社会で共有化された「価値観」によって規定されている部分があるわけだが、それが地域暗黙知である。

　例えば、日本の商品や日本の食品（外食）が先進的で健康にもよいと見なす「意味づけ」、「価値観」は、現在では個人を超えてアジア市場で共有化されている地域暗黙知となっている。しかし、それが世界中どこでも通用するかというと必ずしもそうではないし、アジアでも地域によって差が見られる。さらに、この地域暗黙知は、制度や慣習とは異なり、時とともに比較的短期間で変化するため、時期によっても意味や価値が変わってくる。

　このような市場の地域暗黙知が、国際フランチャイジングによって持ち込まれた商品やメニュー、あるいはノウハウに特定の意味や価値を与えており、それが拡大のチャンスとなったり、逆に障害となったりしている。したがって、日本の地域暗黙知に基づく意味や価値を押しつけるのではなく、現地の地域暗黙知の動向を冷静に捉えながら、その中で優位な意味づけや価値を獲得するためにはどうすればよいのかを検討することが基本的な課題と言えよう。

---

[5]　川端［2006］を参照のこと。

付表

日本企業による国際フランチャイジングのデータベース

（店舗数は2009年9〜12月時点）

　この**付表1〜3**は、日本企業による国際フランチャイジングを年次順に整理したものである。何を国際フランチャイジングと見なすのかは難しい問題であるが、ここで対象としたものは以下の①〜④のいずれかに該当するものである。
　①国内でフランチャイジングを行っている企業
　②海外にストレート・フランチャイジングで進出している企業
　③海外でサブ・フランチャイジングを行っている企業
　④海外でサブ・フランチャイジングを行うことをめざして進出した企業

　したがって、国内でフランチャイジングを行っていない（フランチャイジザーを募集していない）企業で、海外にも直接投資で進出し直営店で展開をしている企業はこの表からは除外されている。逆に、1市場にでもストレート・フランチャイジングで進出している企業、あるいは1市場ででもサブ・フランチャイジングを行っている企業は、その他の直接投資での海外進出も取り上げている。
　ただし、表中でFCと表記したものでも、その契約内容は極めて多様である。特に、ファッション関連専門店の場合は、複雑な行動をとってきた企業も多く、ケースごとの差が大きくなっており一義的に捉えられないことには留意すべきであろう。
　なお、本付表は新聞報道、各社問い合わせ、有価証券報告書、IR関係資料、各社ホームページなどをベースに作製したが、過去の行動については確認が難しい部分があったことは否めない。さらには、企業側の都合で掲載できなかったものもある。したがって、このリストには一定の不明点や遺漏が存在することを断っておきたい。

付表1　主要外食企業の国際フランチャイジングの歴史

年次	ブランド名	企業名	業種	初進出先	進出形態	現状
1974	どさん子	北国商事	ラーメン	米ニューヨーク	技術供与	撤退
1975	吉野家	吉野家	牛丼	米デンバー	子会社	97
	TARO	山田食品産業	ラーメン	米ニューヨーク	子会社	撤退
	元禄	元禄寿司	持帰り寿司	米ニューヨーク	子会社	撤退
	どさん子	北国商事	ラーメン	米ニューヨーク	合弁	撤退
1976						
1977						
1978	小銭すし	太田商産	持帰り寿司	ハワイ	FC	撤退
	スティーブン	日本国民食	バーガー	米ロサンゼルス	子会社	撤退
1979	ロッテリア	ロッテ	バーガー	韓国	合弁	753
1980	小僧寿し	小僧寿し本部	持帰り寿司	ハワイ	FC→子会社	8
	トニーローマ	WDI	BBQレストラン	ハワイ	子会社	1
	フォーリーブズ	山崎製パン	ベーカリー	シンガポール	子会社	27
1981	ウエスト	ウエスト	ラーメン	シンガポール	子会社	撤退
	京樽	京樽	寿司レストラン	米カリフォルニア	子会社	撤退
	グレンドール	タカキベーカリー	ベーカリー	米サンフランシスコ	子会社	撤退
	ヤマザキ	山崎製パン	ベーカリー	香港	子会社	34
1982	芳鄰→加州風洋食館	すかいらーく	ファミレス	台湾	FC→子会社	33
	さつまラーメン	さつまラーメン	ラーメン	ハワイ	合弁	撤退
	小僧寿し	小僧寿し本部	持帰り寿司	グアム	FC	撤退
1983	味の街	ウエスト	和食	シンガポール	子会社	撤退
	イースト	ウエスト	和食	米ニューヨーク	子会社	32
	カレーハウス	ハウス	カレー	米ロサンゼルス	子会社	11
	さつまラーメン	さつまラーメン	ラーメン	ニューカレドニア	子会社	撤退
	スシバージンベー	甚平衛	持帰り寿司	米ニューヨーク	FC	撤退
	全栄	全栄	持帰り弁当	グアム	FC	撤退
	栄寿司	元禄商事	寿司	ハワイ	合弁	撤退
1984	ほっかほっか亭	ほっかほっか亭	持帰り弁当	台湾	合弁	撤退
	本家かまどや	本家かまどや	持帰り弁当	ハワイ	FC	撤退
	こがね	こがね	持帰り弁当	台湾	FC	撤退
	全栄	全栄	持帰り弁当	インドネシア	FC	撤退
	UCCカフェ	上島珈琲	コーヒー	タイ	合弁	4
	UCCカフェ	上島珈琲	コーヒー	シンガポール	FC	撤退
	ハニー	ニチイフーズ	和風FF	マレーシア	FC	撤退
	さつまラーメン	さつまラーメン	ラーメン	韓国	FC	撤退

付表　日本企業による国際フランチャイジングのデータベース　239

年次	ブランド名	企業名	業種	初進出先	進出形態	現状
	得得	得得	うどん	韓国	FC	撤退
	クレープハウス・ユニ	ユニピーアール	クレープ	香港	FC	撤退
	すかいらーく	すかいらーく	バーガー	アメリカ	資本参加	撤退
	ヤマザキ	山崎製パン	ベーカリー	タイ	子会社	62
1985	京樽	京樽	持帰り寿司	中国・北京	合弁	1
	エルパソ・キャンティナ	京樽	メキシコ料理	米カリフォルニア	買収	撤退
	本家かまどや	本家かまどや	持帰り弁当	台湾	FC	撤退
	ハニー	ニチイフーズ	和風FF	香港	FC	撤退
	トニーローマ	WDI	BBQレストラン	ハワイ・パール	合弁→子会社	1
	養老乃滝	養老乃滝	居酒屋	米ロサンゼルス	共同出資	撤退
	明治サンテオレ	明治サンテオレ	バーガー	台湾	FC	撤退
	UCCカフェ	上島珈琲	コーヒー	香港	子会社	10
1986	キーウエストクラブ	東京ブラウス	カフェ	インドネシア	FC	撤退
	小僧寿し (SushiBoy)	小僧寿し本部	持帰り寿司	米ロサンゼルス	孫会社→マーク貸与	12
	京樽	京樽	持帰り寿司	ハワイ	子会社	撤退
	ロッテリア	ロッテリア	バーガー	台湾	FC	3
	クレープハウス・ユニ	ユニピーアール	クレープ	台湾	FC	撤退
	ロイヤル	ロイヤル	バーガー	ハワイ	資本参加	撤退
	ロイヤル	ロイヤル	焼き鳥	ハワイ	資本参加	撤退
1987	ハナマサ	ハナマサ	焼き肉	インドネシア	FC	撤退
	秋吉	秋吉グループ本部	串焼き	台湾	FC	4
	本家かまどや	本家かまどや	レストラン	米ロサンゼルス	子会社	撤退
	ロイヤル	ロイヤル	バーガー	オーストラリア	買収	撤退
	クレープハウス・ユニ	ユニピーアール	クレープ	インドネシア	FC	撤退
	イタリアントマト	イタリアントマト	イタリアン	香港	FC	23
	ヤマザキ	山崎製パン	ベーカリ	台湾	子会社	37
	UCCカフェ	上島珈琲	コーヒー	台湾	合弁	8
1988	吉野家	吉野家	牛丼	台湾	合弁	55
	ココス	ココスジャパン	レストラン	韓国	FC	撤退
	アンデルセン	タカキベーカリー	ベーカリー	オーストラリア	買収	撤退
	ヤマザキ	山崎製パン	ケーキ	フランス	子会社	1
1989	モスバーガー	モスフード	バーガー	ハワイ	子会社	撤退

年次	ブランド名	企業名	業種	初進出先	進出形態	現状
1989	京樽	京樽	メキシカン	アメリカ	買収	撤退
	グレンドール	タカキベーカリー	ベーカリー	米ロサンゼルス	共同出資	撤退
	千房	千房	お好み焼き	米ニューヨーク	合弁	撤退
	千房	千房	お好み焼き	ハワイ	合弁	1
	千房	千房	お好み焼き	オーストラリア	子会社	撤退
	知多家	チタカインターナショナル	カレー	台湾	合弁	撤退
1990	ハナマサ	ハナマサ	焼き肉	中国・北京	合弁	撤退
	ドトール	ドトール	コーヒー	韓国	FC	撤退
	ミスタードーナツ	ミスタードーナツ	ドーナツ	オーストラリア	子会社	撤退
	アントステラ	ローリードール	クッキー	香港	FC	撤退
	小僧寿し	小僧寿し本部	持帰り寿司	韓国	FC	撤退
	マリンポリス	ダイワ通商	回転寿司	米ワシントン州	子会社	11
	長崎ちゃんぽん	リンガーハット	ちゃんぽん	米カリフォルニア	子会社	撤退
	イタリアントマト	イタリアントマト	イタリアン	台湾	FC	撤退
	ヤマザキ	山崎製パン	ベーカリー	米カリフォルニア	子会社	10
1991	吉野家	吉野家	牛丼	香港	合弁	43
	カプリチョーザ	WDI	イタリアン	グアム	子会社	3
	すかいらーく	すかいらーく	ファミレス	タイ	合弁	撤退
	ハナマサ	ハナマサ	焼き肉	シンガポール	FC	撤退
	モスバーガー	モスフード	バーガー	台湾	合弁	154
	クレープハウス・ユニ	ユニピーアール	クレープ	フィリピン	FC	撤退
	アントステラ	ローリードール	クッキー	台湾	子会社	不明
	ドトール	ドトールコーヒー	コーヒー	台湾	FC	12
	ヴィド・フランス	山崎製パン	ベーカリー	アメリカ	子会社	6
1992	8番らーめん	ハチバン	ラーメン	タイ	合弁	88
	ピエトロ	ピエトロ	イタリアン	ハワイ	子会社	1
	吉野家	吉野家	牛丼	中国・北京	FC	104
	吉野家	吉野家	牛丼	フィリピン	合弁	撤退
	ハナマサ	ハナマサ	焼き肉	マレーシア	合弁	撤退
	ハナマサ	ハナマサ	焼き肉	フィリピン	合弁	撤退
	ハナマサ	ハナマサ	焼き肉	中国・天津	合弁	撤退
	ハナマサ	ハナマサ	焼き肉	中国・瀋陽	合弁	撤退
	ハナマサ	ハナマサ	焼き肉	中国・上海	運営受託	撤退
	クレープハウス・ユニ	ユニピーアール	クレープ	シンガポール	FC	撤退
	珈琲館	マナベ	コーヒー	台湾	FC	撤退

付表　日本企業による国際フランチャイジングのデータベース　241

年次	ブランド名	企業名	業種	初進出先	進出形態	現状
1992	酔虎伝	マルシェ	居酒屋	タイ	合弁	撤退
1993	モスバーガー	モスフード	バーガー	シンガポール	合弁	24
	ファーストキッチン	ファーストキッチン	バーガー	中国・上海	合弁	撤退
	ロイヤルホスト	ロイヤル	ファミレス	台湾	合弁	11
	養老乃滝	養老乃滝	居酒屋	台湾	合弁	撤退
	イタリアントマト	イタリアントマト	イタリアン	シンガポール	子会社	撤退
	元気寿司	元気寿司	回転寿司	ハワイ	子会社	12
	源吉兆庵	源吉兆庵	和菓子	シンガポール	子会社	1
	源吉兆庵	源吉兆庵	和菓子	台湾	子会社	3
1994	すかいらーく	すかいらーく	ファミレス	韓国	FC	撤退
	味千ラーメン	重光産業	ラーメン	台湾	合弁	撤退
	CoCo壱番屋	壱番屋	カレー	ハワイ	FC	4
	ハナマサ	ハナマサ	焼き肉	中国・鄭州	合弁	撤退
	ハナマサ	ハナマサ	しゃぶしゃぶ	中国・南京	合弁	撤退
	吉野家	吉野家	牛丼	インドネシア	FC	撤退
	吉野家	吉野家	牛丼	中国・遼寧省	FC	35
	元気寿司	元気寿司	回転寿司	シンガポール	FC	撤退
	ロッテリア	ロッテリア	バーガー	中国・北京	合弁	撤退
	モスバーガー	モスフード	バーガー	中国・上海	合弁	撤退
	イタリアントマト	イタリアントマト	イタリアン	マレーシア	合弁	撤退
	源吉兆庵	源吉兆庵	和菓子	アメリカ	子会社	6
1995	8番らーめん	ハチバン	ラーメン	中国・北京	合弁	撤退
	味千ラーメン	重光産業	ラーメン	中国・北京	合弁	撤退
	スガキヤ	スガキコシステム	ラーメン	台湾	合弁	33
	ハナマサ	ハナマサ	焼き肉	モンゴル	合弁	撤退
	ハナマサ	ハナマサ	焼き肉	中国・洛陽	合弁	撤退
	ハナマサ	ハナマサ	焼き肉	韓国	FC	撤退
	吉野家	吉野家	牛丼	タイ	FC	撤退
	トッリハ゛ブズ	フィンズ	ピザ	ハワイ	FC	撤退
	クレープハウス・ユニ	ユニピーアール	クレープ	香港	子会社	撤退
	伊太都麻	イタリアントマト	寿司	米サンフランシスコ	FC	撤退
	北の家族	アート・ライフ	居酒屋	台湾	FC	撤退
	元気寿司	元気寿司	回転寿司	香港	FC	39
	元気寿司	元気寿司	回転寿司	マレーシア	FC	撤退
	トニーローマ	WDI	BBQレストラン	ハワイ・マウイ	合弁	撤退
1996	養老乃瀧	養老乃瀧	居酒屋	中国・北京	合弁	撤退
	味千ラーメン	重光産業	ラーメン	香港・中国	FC	367

年次	ブランド名	企業名	業種	初進出先	進出形態	現状
1996	キーコーヒー	キーコーヒー	コーヒー	台湾	子会社	10
	カプリチョーザ	WDI	イタリアン	サイパン	合弁	1
	源吉兆庵	源吉兆庵	和菓子	香港	子会社	1
1997	吉野家	吉野家	牛丼	韓国	FC	撤退
	養老乃瀧	養老乃瀧	居酒屋	タイ	FC	撤退
	養老乃瀧	養老乃瀧	居酒屋	シンガポール	FC	撤退
	養老乃瀧	養老乃瀧	居酒屋	カナダ	FC	撤退
	白木屋	モンテローザ	居酒屋	台湾	子会社	撤退
	上海カレーハウス	ハウス	カレー	中国・上海	子会社	統合
	味千ラーメン	重光産業	ラーメン	シンガポール	FC	18
	藤一番	エクサグローバルフーズ	ラーメン	グアム	子会社	2
	元気寿司	元気寿司	回転寿司	台湾	FC	4
	元気寿司	元気寿司	回転寿司	米ニューヨーク	FC	撤退
	ドトール	ドトールコーヒー	コーヒー	ロシア	合弁	撤退
	UCCカフェ	上島珈琲	コーヒー	中国	合弁	3
	源吉兆庵	源吉兆庵	和菓子	英ロンドン	FC	1
1998	モスバーガー	モスフード	バーガー	マレーシア	合弁	撤退
	ロッテリア	ロッテリア	バーガー	ベトナム	合弁	55
	吉野家	吉野家	牛丼	シンガポール	FC	15
	珈琲館	マナベ	コーヒー	中国・上海	合弁	撤退
	プロント	プロントコーポレーション	イタリアン	台湾	FC	撤退
	TGIフライデーズ	ワタミ	レストラン	グアム	子会社	1
	サンムーラン	山崎製パン	カフェ	マレーシア	子会社	4
	ル・バトー	ストロベリーコーンズ	多国籍料理	米ロサンゼルス	子会社	撤退
1999	イタリアントマト	イタリアントマト	イタリアン	米カリフォルニア	FC	3
	ココス	ココスジャパン	レストラン	中国・北京	FC	撤退
	珈琲館	マナベ	コーヒー	中国・北京	FC	撤退
	サンムラーン	山崎製パン	カフェ	シンガポール	子会社	1
2000	ミスタードーナツ	ダスキン	ドーナツ	中国・上海	子会社→合弁	7
	台湾カレーハウス	ハウス	カレー	台湾	子会社	統合
	クレープハウス・ユニ	ユニピーアール	クレープ	韓国	子会社	撤退
	珈琲館	マナベ	コーヒー	韓国	FC	撤退
	イタリアントマト	イタリアントマト	イタリアン	台湾	FC	撤退
	TGIフライデーズ	ワタミ	レストラン	グアム	買収	1

付表　日本企業による国際フランチャイジングのデータベース　243

年次	ブランド名	企業名	業種	初進出先	進出形態	現状
2000	元気寿司	元気寿司	回転寿司	タイ	FC	撤退
	麻布茶房	甘や	和菓子	台湾	FC	16
	UCCカフェ	上島珈琲	コーヒー	フィリピン	FC	17
	味千ラーメン	重光産業	ラーメン	フィリピン	FC	1
2001	吉野家	吉野家	牛丼	フィリピン	FC	8
	牛角	レインズインターナショナル	焼き肉	米ロサンゼルス	FC	8
	橙家	ちゃんと	居酒屋	香港	プロデュース	1
	うおや一丁	ウィルコーポレーション	居酒屋	香港	FC	4
	和民	ワタミフーズ	居酒屋	香港	合弁→子会社	18
	味千ラーメン	重光産業	ラーメン	米ロサンゼルス	FC	4
	新宿さぼてん	ジーエイチエフマネジメント	トンカツ	韓国	FC	42
	ビアードパパ	麦の穂	シュークリーム	香港	子会社	8
	UCCカフェ	上島珈琲	コーヒー	韓国	子会社	1
2002	長崎ちゃんぽん	リンガーハット	ちゃんぽん	中国・青島	子会社	撤退
	牛角	レインズインターナショナル	焼き肉	ハワイ	子会社	2
	牛角	レインズインターナショナル	焼き肉	台湾	子会社	3
	味千ラーメン	重光産業	ラーメン	タイ	FC	8
	麻布茶房	甘や	和菓子	香港	FC	7
	クレープハウス・ユニ	ユニピーアール	クレープ	米カリフォルニア	FC	撤退
	ビアードパパ	麦の穂	シュークリーム	台湾	FC	6
	ビアードパパ	麦の穂	シュークリーム	シンガポール	FC	5
2003	サイゼリヤ	サイゼリヤ	イタリアン	中国・上海	子会社	35
	ペッパーランチ	ペッパーフードサービス	ステーキ	韓国	FC	2
	味千ラーメン	重光産業	ラーメン	インドネシア	FC	4
	8番らーめん	ハチバン	ラーメン	マレーシア	合弁	撤退
	寅福	フォーシーズ	和食	米ロサンゼルス	合弁	1
	吉野家	吉野家	牛丼	中国・上海	合弁	20
	小僧寿し（Kozo Sushi）	小僧寿し本部	持帰り寿司	ハワイ	子会社	8
	ピエトロ	ピエトロ	イタリアン	中国・上海	合弁	撤退
	フレッシュネスバーガー	フレッシュネス	バーガー	韓国	FC	15

年次	ブランド名	企業名	業種	初進出先	進出形態	現状
2003	リトルマーメイド	タカキベーカリー	ベーカリー	香港	FC	3
	ビアードパパ	麦の穂	シュークリーム	中国・杭州	子会社	撤退
	ビアードパパ	麦の穂	シュークリーム	中国・上海	子会社	61
	アールエフワン	ロックフィールド	デリカ	米サンフランシスコ	子会社	1
	桃風（トーフウ）	すかいらーく	中華レストラン	米シアトル郊外	合弁	撤退
	高粋舎（ハイカラヤ）	ジー・フード	居酒屋	韓国	子会社	7
2004	8番らーめん	ハチバン	ラーメン	中国・上海	合弁	撤退
	らーめん元八	ハチバン	ラーメン	香港	合弁	8
	らーめん元八	ハチバン	ラーメン	台湾	孫会社	3
	味千ラーメン	重光産業	ラーメン	オーストラリア	FC	5
	八八八拉麺	さんぱち	ラーメン	香港	子会社	3
	78一番ラーメン	力の源カンパニー	ラーメン	中国・上海	合弁	撤退
	有楽和食	ハートランド	ラーメン	中国・北京	FC	30
	よってこや	イートアンド	大衆食堂	ハワイ	FC	1
	サガミ	エー・エス・サガミ	うどん	中国・上海	合弁	5
	コートロザリアン	イートアンド	ベーカリーカフェ	香港	FC	1
	ビア‐ドアパパ	麦の穂	シュークリーム	インドネシア	FC	10
	ビア‐ドアパパ	麦の穂	シュークリーム	米ロサンゼルス	子会社	31
	ビア‐ドアパパ	麦の穂	シュークリーム	フィリピン	FC	4
	クレープハウス・ユニ	ユニピーアール	クレープ	中国		1
	ミスタードーナツ	ミスタードーナツ	ドーナツ	台湾	合弁	43
	吉野家	吉野家	牛丼	フホホト	FC	4
	吉野家	吉野家	牛丼	マレーシア	FC	撤退
	吉野家	吉野家	牛丼	中国・深セン	合弁	7
	吉野家	吉野家	牛丼	オーストラリア	合弁	撤退
	松屋	松屋フーズ	牛丼	中国・青島	子会社	撤退
	牛角	レインズインターナショナル	焼き肉	シンガポール	子会社	3
	梅の花	梅の花	豆腐料理	米ロサンゼルス	子会社	1
	大阪王将	イートアンド	餃子	香港	子会社	3
	大吉	ダイキチシステム	焼き鳥	中国・上海	子会社	3
	大吉	ダイキチシステム	焼き鳥	オーストラリア	FC	撤退
	築地銀だこ	ホットランド	タコ焼、タイ焼等	香港	子会社	7
	珈琲館	マナベ	コーヒー	フィリピン	FC	撤退
	サイゼリヤ	サイゼリヤ	イタリアン	中国・北京	子会社	6
	CoCo壱番屋	壱番屋	カレー	中国・上海	合弁	12

付表 日本企業による国際フランチャイジングのデータベース 245

年次	ブランド名	企業名	業種	初進出先	進出形態	現状
2004	笑笑／白木屋	モンテローザ	居酒屋	香港	子会社	2
	ヤマザキ	山崎製パン	カフェ	中国・上海	子会社	5
2005	ペッパーランチ	ペッパーフードサービス	ステーキ	台湾	FC	2
	ペッパーランチ	ペッパーフードサービス	ステーキ	中国・北京	FC	1
	ペッパーランチ	ペッパーフードサービス	ステーキ	シンガポール	FC	15
	よってこや	イートアンド	大衆食堂	中国・上海	子会社	5
	藤一番	エクサグローバルフーズ	ラーメン	香港	FC	撤退
	味千ラーメン	重光産業	ラーメン	カナダ	FC	3
	ちゃぶ屋	グロービートジャパン	ラーメン	米ロサンゼルス	子会社	1
	らーめん山頭火	アブ・アウト	ラーメン	米カリフォルニア	子会社	7
	八八八拉麺	さんぱち	ラーメン	中国・瀋陽	子会社	4
	八番麺屋	ハチバン	ラーメン	中国・北京	合弁	撤退
	ベントス	アイチフーズ	弁当	米ロサンゼルス	子会社	2
	CoCo壱番屋	壱番屋	カレー	台湾	合弁	5
	トニーローマ	WDI	BBQレストラン	ハワイ・ワイキキ	合弁	撤退
	トラジ	トラジ	焼き肉	ハワイ	子会社	1
	和民	ワタミ	居酒屋	中国・深セン	孫会社	2
	和民	ワタミ	居酒屋	台湾	合弁	8
	笑笑／白木屋	モンテローザ	居酒屋	中国・上海	孫会社	3
	うまい鮨勘	アミノ	寿司レストラン	カナダ	子会社	撤退
	うまい鮨勘	アミノ	寿司レストラン	中国・大連	子会社	1
	火間土	ベンチャーリンク	和食ダイニング	台湾	子会社	1
	イタリアントマト	キーコーヒー	レストラン	中国・上海	子会社	1
	シカゴピザ	トロナジャパン	ピザ	香港	FC	撤退
	シカゴピザ	トロナジャパン	ピザ	中国・上海	FC	撤退
	カプリチョーザ	WDI	イタリアン	台湾	FC	4
	王将	王将フードサービス	中華	中国・大連	子会社	5
	大戸屋	大戸屋	定食	タイ	合弁	20
	ビアードパパ	麦の穂	シュークリーム	マレーシア	FC	4
	ユニカフェ	ユニカフェ	コーヒー	中国・大連	合弁	1
	サーティーワン	サーティーワン	アイスクリーム	台湾	FC	1
	プロント	プロントコーポレーション	カフェ	韓国	子会社	撤退

年次	ブランド名	企業名	業種	初進出先	進出形態	現状
2005	牛角	レックスホールディングス	焼き肉	米ニューヨーク	子会社	2
	松屋	松屋フーズ	ラーメン・寿司	米ニューヨーク	子会社	5
2006	温や	麦の穂	うどん	中国・上海		1
	牛角	レインズインターナショナル	焼き肉	インドネシア	FC	2
	美食酒家ちゃんと	ちゃんと	和食	米ニューヨーク	子会社	撤退
	山小屋	ワイエスフード	ラーメン	タイ	合弁	6
	喜多方ラーメン蔵	キタカタ	ラーメン	中国・北京	FC	3
	火間土	ベンチャーリンク	和食ダイニング	中国・深セン	子会社	2
	柿安	柿安	ビュッフェ	中国・上海	子会社	撤退
	クーツグリーンティ	フードエックスグローブ	和風喫茶	米シアトル	子会社	1
	ココス	ゼンショー	レストラン	米デラウエア	買収	224
	虹梅食堂	フジオフードシステム	セルフ式和食	中国・上海	子会社	1
	大戸屋	大戸屋	定食	台湾	合弁	11
	やよい軒	プレナス	定食	タイ	合弁	33
	麻布茶房	甘や	和菓子	シンガポール	子会社	7
	源吉兆庵	源吉兆庵	和菓子	タイ	FC	1
	築地銀だこ	ホットランド	たこ焼	タイ	孫会社	1
	築地銀だこ	ホットランド	たこ焼	台湾	孫会社	4
	新宿さぼてん	ジーエイチエフマネジメント	トンカツ	台湾	合弁	11
	ペッパーランチ	ペッパーフードサービス	ステーキ	インドネシア	FC	8
	カプリチョーザ	WDI	イタリアン	フィリピン	FC	2
	サルバトーレ・クオモ	ワイズテーブル	イタリアン	中国・上海	合弁	1
	モスバーガー	モスフード	バーガー	香港	子会社	11
	ビアードパパ	麦の穂	シュークリーム	オーストラリア	FC	6
	ビアードパパ	麦の穂	シュークリーム	タイ	FC	1
	ビアードパパ	麦の穂	シュークリーム	イギリス	FC	1
	メープルハウス	メープルハウス	カフェバー	中国・蘇州	子会社	1
2007	ペッパーランチ	ペッパーフードサービス	ステーキ	オーストラリア	FC	1
	ペッパーランチ	ペッパーフードサービス	ステーキ	香港	FC	4
	ペッパーランチ	ペッパーフードサービス	ステーキ	タイ	FC	5

年次	ブランド名	企業名	業種	初進出先	進出形態	現状
2007	ミスタードーナツ	ダスキン	ドーナツ	韓国	共同出資+FC	32
	モスバーガー	モスフード	バーガー	タイ	子会社	7
	フレッシュネスバーガー	フレッシュネス	バーガー	香港	FC	6
	モーモーパラダイス	ワンダーテーブル	しゃぶしゃぶ	タイ	FC	2
	元気寿司	元気寿司	回転寿司	クウェート	FC	1
	平禄寿司	ジー・テイスト	回転寿司	タイ	子会社	2
	毘沙門	中村食品産業	ラーメン	シンガポール	FC	3
	味千ラーメン	重光産業	ラーメン	マレーシア	サブFC	5
	味千ラーメン	重光産業	ラーメン	台湾	合弁	2
	らあめん花月嵐	グロービートジャパン	ラーメン	台湾	子会社	3
	サイゼリヤ	サイゼリヤ	イタリアン	中国・広州	子会社	10
	カプリチョーザ	WDI	イタリアン	韓国	FC	1
	ビアードパパ	麦の穂	シュークリーム	カナダ	FC	4
	ビアードパパ	麦の穂	シュークリーム	タヒチ	FC	1
	ヤマザキ	山崎製パン	ベーカリー	中国・成都	子会社	1
	カフェ・クロワッサン	ロイヤルホールディングス	カフェ	中国・北京	子会社	撤退
2008	モスバーガー	モスフード	バーガー	インドネシア	合弁	3
	八剣伝	マルシェ	居酒屋	中国・上海	FC	1
	和民	ワタミ	居酒屋	中国・上海	FC	4
	新宿さぼてん	ジーエイチエフマネジメント	トンカツ	タイ	合弁	1
	ヨシミ	ヨシミ	スープカレー	シンガポール	FC	1
	元気寿司	元気寿司	回転寿司	インドネシア	FC	1
	大戸屋	大戸屋	定食	インドネシア	合弁	3
	大戸屋	大戸屋	定食	香港	子会社	2
	らーめん山頭火	アブ・アウト	ラーメン	香港	子会社	1
	らーめん山頭火	アブ・アウト	ラーメン	シンガポール	子会社	1
	藤一番	エクサグローバルフーズ	ラーメン	タイ	FC	1
	サイゼリヤ	サイゼリヤ	イタリアン	台湾	子会社	3
	サイゼリヤ	サイゼリヤ	イタリアン	香港	子会社	3
	サイゼリヤ	サイゼリヤ	イタリアン	シンガポール	子会社	2
	CoCo壱番屋	壱番屋	カレー	韓国	合弁	4
	CoCo壱番屋	壱番屋	カレー	タイ	合弁	5

年次	ブランド名	企業名	業種	初進出先	進出形態	現状
2008	ペッパーランチ	ペッパーフードサービス	ステーキ	フィリピン	FC	3
	ペッパーランチ	ペッパーフードサービス	ステーキ	マレーシア	FC	1
	ジョイフル	ジョイフル	ファミレス	中国・上海	子会社	撤退
	さと	サトレストランシステム	ファミレス	中国・上海	子会社	1
	ピエトロ	ピエトロ	イタリアン	韓国	FC	1
	元気寿司	元気寿司	回転寿司	米シアトル	子会社	1
	はなの舞（花之舞）	チムニー	海鮮	中国・大連	子会社	撤退
	ビアードパパ	麦の穂	シュークリーム	韓国	FC	7
	築地銀だこ	ホットランド	たこ焼	中国・上海	孫会社	1
	喜多方ラーメン蔵	キタカタ	ラーメン	中国・上海	合弁	1
	一風堂	力の源カンパニー	ラーメン	米ニューヨーク	子会社	1
	吉野家	吉野家	牛丼	中国・福建	合弁	3
	すき家	ゼンショー	牛丼	中国・上海	子会社	5
	アンデルセン	タカキベーカリー	ベーカリー	デンマーク	子会社	2
	ストロベリーコーンズ	いちごホールディングス	ピザ	カナダ	FC	1
	源吉兆庵	源吉兆庵	和菓子	中国・上海	FC	3
2009	つぼ八	つぼ八	居酒屋	シンガポール	合弁	1
	和民	ワタミ	居酒屋	シンガポール	子会社	1
	大戸屋	大戸屋	定食	シンガポール	合弁	1
	松屋	松屋フーズ	牛丼	中国・上海	子会社	1
	築地銀だこ	ホットランド	たこ焼	シンガポール	孫会社	2
	山小屋	ワイエスフード	ラーメン	中国・深セン	FC	1
	八八八拉麺	さんぱち	ラーメン	台湾	子会社	3
	八八八拉麺	さんぱち	ラーメン	中国	合弁	4
	一風堂	力の源カンパニー	ラーメン	シンガポール	子会社	1
	ビアードパパ	麦の穂	シュークリーム	ロシア	FC	1
	デニーズ	セブン＆アイ	ファミレス	中国・北京	合弁	1
	ミスタードーナツ	ダスキン	ドーナツ	中国・上海	合弁	7
	メープルハウス	メープルハウス	クレープ	中国・蘇州	FC	1
	ストロベリーコーンズ	いちごホールディングス	ピザ	米カリフォルニア	FC	1
	くら寿司	くら寿司	回転寿司	米ロサンゼルス	子会社	1
《出店予定（現地法人設立、提携済み）》						
	東方見聞録	三光マーケティングフーズ	居酒屋	台湾	合弁	予定

付表　日本企業による国際フランチャイジングのデータベース　249

年次	ブランド名	企業名	業種	初進出先	進出形態	現状
	元気寿司	元気寿司	回転寿司	中国南部	FC	予定
	松屋	松屋フーズ	牛丼	中国・上海	子会社	予定
	家族亭	家族亭	そば・和食	中国・上海	合弁	予定
	CoCo壱番屋	壱番屋	カレー	アメリカ	子会社	予定
	CoCo壱番屋	壱番屋	カレー	香港	子会社	予定
	吉野家	吉野家	牛丼	インドネシア	FC	予定

注) ハウス食品による上海カレーハウス（1997年）と台湾カレーハウス（2000年）の現状欄にある「統合」とは、CoCo壱番屋との中国・台湾での共同事業（2004年、2005年）に統合されたことを意味する。
資料) 各社問い合わせ、日経新聞、日経MJ（日経流通新聞）、各社IR資料、各社HPなどを基に整理。

付表1で対象外となった主な外食企業の海外進出

年次	ブランド名	企業名	業種	初進出先	進出形態	現状
1973	ヒロタ	ヒロタ	洋菓子	フランス	子会社	1
1973	稲ぎく	稲ぎく	日本料理	米ニューヨーク		1
1976	ユーハイム	ユーハイム	洋菓子	ドイツ	子会社	撤退
1980	とらや	虎屋	和菓子	フランス	子会社	1
1981	なだ万	なだ万	日本料理	香港		2
1984	なだ万	なだ万	日本料理	シンガポール		1
1985	ジパング	なだ万	日本料理	マレーシア		1
1987	ヒロタ	ヒロタ	洋菓子	台湾	合弁	撤退
1988	シャロン	シャロン	レストラン	サイパン	孫会社	撤退
1985	ドンク	ドンク	ベーカリー	香港	子会社	1
1991	ドンク	ドンク	ベーカリー	台湾	子会社	8
1992	稲菊	稲ぎく	日本料理	香港		1
1995	重慶飯店	重慶飯店	中華レストラン	シンガポール		撤退
1996	なだ万	なだ万	日本料理	インドネシア		1
1997	なだ万	なだ万	日本料理	中国・北京		1
2003	稲ぎく	稲ぎく	日本料理	スイス		1
2005	なだ万	なだ万	日本料理	中国・上海		1
2007	なだ万	なだ万	日本料理	ハワイ		1
2007	なだ万	なだ万	日本料理	中国・広州		1
2008	アフタヌーンティー	サザビーズ	カフェ・雑貨店	台湾	合弁	5
2009	アフタヌーンティー	サザビーズ	カフェ	上海	孫会社	3
不明	ミスタードーナツ	ミスタードーナツ	ドーナツ	タイ	FC	230
	ミスタードーナツ	ミスタードーナツ	ドーナツ	フィリピン	FC	1540

注) ミスタードーナツのタイとフィリピンへの進出はアメリカ本部の意思決定による。店舗数は推定値。

付表2　ファッション関連専門店の国際フランチャイジングの歴史

年	店舗名	企業名	業種	進出先	進出形態	店舗数
1972	鈴屋	鈴屋	婦人服	フランス・パリ	子会社	撤退
	樫山	オンワード	婦人服	米ニューヨーク	子会社	
1973	鈴屋	鈴屋	婦人服	香港	子会社	撤退
	樫山	オンワード	婦人服	フランス・パリ	子会社	―
1974	アメリカ屋	アメリカ屋靴店	婦人靴	シンガポール	子会社	撤退
1975	樫山	オンワード	婦人服	イタリア	子会社	―
1976						
1977	鈴屋	鈴屋	婦人服	米ニューヨーク	子会社	撤退
1978						
1979	鈴屋	鈴屋	婦人服	シンガポール	FC	撤退
1980	モザイク	東京スタイル	婦人服	フランス	合弁	撤退
1981	東京ブラウス	東京ブラウス	婦人服	シンガポール	FC	撤退
	東京ブラウス	東京ブラウス	婦人服	台湾	FC	9
	東京ブラウス	東京ブラウス	婦人服	香港	FC→子会社	撤退
1982	三愛	三愛	婦人服	香港（マカオ）	FC→子会社	撤退
	三愛	三愛	婦人服	シンガポール	FC	
	銀座エスペランサ	神戸レザークロス	婦人靴	香港	子会社	撤退
	コムデギャルソン	コムデギャルソン	婦人服	フランス	子会社	1
	ニコル	ニコル	婦人服	米ニューヨーク	FC→子会社	撤退
	ニコル	ニコル	婦人服	香港	子会社	撤退
1983	コムデギャルソン	コムデギャルソン	婦人服	米ニューヨーク	FC→子会社	1
	コムデギャルソン	コムデギャルソン	婦人服	イタリア	FC	撤退
	コムデギャルソン	コムデギャルソン	婦人服	オランダ	FC	
	コムデギャルソン	コムデギャルソン	婦人服	イギリス	FC	1
	鈴屋	鈴屋	婦人服	マレーシア	FC	撤退
	鈴屋	鈴屋	婦人服	台湾	FC	撤退
	銀座エスペランサ	神戸レザークロス	婦人靴	シンガポール	子会社	撤退
	三峰	三峰	紳士服	シンガポール	子会社	撤退
	ニコル	ニコル	婦人服	シンガポール	FC	撤退
	イトキン	イトキン	婦人服	イタリア	子会社	撤退
	イトキン	イトキン	婦人服	台湾	合弁	60
	イトキン	イトキン	婦人服	米ニューヨーク	子会社	撤退
	イトキン	イトキン	婦人服	シンガポール	子会社	撤退
	マルショウ	マルショウ	洋品雑貨	シンガポール	子会社	撤退
	ミキハウス	ミキハウス	子供服	米ニューヨーク	FC	撤退
1984						

付表　日本企業による国際フランチャイジングのデータベース　251

年	店舗名	企業名	業種	進出先	進出形態	店舗数
1985	さえら	さえら	女性用下着	韓国	FC	撤退
	キャビン	キャビン	婦人服	香港	FC	撤退
	ミキハウス	ミキハウス	子供服	フランス・パリ	子会社	2
	ファミリアチルドレンズ	ミキハウス	子供服	香港	FC	撤退
1986	サンアイ	三愛	婦人服	タイ	FC	撤退
	マルショウ	マルショウエンドウ	婦人服・雑貨	シンガポール	合弁	撤退
	サンエーインターナショナル	サンエーインターナショナル	婦人服	台湾	合弁	撤退
1987	タカキュー	タカキュー	紳士服	香港	子会社	撤退
	ニコル	ニコル	婦人服	フランス・パリ	合弁	撤退
	三峰	三峰	紳士服	香港	合弁	撤退
	スリーエム	スリーエム	紳士服	台湾	子会社	撤退
	ルモンド	ワールド	婦人服	中国・上海	合弁	85
1988	キャビン	キャビン	婦人服	台湾	FC	撤退
	ワールド	ワールド	婦人服	台湾	子会社	72
1989	はるやま	はるやまチェーン	紳士服	香港	子会社	撤退
	三峰	三峰	紳士服	台湾	合弁	撤退
	マルトミ	マルトミ	靴・玩具	台湾	合弁	撤退
	アメリカ屋	アメリカ屋靴店	婦人靴	マレーシア	合弁	撤退
1990	山形屋	山形屋	紳士服	イギリス	合弁→子会社	撤退
	レリアン	レリアン	婦人服	台湾	FC	4
	はるやま	はるやま商事	紳士服	フランス・パリ	子会社	撤退
	詩仙堂	詩仙堂	婦人服	米カリフォルニア	子会社	撤退
	リモーネ	エリート	婦人服・雑貨	台湾	合弁	撤退
	タカキュー	タカキュー	紳士・婦人服	ハワイ	資本参加	撤退
	マリー	ミキハウス	子供服	モナコ		撤退
	マーガレットハウエル	アングローバル	婦人服	イギリス	買収	継続
1991	詩仙堂	詩仙堂	婦人服	香港	子会社	撤退
	三愛	三愛	婦人服	台湾	合弁	撤退
	三愛	三愛	婦人服	シンガポール	子会社	撤退
	イトキン	イトキン	婦人服	中国・上海	合弁	100
	ピンキー&ダイアン	サンエーインターナショナル	婦人服	韓国	合弁	撤退
	ミチコ・コシノ	ミチコ・コシノ・インタナショナル	婦人服	韓国	FC→子会社→支店	撤退
1992	詩仙堂	詩仙堂	婦人服	米ニューヨーク	子会社	撤退
	詩仙堂	詩仙堂	婦人服	フランス・パリ	子会社	撤退

年	店舗名	企業名	業種	進出先	進出形態	店舗数
1992	三愛	三愛	婦人服	中国・上海	合弁→子会社	撤退
	スリーエム	スリーエム	紳士服	中国・北京	合弁	撤退
	鈴屋	鈴屋	婦人服	中国・広東	子会社	撤退
	鈴屋	鈴屋	婦人服	中国・北京	子会社	撤退
	ミキハウス	ミキハウス	子供服	カナダ	子会社	撤退
	ローラアシュレイ	ローラアシュレイジャパン	婦人服・雑貨	台湾	サブFC	11
1993	洋服の青山	青山商事	紳士服	台湾	子会社	4
	アイマリオ	アイマリオ	婦人服	香港	FC	撤退
	アイマリオ	アイマリオ	婦人服	シンガポール	FC	撤退
	アイマリオ	アイマリオ	婦人服	マカオ	子会社	撤退
	タカキュー	タカキュー	紳士服	中国・北京	合弁	撤退
	キャビン	キャビン	婦人服	中国・上海	合弁	撤退
	キャビン	キャビン	婦人服	中国・天津	合弁	撤退
	三愛	三愛	婦人服	マレーシア	子会社	撤退
	鈴屋	鈴屋	婦人服	中国・上海	子会社	撤退
	鈴屋	鈴屋	婦人服	シンガポール	子会社	撤退
	ミキハウス	ミキハウス	子供服	台湾	FC	2
	ローラアシュレイ	ローラアシュレイジャパン	婦人服・雑貨	シンガポール	サブFC	撤退
	ローラアシュレイ	ローラアシュレイジャパン	婦人服・雑貨	香港	サブFC	3
1994	チェロキー	鈴屋	カジュアル	韓国	FC	撤退
	鈴屋	鈴屋	婦人服	マカオ	子会社	撤退
	洋服の青山	青山商事	紳士服	中国・上海	合弁→子会社	3
	マルトミ	マルトミ	靴・玩具	中国・北京	合弁	撤退
1995	詩仙堂	詩仙堂	婦人服	英・ロンドン	子会社	撤退
	ミキハウス	ミキハウス	子供服	韓国	FC	3
	ミキハウス	ミキハウス	子供服	インドネシア	FC	撤退
	ファージュ	ワールド	婦人服	中国・北京	子会社	100
1996	ローラアシュレイ	ローラアシュレイジャパン	婦人服・雑貨	中国・上海	サブFC	3
	ローラアシュレイ	ローラアシュレイジャパン	婦人服・雑貨	マレーシア	サブFC	撤退
	トランスコンチネンツ	ミレニアムジャパン	紳士服	フランス		撤退
1997	ミキハウス	ミキハウス	子供服	イタリア	合弁	2
	サンエーインターナショナル	サンエーインターナショナル	婦人服	香港	合弁→子会社	17

付表　日本企業による国際フランチャイジングのデータベース　253

年	店舗名	企業名	業種	進出先	進出形態	店舗数
1997	ワールド	ワールド	婦人服	香港	合弁→子会社	21
	ダックス	三共生興	紳士・婦人服	中国・上海	FC	25
	ミチコ・コシノ	ミチコ・コシノ・インターナショナル	婦人服	イギリス	支店	撤退
1998	思夢楽	しまむら	カジュアル	台湾	子会社	28
	ミキハウス	ミキハウス	子供服	UAE	FC	撤退
1999	オリーブ・デ・オリーブ	もくもく	婦人服	台湾	共同出資	撤退
	オリーブ・デ・オリーブ	もくもく	婦人服	香港	共同出資	撤退
	コムサデモード	ファイブフォックス	婦人服	台湾	FC	4
2000	オリーブ・デ・オリーブ	もくもく	婦人服	韓国	合弁	撤退
	ミキハウス	ミキハウス	子供服	カナダ	合弁	撤退
	ミキハウス	ミキハウス	子供服	イギリス	子会社	撤退
2001	サンエーインターナショナル	サンエーインターナショナル	婦人服	米国	子会社	1
	23区、ICB	オンワード樫山	婦人服	中国・上海	子会社	180
	ユニクロ	ファーストリテイリング	カジュアル	イギリス	子会社	14
2002	ミキハウス	ミキハウス	子供服	中国・上海	FC	撤退
	セルフ上海	大西衣料	現金問屋	中国・上海	FC	撤退
	コムサキッズ	ファイブフォックス	子供服	香港	合弁	4
	タビオ	ダン	靴下	イギリス・ロンドン	子会社	7
	サンエーインターナショナル	サンエーインターナショナル	婦人服	台湾	子会社	33
	サンエーインターナショナル	サンエーインターナショナル	婦人服	韓国	合弁	14
	ワールド	ワールド	婦人服	韓国	子会社	31
	ユニクロ	ファーストリテイリング	カジュアル	中国・上海	合弁	42
2003	ワールド	ワールド	婦人服	シンガポール	子会社	撤退
	ローラアシュレイ	ローラアシュレイジャパン	婦人服・雑貨	韓国	サブFC	3
2004	ピンキー&ダイアン	サンエーインターナショナル	婦人服	中国・寧波	合弁	26
	マーガレットハウエル	サンエーインターナショナル	婦人服	イギリス	子会社	5
	マーガレットハウエル	サンエーインターナショナル	婦人服	フランス	子会社	1

年	店舗名	企業名	業種	進出先	進出形態	店舗数
2004	コムデギャルソン	コムデギャルソン	婦人服	イギリス	子会社	1
	ジュニアシティ	ナルミヤインターナショナル	子供服	韓国	FC	5
	レインボーシティ	ナルミヤインターナショナル	子供服	香港	FC	4
2005	ビームス	ビームス	セレクトショップ	香港	FC	6
	ユニクロ	ファーストリテイリング	カジュアル	韓国	子会社	43
	ユニクロ	ファーストリテイリング	カジュアル	米ニューヨーク	子会社	1
	ユニクロ	ファーストリテイリング	カジュアル	香港	子会社	12
2006	ハニーズ	ハニーズ	カジュアル	中国・上海	子会社	120
	ポイント	ポイント	婦人服	台湾	子会社	17
	フラジール	三陽商会	婦人服	中国・上海	子会社	10
	ビッキー	ジャヴァグループ	婦人服	香港	FC	1
2007	メゾピアノ	ナルミヤインターナショナル	子供服	マレーシア	FC	1
	メゾピアノ	ナルミヤインターナショナル	子供服	台湾	FC	1
	ビッキー	ジャヴァグループ	婦人服	台湾	FC	8
	ユニクロ	ファーストリテイリング	カジュアル	フランス	子会社	2
2008	ジョゼフ	オンワード	婦人服	ロシア	FC	1
	ジョゼフ	オンワード	婦人服	中東	FC	1
	ポイント	ポイント	婦人服	香港	合弁	21
	ブーフーウー	ブーフーウー	子供服	中国・蘇州	FC	1
	メゾピアノ	ナルミヤインターナショナル	子供服	中国・上海	FC	1
2009	ポイント	ポイント	婦人服	中国・上海	孫会社	1
	ブーフーウー	ブーフーウー	子供服	中国・上海	合弁	2
	ビッキー	ジャヴァグループ	婦人服	中国・上海	FC	2
	タビオ	タビオ	靴下	フランス	子会社	1
	ユニクロ	ファーストリテイリング	カジュアル	シンガポール	子会社	2

注) デサントはスポーツウェアのアパレルと見なせるが、スポーツ用品専門として付表3に回した。

付表 日本企業による国際フランチャイジングのデータベース 255

付表3 ファッション関連以外の専門店・サービス業の国際フランチャイジングの歴史

年	店舗名	企業名	業種	進出先	進出形態	店舗数
1965	恒隆白洋舎	白洋舎	クリーニング	香港	合弁	36
1966	白洋舎	白洋舎	クリーニング	カリフォルニア	子会社	6
1967						
1969	紀伊國屋	紀伊國屋書店	書店	米サンフランシスコ	子会社	6
1970	白洋舎	白洋舎	クリーニング	ハワイ	子会社	14
1971						
1972						
1973	白洋舎	白洋舎	クリーニング	グアム	子会社	撤退
	パリ三城	三城	メガネ	フランス・パリ	子会社	2
1974	パリ三城	三城	メガネ	シンガポール	子会社	12
	KUMON	公文	学習塾	米ニューヨーク	*	*
1975	KUMON	公文	学習塾	台湾	*	*
	アシックス	アシックス	スポーツ用品	ドイツ	子会社	1
1976	たち吉	たち吉	陶器	シンガポール	FC	1
1977	KUMON	公文	学習塾	ブラジル	*	*
1978	パリ三城	三城	メガネ	ハワイ	子会社	1
1979	パリ三城	三城	メガネ	香港	子会社	1
	デサント	デサント	スポーツ用品	フランス	子会社	撤退
	デサント	デサント	スポーツ用品	米ニューヨーク	子会社	有
	KUMON	公文	学習塾	ドイツ	*	*
1980	KUMON	公文	学習塾	フランス	*	*
	KUMON	公文	学習塾	カナダ	*	*
1981	紀伊國屋	紀伊國屋書店	書店	米ニューヨーク	子会社	2
	アシックス	アシックス	スポーツ用品	米カリフォルニア	子会社	1
1982	KUMON	公文	学習塾	フィリピン	*	*
1983	旭屋書店	旭屋書店	書店	香港	子会社	1
	紀伊國屋	紀伊國屋書店	書店	シンガポール	子会社	3
	デサント	デサント	スポーツ用品	カナダ	子会社	有
	KUMON	公文	学習塾	イギリス	*	*
	たち吉	たち吉	陶器	台湾	FC	2
	たち吉	たち吉	陶器	米ニューヨーク	FC	撤退
1984	KUMON	公文	学習塾	オーストラリア	*	*
	たち吉	たち吉	陶器	ハワイ	FC	1
1985	ベスト電器	ベスト電器	家電	シンガポール	共同→子→合弁	12
	KUMON	公文	学習塾	ベルギー	*	*

年	店舗名	企業名	業種	進出先	進出形態	店舗数
1986	旭屋書店	旭屋書店	書店	米ロサンゼルス	子会社	2
	ベスト電器	ベスト電器	家電	香港	共同出資→子会社	8
	アシックス	アシックス	スポーツ用品	オーストラリア	子会社	1
	KUMON	公文	学習塾	マレーシア	*	*
	KUMON	公文	学習塾	オーストリア	*	*
	KUMON	公文	学習塾	スイス	*	*
1987	ダスキン	ダスキン	清掃レンタル	カリフォルニア	子会社	撤退
	紀伊國屋	紀伊國屋書店	書店	台湾	子会社	6
	ベスト電器	ベスト電器	家電	ブルネイ	共同出資	撤退
	ベスト電器	ベスト電器	家電	マレーシア	共同出資→子会社	13
	ベスト電器	ベスト電器	家電	米・ロサンゼルス	共同出資	撤退
	KUMON	公文	学習塾	シンガポール	*	*
	アシックス	アシックス	スポーツ用品	韓国	合弁	6
1988	パリ三城	三城	メガネ	イギリス	子会社	1
	パリ三城	三城	メガネ	ドイツ	子会社	2
	パリ三城	三城	メガネ	オーストラリア	合弁→子会社	23
	ベスト電器	ベスト電器	家電	米ニューヨーク	共同出資	撤退
	KUMON	公文	学習塾	香港	*	*
1989	パリ三城	三城	メガネ	米・ワシントン州	合弁	5
	ベスト電器	ベスト電器	家電	台湾・台中	共同出資	撤退
	KUMON	公文	学習塾	イタリア	*	*
	ドクターリフォーム	ドクターリフォーム	衣類リフォーム	米カリフォルニア	合弁	撤退
1990	パリ三城	三城	メガネ	マレーシア	子会社	7
	紀伊國屋	紀伊國屋書店	書店	マレーシア	子会社	1
	KUMON	公文	学習塾	韓国	*	*
	レッドバロン	レッドバロン	バイク販売	オーストラリア	資本参加	1
	アシックス	アシックス	スポーツ用品	フランス	子会社	4
1991	無印良品	良品計画	生活雑貨	イギリス	子会社＋FC	14
	無印良品	良品計画	生活雑貨	香港	子会社	撤退
	KUMON	公文	学習塾	タイ	*	*
	KUMON	公文	学習塾	南アフリカ	*	*
	KUMON	公文	学習塾	インドネシア	*	*
	KUMON	公文	学習塾	中国	*	*
	KUMON	公文	学習塾	メキシコ	*	*
	KUMON	公文	学習塾	コロンビア	*	*
	オートバックス	オートバックス	カーアクセサリー	台湾	子会社→FC	撤退

付表　日本企業による国際フランチャイジングのデータベース　257

年	店舗名	企業名	業種	進出先	進出形態	店舗数
1991	ベスト電器	ベスト電器	家電	タイ	共同出資	撤退
	レッドバロン	レッドバロン	バイク販売	ニュージランド	合弁	1
	アシックス	アシックス	スポーツ用品	イタリア	合弁	4
1992	パリ三城	三城	メガネ	タイ	子会社	5
	パリ三城	三城	メガネ	中国・上海	合作	147
	KUMON	公文	学習塾	スペイン	*	*
	アシックス	アシックス	スポーツ用品	イギリス	子会社	2
	KUMON	公文	学習塾	ハンガリー	*	*
	紀伊國屋	紀伊國屋書店	書店	タイ	子会社	3
	レッドバロン	レッドバロン	バイク販売	タイ	子会社	1
1993	丸善	丸善	書店	シンガポール	子会社	1
	ベスト電器	ベスト電器	家電	インドネシア	技術提携	撤退
	KUMON	公文	学習塾	オランダ	*	*
	レッドバロン	レッドバロン	バイク販売	ブラジル	FC	1
	和真	和真	メガネ	イギリス	FC	1
1994	パリ三城	三城	メガネ	台湾	子会社	1
	KUMON	公文	学習塾	ニュージランド	*	*
	ダスキン	ダスキン	清掃レンタル	台湾	合弁	*
	愛眼	愛眼	メガネ	中国・北京	合弁→子会社	17
	アシックス	アシックス	スポーツ用品	オランダ	子会社	2
1995	オートバックス	オートバックス	カーアクセサリー	シンガポール	子会社	2
	無印良品	良品計画	生活雑貨	シンガポール	子会社	撤退
	ツタヤ	カルチャーコンビニエンスクラブ	レンタルビデオ	タイ	合弁	撤退
	和真	和真	メガネ	中国・天津	合弁	7
	丸善	丸善	書店	インドネシア	FC	撤退
	KUMON	公文	学習塾	ルクセンブルク	*	*
	KUMON	公文	学習塾	ボリビア	*	*
	ベスト電器	ベスト電器	家電	台湾・桃園	共同出資	撤退
	ベスト電器	ベスト電器	家電	中国・広東	合弁	撤退
	アシックス	アシックス	スポーツ用品	スペイン	子会社	1
1996	無印良品	良品計画	生活雑貨	フランス	子会社	9
	KUMON	公文	学習塾	チリ	FC	*
	レッドバロン	レッドバロン	バイク販売	ドイツ	FC	撤退
	ミズノ	ミズノ	スポーツ用品	中国	子会社	644
1997	KUMON	公文	学習塾	ボツワナ	*	*
	KUMON	公文	学習塾	アルゼンチン	*	*

年	店舗名	企業名	業種	進出先	進出形態	店舗数
1997	レッドバロン	レッドバロン	バイク販売	ハンガリー	FC	2
	レッドバロン	レッドバロン	バイク販売	ギリシャ	FC	撤退
	レッドバロン	レッドバロン	バイク販売	チリ	FC	撤退
1998	ツタヤ	カルチャーコンビニエンスクラブ	レンタルビデオ	韓国	FC	撤退
	コナミ	コナミ	ゲーム販売	韓国	FC	撤退
	KUMON	公文	学習塾	スリランカ	*	*
	KUMON	公文	学習塾	ナミビア	*	*
	KUMON	公文	学習塾	UAE	*	*
1999	KUMON	公文	学習塾	バーレーン	*	*
2000	ブックオフ	ブックオフ	古書	ハワイ		撤退
	ブックオフ	ブックオフ	古書	米ニューヨーク	子会社	4
	KUMON	公文	学習塾	ケニア	*	*
	KUMON	公文	学習塾	アイルランド	*	*
	オートバックス	オートバックス	カーアクセサリー	タイ	子会社	3
	ダイソー	大創産業	100円ショップ	香港	FC	24
2001	無印良品（再）	良品計画	生活雑貨	香港	合弁→子会社	9
	オートバックス	オートバックス	カーアクセサリー	フランス	子会社	12
	イエローハット	イエローハット	カーアクセサリー	台湾	子会社	5
	KUMON	公文	学習塾	ミャンマー	*	*
	KUMON	公文	学習塾	ザンビア	*	*
	デサント	デサント	スポーツ用品	韓国	子会社	200
	ダイソー	大創産業	100円ショップ	台湾	子会社	16
	ダイソー	大創産業	100円ショップ	韓国	FC	380
2002	無印良品	良品計画	生活雑貨	アイルランド	FC	1
	QBハウス	QBネット	理容	シンガポール	子会社	26
	ダイソー	大創産業	100円ショップ	シンガポール	子会社	5
	こものや	ワッツ	100円ショップ	韓国	FC	撤退
	フランフラン	パルス	家具雑貨	香港	子会社	3
	KUMON	公文	学習塾	マカオ	*	*
	紀伊國屋	紀伊國屋書店	書店	オーストラリア	子会社	1
2003	無印良品（再）	良品計画	生活雑貨	シンガポール	子会社	4
	無印良品	良品計画	生活雑貨	韓国	FC	解消
	無印良品	良品計画	生活雑貨	台湾	合弁	17
	QBハウス	QBネット	理容	マレーシア	子会社	撤退
	オートバックス	オートバックス	カーアクセサリー	アメリカ	子会社	撤退
	ダイソー	大創産業	100円ショップ	タイ	合弁	32

年	店舗名	企業名	業種	進出先	進出形態	店舗数
2003	ダイソー	大創産業	100円ショップ	カナダ	FC	1
	三省堂	三省堂	書店	米カリフォルニア	FC	5
2004	ダスキン	ダスキン	清掃レンタル	台湾	FC	*
	ダイソー	大創産業	100円ショップ	クウェート	FC	4
	ダイソー	大創産業	100円ショップ	カタール	FC	1
	ダイソー	大創産業	100円ショップ	インドネシア	FC	5
	ダイソー	大創産業	100円ショップ	UAE	FC	8
	デサント	デサント	スポーツ用品	香港	子会社	
	無印良品	良品計画	生活雑貨	イタリア	子会社	5
	無印良品	良品計画	生活雑貨	韓国	合弁	9
	ブックオフ	ブックオフ	古書	フランス・パリ	FC	2
	紀伊國屋	紀伊國屋書店	書店	インドネシア	FC	4
	アップル	アップルインターナショナル	自動車ディーラー	中国・雲南省	子会社	
2005	ブックオフ	ブックオフ	古書	カナダ	子会社	1
	ハートアップ	日本オプティカル	コンタクトレンズ	中国・上海	子会社	1
	オートバックス	オートバックス	カーアクセサリー	中国	子会社	12
	イエローハット	イエローハット	カーアクセサリー	中国・上海	子会社	13
	KUMON	公文	学習塾	インド	*	*
	ダイソー	大創産業	100円ショップ	バーレーン	FC	2
	ダイソー	大創産業	100円ショップ	マカオ	FC	2
	ダイソー	大創産業	100円ショップ	米西海岸	子会社	9
	ダイソー	大創産業	100円ショップ	ニューカレドニア	FC	1
	ダイソー	大創産業	100円ショップ	オマーン	FC	1
	無印良品	良品計画	生活雑貨	ノルウェー	FC	7
	無印良品	良品計画	生活雑貨	中国・上海	子会社	11
	無印良品	良品計画	生活雑貨	ドイツ	子会社	4
	無印良品	良品計画	生活雑貨	スウェーデン	FC	1
	明光義塾	アムネホールディングス	学習塾	香港	FC	1
	ベスト電器	ベスト電器	家電	台湾	買収	14
	QBハウス	QBネット	理容	香港	子会社	21
	QBハウス	QBネット	理容	タイ	合弁	撤退
	ガリバー	ガリバー	中古車	米国	子会社	3
2006	ベスト電器	ベスト電器	家電	インドネシア	合弁	6
	無印良品	良品計画	生活雑貨	スペイン	FC	4
	無印良品	良品計画	生活雑貨	タイ	FC	7

年	店舗名	企業名	業種	進出先	進出形態	店舗数
2006	アップル	アップルオートネットワーク	中古車	中国・北京	合弁	1
	フランフラン	パルス	家具雑貨	台湾	FC	3
	ブックオフ	ブックオフ	古書	韓国	子会社	1
	KUMON	公文	学習塾	カタール	*	*
	デサント	デサント	スポーツ用品	中国・上海	子会社	282
	ダスキン	ダスキン	清掃レンタル	中国・上海	孫会社	*
	ダイソー	大創産業	100円ショップ	ニュージランド	FC	1
	キャンドゥ	キャンドゥ	100円ショップ	中国・上海	子会社	8
	アシックス	アシックス	スポーツ用品	中国・上海	子会社	109
	アシックス	アシックス	スポーツ用品	台湾	子会社	1
2007	オートバックス	オートバックス	カーアクセサリー	アメリカ	買収	撤退
	無印良品	良品計画	生活雑貨	米・ニューヨーク	子会社	6
	アシックス	アシックス	スポーツ用品	韓国	合弁	7
	アシックス	アシックス	スポーツ用品	香港	子会社	3
	アシックス	アシックス	スポーツ用品	スイス		1
	ダイソー	大創産業	100円ショップ	ルーマニア	FC	8
	ダイソー	大創産業	100円ショップ	モーリシャス	FC	1
	KUMON	公文	学習塾	ベトナム	*	*
	ベスト電器	ベスト電器	家電	ベトナム	FC→合弁	4
2008	イエローハット	イエローハット	カーアクセサリー	UAEドバイ	FC	2
	無印良品	良品計画	生活雑貨	トルコ	FC	2
	ダイソー	大創産業	100円ショップ	マレーシア	FC	5
	ダイソー	大創産業	100円ショップ	ベトナム	FC	4
	ダイソー	大創産業	100円ショップ	サウジアラビア	FC	5
	ダイソー	大創産業	100円ショップ	レバノン	FC	2
	KUMON	公文	学習塾	ギリシャ	*	*
	紀伊國屋	紀伊國屋書店	書店	UAEドバイ	子会社	1
	ミズノ	ミズノ	スポーツ用品	韓国	FC	27
	アップル	アップルオートネットワーク	中古車	中国・蘇州	子会社	4
	アシックス	アシックス	スポーツ用品	フィリピン		1
2009	ダイソー	大創産業	100円ショップ	ヨルダン	FC	1
	ダイソー	大創産業	100円ショップ	フィリピン	合弁	1
	シルク	ワッツ	100円ショップ	タイ	子会社	1
	無印良品	良品計画	生活雑貨	インドネシア	FC	1
	ベスト電器	ベスト電器	家電	クウェート	FC	2
	KUMON	公文	学習塾	オマーン	*	*

年	店舗名	企業名	業種	進出先	進出形態	店舗数
2009	フランフラン	パルス	家具雑貨	韓国	FC	2
	アップル	アップルオートネットワーク	中古車	中国・大連	子会社	1

注）進出形態と店舗数の＊印は未公表。

付表3で対象外とした主な専門店の海外進出

年	店舗名	企業名	業種	進出先	進出形態	店舗数
1968	東京メガネ	東京メガネ	メガネ	香港	子会社	1
1973	金鳳堂	金鳳堂	メガネ	シンガポール	子会社	撤退
1977	静岡谷島屋	静岡谷島屋	書店	シンガポール	合弁	撤退
1977	東京メガネ	東京メガネ	メガネ	ハワイ	子会社	1
1981	静岡谷島屋	静岡谷島屋	書店	香港	合弁	撤退
1982	静岡谷島屋	静岡谷島屋	書店	タイ	合弁	撤退
1982	静岡谷島屋	静岡谷島屋	書店	マレーシア	合弁	撤退
1986	東京メガネ	東京メガネ	メガネ	シンガポール	子会社	撤退
1987	東京メガネ	東京メガネ	メガネ	台湾	子会社	3
1990	金鳳堂	金鳳堂	メガネ	マレーシア	子会社	1
1992	金鳳堂	金鳳堂	メガネ	台湾	子会社	撤退
1992	東京メガネ	東京メガネ	メガネ	タイ	子会社	1
1994	東京メガネ	東京メガネ	メガネ	マレーシア	子会社	1

おわりに

　冒頭でも述べたように、本書は我が国で最初の国際フランチャイジングの研究書である。不十分な点は多々あるが、まずは調査ノートや資料ばかりが溜まっていく状態を脱して、ようやく日の目を見ることができたことを素直に嬉しく思っている。

　ただし、本書では日本企業の国際フランチャイジングの「全体像」を把握することに主眼が置かれたため、個別企業に関する興味深い資料の多くが積み残されてしまった点は残念であった。それらについては、改めて整理したく思っている。

　さて、本書のねらいは、直接投資とは異なるフランチャイズ方式による海外進出の動向を、主体特性と組織ガバナンスの視点から整理し理解することにあった。その作業を通して、最終的に多店舗展開型の小売・サービス業が国境を越えていくダイナミズムに迫ると共に、それを踏まえた新興市場進出に向けての課題を明確化したかったのである。このような流通業（商業資本）の越境（国際立地）のダイナミズムへの関心は、この20年近くの間、一貫してもち続けているものである。その意味で、フランチャイズに焦点をあてた本書と百貨店やスーパーの直接投資を中心に据えた拙著『小売業の海外進出と戦略』（新評論、2000年）とは補完関係にある。

　そもそも、筆者がフランチャイジングに関心をもち始めたのは、1998年にバンコクのファミリーマート（サイアム・ファミリーマート社）を訪ねたときに始まる。ただし、当時の筆者は小売業の海外進出の研究を始めたばかりの頃で、フランチャイジングへの関心はまだ低く、単に小売業態の一つとしてコンビニ

を捉えていたにすぎなかった。その後もいくつかの海外の日系コンビニで調査をしたが、当時の小売国際化の中心は何といっても百貨店やスーパーであったため、1990年代までの研究ではフランチャイズ方式での国際化研究については積み残しの課題となっていた。

とはいえ、2000年から専門店や外食企業の国際化研究に関する文部科学省の科学研究費補助が受けられたことや、アサヒビール学術振興財団から外食企業の国際化に関する研究費を頂戴できたことが研究を後押ししてくれた。しかし、この時点でもまだ国際フランチャイジングという視点は弱く、小売国際化研究の枠の中で、専門店や外食といった業種の国際化のダイナミズムを捉えようとしていた。吉野家、モスフード、元気寿司といった国際外食チェーンの海外事業部との交流はこのときに始まったが、当時調査にお付き合いいただいた方の中には、10年を経た現在でもお世話になっている方が何人かおられ、その意味では貴重な研究基盤がこのときにできた。

その後も、折を見ては海外の日系コンビニや日系外食企業をコツコツめぐる旅は続き、百貨店やスーパーとは大きく異なる国際化のダイナミズムに関する知見を蓄積していったが、単なるフランチャイズ企業の国際化という視点から脱皮し、より大きな国際フランチャイジングという枠組みに移行することはなかなかできなかった。というのも、フランチャイズ方式が市場参入モードの一つとして重要であることは承知していたが、当時の日本では、その市場参入モードを利用する企業はフランチャイズ企業に限られていたため（直接投資が規制された市場への参入の場合は百貨店やスーパーも採用していたが）、国際フランチャイジングという枠組みを設定しても、結局はコンビニや外食といったフランチャイズ企業の国際化研究に重なってしまうことになったからである。

転機となったのは、2004年に出した台湾の高雄第一科学技術大学の許英傑教授との共同論文「フランチャイズ方式での小売国際化」（龍谷大学経営学論集44（3））を書いたことであった。この頃になるとアジアでのフランチャイズ企業の国際化が一層進展し、中国市場への進出も活発化してきていた。許教授は、Flandmoe-Lindquest［1996］などの研究をベースにした国際フランチャイジン

グの理論ノートを筆者に送ってこられたのであるが、筆者のこれまでの日系フランチャイズ企業の国際化の実態調査と摺り合わせて、それに大幅加筆をさせていただくことでより現実味のある共同論文ができあがった。この作業によって、フランチャイズ方式での小売国際化の基礎知識が整理できた。

そこで、これを発展させる形で、フランチャイズ方式という「契約」と「技術移転」による流通国際化のあり方を分析することに取り組むこととなった。製造業の国際化研究も流通業の国際化研究も、それまでは直接投資によるものが主流であったが、今後はフランチャイズ方式という直接投資に依らない経済の国際化が進むと見たからである。

ここで技術移転という視点が意識されたのには、もう一つの伏線がある。それは、筆者が2000年頃から小売ノウハウの国際移転の研究を進めていたことと関係が深く、すでに百貨店技術の韓国と台湾への移転を分析した論文を2003年に2本発表していたことである（「アジアへの小売ノウハウの移転に関する考察」『アジア経済』44（3）、「小売技術の移転」関根孝・オセジョ編『日韓小売業の新展開』千倉書房所収）。

ただし、そこでは国際フランチャイジングは取り上げていなかった。というのも、国際フランチャイジングは商標貸与や商品供給などと一体化したものであるため、純然たる小売技術移転の分析対象にはなり得なかったからである。したがって、この積み残されていた国際フランチャイジングに付随した技術移転問題も含めて検討することとなった。この研究は、2005年から3年間の文部科学省の科学研究費補助を受けることができ、フランチャイズ方式での国際化についての実態調査を深めることができた。

こうして、バラバラな観点から始まった小売国際化研究、コンビニ国際化研究、外食国際化研究、小売ノウハウの国際移転研究が、国際フランチャイジングという一つのテーマのもとに統合されていったのである。この科学研究費補助による研究は2008年春に一旦終了したが、タイミングよくその年の日本商業学会全国大会の統一論題報告の一つとして報告を行う機会が与えられた。その報告内容は「フランチャイズ方式での海外進出――統治の視点から見た分析フ

レームの提起」（流通研究11（2）2008年）にまとめられたが、これが本書の理論部分のベースとなっている。

　また、この間、外食産業の国際化の歴史と全体像（『流通とシステム』No.135、2008年）、味千ラーメンの国際化（『流通情報』No.466、2008年）、吉野家の国際化（大石芳裕編『日本企業のグローバル・マーケティング』白桃書房、2009年所収）の三つの論考をまとめる機会にも恵まれた。このような論考が、本書の実態部分（第6章から第8章）のベースになっている。さらに、国際フランチャイジングの歴史研究については、2008年度から科学研究費補助を受けている「流通国際化の歴史的研究」の一部として進めることができたことも幸いであった。

　ところで、このような経緯で収斂してきた研究を刊行できた直接のきっかけは、なんと言っても筆者が勤務する龍谷大学の学術出版助成（2009年度）を受けたことが大きい。大学関係者はもちろん、出版を引き受けていただいた株式会社新評論の武市一幸氏にもお礼を述べたい。

　このようにして振り返ると、本書は実に多くの人々に支えられ、また様々な幸運に恵まれて世に送り出せたことが改めて確認できる。多忙中にもかかわらず筆者の調査に協力をいただいた多くの企業関係者の方々、各種の報告や原稿執筆の機会を与えていただいた方々に心から感謝をしたい。

　　2009年12月
　　　　　　　　　　　　クリスマスセールに華やぐシンガポールにて
　　　　　　　　　　　　　　　　　　　　　　　　　　　　　　筆者

参考文献一覧

Alexander, N. and Marcelo de Lira e Silva[2002], "Emerging Markets and the Internationalisation of Retailing: The Brazilian Experience," *International Journal of Retail & Distribution Management*, 30(6), pp.300〜314.

Alon, I. [1999], *The Internationalization of U.S. Franchising Systems*, Grand Publishing, New York.

Alon, I. [2001], "International Franchising in China with Kodak," *Thunderbird International Business Review (USA)*, 43(6), pp.737〜754.

Alon, I. [2004], "Global Franchising and Development in Emerging and Transitioning Markets," *Journal of Macro-marketing*, 24(2), pp.156〜167.

Alon, I. [2005], *Service Franchising: A Global Perspective*, Springer, New York.

Alon, I. and Banai, M. [2000], "Franchising Opportunities and Threats in Russia," *Journal of International Marketing (USA)*, 8(3), pp.104〜119.

Altinary, L. [2006], "Selecting Partners in an International Franchise Organization," *International Journal of Hospitality Management*, 25, pp.108〜128.

Altinary, L. and Wang, C.L. [2006], "The Role of Prior Knowledge in International Franchise Partner Recrutment," *International Journal of Service Industry Management*, 17(5), pp.430〜443.

Aydin, N. and Kacker, M. [1990], "International Outlook of U.S.-based Franchisers," *International Marketing Review*, 7(2), pp.43〜53.

Azevedo, F. P. and Silva, L.S.V. [2007], "Governance Inseparability in Franchising: Multicase Study in France and Brazil," in Cliquet, G., Hendrisk, G., et al.(eds), "Economics and Management of Networks," Physica-Verlag, New York.

Blair,D.R. and Lafontaine, F. [2005], *The Economics of Franchising*, Cambridge University Press, New York.

Bradach,L.J. [1998], *Franchise Organizations*, Harvard Business School Press, Boston. (河野昭三監訳『ハーバードのフランチャイズ組織論』文眞堂)

Bürkle, T. and Posselt, T. [2008], "Franchising as a Plural System: A Risk-base Explanation," *Journal of Retailing*, 84, pp.39〜47.

Burton,N.F.,and Cross, R.A. [1995], "Franchising and Foreign Market Entry" in Paliwoda, J.S., and Ryans, R.J., *International Marketing Reader*, Routledge, London.

Burton, F., Cross, A. R., and Rhodes, M. [2000], "Foreign Market Servicing Strategies of UK Franchisors: An Empirical Enquiry from a Transactions Cost Perspective," *Management International Review (Germany)*, 40(4), pp.373〜400.

Carney, M. and Gedajlovic, E. [1991], "Vertical Integration on Franchise Systems: Agency Theory and Resource Explanations," *Strategic Management Journal*, 12(8), pp.607〜629.

Castrogiovanni, G.J., Combs, J.G., and Justis, R.T. [2006a], "Shifting Imperatives: An Integrative View of Resource Scarcity and Agency Reasons For Franchising," *Entrepreneurship Theory and Practice*, 30(1), pp.23~40.

Castrogiovanni, G.J., Combs, J.G., and Justis, R.T. [2006b], "Resource Scarcity and Agency Theory Predictions Concerning the continued Use of Franchising in Multi-outlet Networks," *Journal of Small Business Management*, 44(1), pp.27~44.

Choo, S., Mazzarol, T. and Soutar, G. [2007], "The Selection of International Retail Franchisees in East Asia," *Asia Pacific Journal of Marketing and Logistics*, 19(4), pp.380~397.

Chow, L. and Frazer, L. [2003], "Servicing Customers Directly: Mobile Franchising Arrangements in Australia," *European Journal of Marketing*, 37(3/4), pp.594~613.

Clarkin, E.J., and Swavely, M.S. [2006], "The Importance of Personal Characteristics in Franchisee Selection," *Journal of Retailing and Services*, 13, pp.133~142.

Cliquet, G., Hendrikse, G., et al. (eds) [2007], *Economics and Management of Networks*, Physica-Verlag, New York.

Combs, J.G. and Castrogiovanni, J.G. [1994], "Franchisor Strategy: A Proposed Model and Empirical Rest of Franchise versus Company Ownership," *Journal of Small Business Management*, 32(2), pp.37~48.

Connell, J.M. [1997], "International Hotel Franchise Relationships-UK Franchisee Perspectives," *International Journal of Contemporary Hospitality Management*, 9(5/6), pp.215~220.

Connell, J.M. [1999], "Diversity in Large Firm International Franchise Strategy," *Journal of Consumer Marketing*, 16(1), pp.87~96.

Dant, R.P. [2008], "A Futuristic Research Agenda for the Field of Franchising," *Journal of Small Business Management*, 46(1), pp.91~98.

Dant, R.P., Perrigot, R., and Cliquet G. [2008], "A Cross-Cultural Comparison of the Plural Forms in Franchise Networks: United States, France, and Brazil," *Journal of Small Business Management*, 4.6(2), pp.286~311.

Dicke, T.S. [1992], *Franchising in America: The Development of a Business Method, 1840-1980*, University of North Carolina Press, North Carolina. (『フランチャイジング――米国における発展過程』河野昭三・小嶌正稔訳、まほろば書房、2006年)

Doherty, A.M. [2000], "Factors Influencing International Retailers' Market Entry Mode Strategy: Qualitative Evidence from the UK Fashion Sector," *Journal of Marketing Management*, 16(1-3), pp.223~245.

Doherty, A.M. [2009], "Market and Partner Selection Processes in International Retail Franchising," *Journal of Business Research (USA)*, 62(5), pp.528~534.

Doherty, A.M. and Alexander, N. [2006], "Power and Control in International Retail Franchising," *European Journal of Marketing*, 40(11/12), pp.1292~1316.

Doherty, A.M. and Quinn, B. [1999], "International Retail Franchising: An Agency Theory Perspective," *International Journal Retail & Distribution Management*, 27(6), pp.224~236.

Fladmoe-Lindquist, K. [1996], "International Franchising: Capabilities and Development," *Journal of Business Venturing*, 11(5), pp.419~438.

Frazer, L. [1998], "Motivations for Franchisors to Use Flat Continuing Franchise Fees," *Journal of Consumer Marketing*, 15(6), pp.587~597.

Fulop, C. and Forward, J. [1997], "Insights into Franchising: A Review of Empirical and Theoretical Perspectives," *The Services Industries Journal*, 17(4), pp.603~625.

Gamir, A. and Mendez, R. [2000], "Business Networks and New Distribution Methods: The Spread of Franchises in Spain," *International Journal of Urban and Regional Research*, 24(3), pp.653~674.

Glatz, E. and Chan, P. [1999], "Franchising in Austria," *European Business Review*, 99(1), pp.23~31.

Gonçalves, C. V. F. and Duarte, C. M. M. M. [1994], "Some Aspects of Franchising in Portugal: An Exploratory Study," *International Journal of Retail & Distribution Management*, 22(7), pp.30~40.

Grag, V.K. and Kaufmann, P.J. [2003], "Structural and Strategic Dynamics in Franchising," *Journal of Retailing*, 79, pp.63~75.

Hackett, D.W. [1976], "The International Expansion of U.S. Franchise Systems: Status and Strategies," *Journal of International Business Studies*, 7 (Spring), pp.65~75.

Hendrikse, G., Tuunanen, M., et al. (eds) [2008], *Strategy and Governance of Networks*, Physica-Verlag, Heidelberg.

Hoffman, R.C. and Preble, J.F. [1991], "Franchising: Selecting a Strategy for Rapid Growth," *Long Range Planning*, 24(4), pp.74~82.

Hoffman, R.C. and Preble, J.F. [2004], "Global Franchising: Current Status and Future Challenges," *Journal of Services Marketing*, 18(2), pp.101~113.

Jackson, P., and Sparks, L. [2005], "Retail Internationalisation: Marks and Spencer in Hong Kong," *International Journal of Retail & Distribution Management*, 33, (10), pp.766~783.

Jambulingan,T. and Nevin,J.R. [1999], "Influence on Franchisee Selection Criteria on the Outcomes Desired by the Franchisor," *Journal of business venturing*, 14(4), pp.363~395.

Jones, G. [2003], "Middle East Expansion-the Case of Debenhams," *International Journal of Retail & Distribution Management*, 31(7), pp.359~364.

Julian, S. and Castrogiovanni, G. [1995], "Franchisor Geographic Expansion," *Journal of Small Business Management*, 33(2), pp.1~11.

Justis, R. and Judd, R. [1986], "Master Franchising: A New Look," *Journal of Small Business*

Management, 24(3), pp.16~21.

Kalnins, A. [2005], "Overestimation and Venture Survival: An Empirical Analysis of Development Commitments in International Master Franhising Ventures," *Journal of Economics & Management Strategy*, 14(4), pp.933~953.

Kedia, B.L., Ackerman, J.D., Bush, E.D. and Justis R.T. [1994], "Study Note: Determinants of Internationalization of Franchise Operations by US Franchisors," *International Marketing Review*, 11(4), pp.56~69.

Konigsberg, S.A. [2008], *International Franchising (Third Edition)*, Juris Publishing, New York.

Lafontaine, F. (ed.), [2005], *Franchise Contracting and Organization*, Edward Elgar, U.K.

Lafontaine, F. and Kaufmann J.P. [1994], "The Evolution of Ownership Patterns in Franchise Systems," *Journal of Retailing*, 70(2), pp.97~113.

Lafontaine, F. and Oxley, J.E. [2004], "International Franchising Practices in Mexico: Do Franchisors Customize Their Contracts," *Journal of Economics & Management Strategy*, 13(1), pp.95~123.

Manaresi, A. and Uncles, M. [1995], "Retail Franchising in Britain and Italy," in McGoldrick, P.J. and Davies, G. (ed.), *International Retailing: Trends and Strategies*, Pitman Publishing, London. Cap.8, pp.151~157.

Moore, C.M., Birtwistle, G., and Burt, S. [2004], "Channel Power, Conflict and Conflict Resolution in International Fashion Retailing," *European Journal of Marketing*, 38(7), pp.749~769.

Netzer, A.(eds), [2008], *International Franchising: The Comparative Law Yearbook of International Business*, Kluwer Law International, G.B.

Oxenfeldt, A.R., and Kelly, O.A., [1968], "Will Successful Franchise Systems Ultimately Become Wholly-Owned Chains?," Journal of Retailing, 44(Winter), pp.69~83.

Paik, Y. and Choi, D. Y. [2007], "Control, Autonomy and Collaboration in the Fast Food Industry: A Comparative Study between Domestic and International Franchising," *International Small Business Journal (UK)*, 25(5), pp.539~562.

Panvisavas, V. and Taylor, S. J. [2006], "The Use of Management Contracts by International Hotel Firms in Thailand," *International Journal of Contemporary Hospitality Management*, 18(3), pp.231~245.

Parker, L. L. [1972], "Contractual Market Expansion-A Short Run Phenomenon?," *International Journal of Physical Distribution & Logistics Management*, 3(3), pp.222~230.

Peretiatko, R., Humeniuk, A., Humeniuk, M., D'Souza, C., and Gilmore, A. [2009], "Franchising in Ukraine", *European Journal of Marketing*, 43(1/2), pp.21~30.

Perrigot, R. [2008], "Plural Form and the Internationalization of Franchising Networks: Exploring the Potential Relationship," in Hendrikse, G., Tuunanen, M., et al. (eds),

Strategy and Governance of Networks, Physica-Verlag, Heidelberg.
Pine, R., Zhang, Q.H. and Qi, P. [2000], "The Challenges Opportunities of Franchising in China's Hotel Industry," *International Journal of Contemporary Hospitality Management*, 12(5), pp.300～307.
Price, S. [1993], "Performance of Fast-food Franchises in Britain," *International Journal of Contemporary Hospitality Management*, 5(3), pp.10～15.
Quinn, B. [1998a], "The Internationalization Process of a Franchise System: An Ethnographic Study," *Asia Pacific Journal of Marketing and Logistics*, 10(2), pp.66～84.
Quinn, B. [1998b], "Towards a Framework for the Study of Franchising as an Operating Mode for International Retail Companies," *The International Review of Retail, Distribution and Consumer Research*, 8(4), pp.445～467.
Quinn, B. [1999], "Control and Support in an International Franchise Network," *International Marketing Review*, 16(4/5), pp.345～362.
Quinn, B. and Doherty M. A. [2000], "Power and Control in International Retail Franchising: Evidence from Theory and Practice", *International Marketing Review*, 17(4/5), pp.354～372.
Root, R.F. [1987], *Entry Strategies for International Markets*, Lexington Books, New York.
Root, R.F. [1994], *Entry Strategies for International Markets (Revised and Expanded)*, Lexington Books, New York.
Ryans, J.K. et al. [1999], "Do Master Franchisors Drive Global Franchising?," *Marketing Management*, 8(2), pp.32～37.
Sanghavi, N. [1991], "Retail Franchising as a Growth Strategy for the 1990s," *International Journal of Retail & Distribution Management*, 19(2), pp.4～9.
Sashi, C. M. and Karuppur, P. D. [2002], "Franchising in Global Markets: Towards a Conceptual Framework," *International Marketing Review*, 19(5), pp.499～524.
Shane, S. A. [1996], "Why Franchise Companies Expand Overseas," *Journal of Business Venturing*, 11, pp.73～88.
Sparks, L. [1995], "Reciprocal Retail Internationalisation: The Southland Corporation, Ito-Yokado and 7-Eleven Convenience Stores," *Service Industries Journal*, 15(4), pp.57～96.
Sparks, L. [2000], "Seven-Eleven Japan and the Southland Corporation: A Marriage of Convenience?," *International Marketing Review*, 17(4/5), pp.401～415.
Sternquist, B. [1998], *International Retailing*, Fairchild Publications, New York.
Sternquist, B. [2007], *International Retailing (2nd edition)*, Fairchild Publications, New York.
（若林靖永・崔容熏ほか訳『変わる世界の小売業――ローカルからグローバルへ』新評論、2009年）
Tuncalp, S. [1991], "The Problems and Prospects for Franchising in the Arabian Peninsula: The cases of Saudi Arabia," *International Journal of Retail & distribution Management*,

19(4), pp.28〜37.
Vaishnav, T. and Altinay, L. [2009], "The Franchise Partner Selection Process and Implications for India," *Worldwide Hospitality and Tourism Themes*, 1(1), pp.52〜65.
Vignali, C., Schmidt, A. R., and Davies, J. B. [1993], "The Benetton Experience," *International Journal of Retail & Distribution Management*, 21(3)
Walker, B. and Etzel, M.J. [1973], "The Internationalization of U.S. Franchise Systems: Progress and Procedures," *Journal of Marketing*, 37, pp.38〜46.
Wang, C.L. and Altinary, L. [2008], "International Franchise Partner Selection and Chain Performance Through the Lens of Organizational Learning," *The service Industries Journal*, 28(2), pp.225〜238.
Welch, S. L. [1989], "Diffusion of Franchise System Use in International Operations," *International Marketing Review*, 6(5), pp.7〜19.
Welch, S. L. [1990], "Internationalization by Australian Franchisors," *Asia pacific Journal of Management*, 7(2), pp.101〜121.
Welch, S. L. [1992], "Developments in International Franchising," *Journal of Global Marketing*, 6(1/2), pp.81〜96.
Welsh, B. D. and Alon, I. (eds) [2001], *International Franchising in emerging Markets: Central and Eastern Europe and Latin America*, CCH Publishing, Chicago.
Welsh, B. D., Alon, I., and Fable, C.M. [2006], "An Examination of International Retail Franchising in Emerging Markets," *Journal of Small Business Management*, 44(1), pp.130〜149.
Whitehead, M. [1991], "International Franchising: Marks & Spencer: A Case study," *International Journal of Retail Distribution Management*, 19(2), pp.10〜12.
Whitehead, M. [1992], "Marks & Spencer : Britain's Leading Retailer: Quality and Value Worldwide," *Management Decision*, 32(3), pp.38〜41.
Wigley, M. S., Moore, M. C., and Birtwistle, G. [2005], "Product and Brand: Critical Success Factors in the Internationalisation of a Fashion Retailer," *International Journal of Retail & Distribution Management*, 33(7), pp.531〜544.
Wu, A., Costa, J., and Teare, R. [1998], "Using Environmental Scanning for Business Expansion into China and Eastern Europe: The Case of Transnational Hotel Companies," *International Journal of Contemporary Hospitality Management*, 10(7), pp.257〜263.
Wüindsperger, J.,Cliquet, G.et al. (eds) [2004], *Economics and Management of Franchising Networks*, Physica-Verlag, New York.
Yavas, U. and Habib, G. [1987], "Correlates of Franchisee Satisfaction: The Case of Saudi Car Dealers," *International Journal of Physical Distribution & Logistics Management*, 17(3), pp.46〜55.

青木　均［2008］『小売業態の国際移転の研究――国際移転に伴う小売業態の変容』成文堂。

暁　琢也［2008］「中国フランチャイズビジネスとその法規制――急成長する中国フランチャイズビジネス」『経営センサー』（東レ経営研究所）104、pp.34〜39。

石川和男［2009］『自動車のマーケティング・チャネル戦略史』芙蓉書房出版。

大石芳裕［2009］「トヨタ自動車」（大石芳裕編著『日本企業のグローバル・マーケティング』白桃書房、第10章、pp.229〜254所収）

大薗恵美・清水紀彦・竹内弘高［2008］『トヨタの知識創造経営』日本経済新聞社。

奥住正道［1989］『専門店』（日経産業シリーズ）日本経済新聞社。

葛建華・黄リン［2005］「中国におけるフランチャイズ（FC）市場の発展とFC事業の将来性」『流通情報』436号、pp.34〜43。

葛建華・黄リン［2006］「中国におけるフランチャイズ事業の発展と現状」『地域総合研究』（鹿児島国際大学）33(2)、pp.19〜31。

川越憲治［1999］「流通産業におけるフランチャイズの意味」『白鴎法学』12、pp.37〜67。

川越憲治［2001］『フランチャイズ・システムの法理論』商事法務。

川端基夫［2000］『小売業の海外進出と戦略――国際立地の理論と実態』新評論。

川端基夫［2001］「日系小売業のアジア進出と「誤算」」（ロス・デービス／矢作敏行編『アジア発グローバル小売競争』日本経済新聞社、第4章、pp.117〜137所収）

川端基夫［2002］「日系外食産業の海外進出――食文化の国際化の課題」『研究紀要』（アサヒビール学術振興財団）15号、pp.69〜74。

川端基夫［2005］『アジア市場のコンテキスト【東南アジア編】』新評論。

川端基夫［2006］『アジア市場のコンテキスト【東アジア編】』新評論。

川端基夫［2007］「アジアのコンビニエンス・ストアの実像――『便利さ』の意味と市場のコンテキスト」『流通情報』454号、pp.4〜13。

川端基夫［2008a］「外食チェーンの中国市場進出――味千ラーメンはなぜ飛躍できたのか」『流通情報』466号、pp.4〜13。

川端基夫［2008b］「増大する日本の外食チェーンの海外進出」『流通とシステム』135号、pp.72〜78。

川端基夫［2008c］「フランチャイズ方式での海外進出――統治の視点から見た分析フレームの提起」『流通研究』（日本商業学会）、11(2)、pp.93〜111。

川端基夫［2009］「吉野家ホールディングス」（大石芳裕編『日本企業のグローバル・マーケティング』白桃書房、第2章、pp.41〜59所収）

川辺信夫［2006a］「日系コンビニエンス・ストアの国際展開」『早稲田商学』409／410号、pp.67〜113。

川辺信夫［2006b］「大手スーパーの進出と業態転換」（コンビニ全史・第2部・日本型コンビニの誕生と盛衰、連載第12回）『コンビニ』商業界、2006年10月号、pp.111〜115。

外食総合調査研究センター編集部［2004］「特集・外食企業の海外進出」『外食産業研究』No.90、pp.5～19。
木綿良行［2005］「均一価格店の現状と展望──小売業態としての検討を踏まえて」『経済研究』（成城大学）167号、pp.263～286。
許英傑・川端基夫［2004］「フランチャイズ方式による小売国際化」『龍谷大学経営学論集』44(3)、pp.13～23。
金　享洙［2005］「海外コンビニエンス・ストア産業における小売技術の国際移転に関す一考察」『久留米大学商学研究』11(1)、pp.27～58。
金　享洙［2007］「日本型コンビニエンスストアの移転と戦略に関する研究──韓国と中国の実証調査を中心に」『久留米大学商学研究』13(1)、pp.61～96。
金　享洙［2008］『小売企業のグローバル戦略と移転──小売りノウハウの海外移転の理論と実証』文眞堂。
小嶌正稔［2006］「わが国におけるフランチャイジングの生成」『経営論集』（東洋大学）67号、pp.133～149。
小塚荘一郎［2006］『フランチャイズ契約論』有斐閣。
小塚荘一郎［2008］「アジアにおけるフランチャイズ法の新展開」『Franchise age（フランチャイズエイジ）』（日本フランチャイズチェーン協会）37(5)、pp.14～17。
四宮正親［1998］『日本の自動車産業──企業者活動と競争力1918-70』日本経済評論社。
鐘　淑玲［2009］「セブンイレブンの国際化プロセス」（向山雅夫・崔相鐵編『小売企業の国際展開』（シリーズ流通体系3）中央経済社、第8章、pp.205～234所収）
塩地　洋［2002］『自動車流通の国際比較』有斐閣。
塩地　洋・T.D.キーリー［1994］『自動車ディーラーの日米比較──「系列」を視座として』九州大学出版会。
白石善章・鳥羽達郎［2006］「小売企業の海外参入モードに関する一考察──国際フランチャイジイジング中心として」『熊本学園商学論集』12(2/3)、pp.117～139。
孫　飛舟［2003］『自動車ディーラー・システムの国際比較』晃洋書房。
武田佳奈［2009］「「公文」を世界の「KUMON」に変えた方法」日経ビジネスオンライン，2009年1月26日号。
田口冬樹［1993］「日米フランチャイズ・ビジネスの発展と米国フランチャーザーの国際化戦略」『専修経営学論集』57号、pp.1～58。
趙命来・向山雅夫［2009］「KUMON」（大石芳裕編『日本企業のグローバル・マーケティング』白桃書房、第1章、pp.13～39所収）。
鳥羽達郎［2006］「ファッション小売業の国際化に関する一考察──文献研究を中心として」『大阪商業大学論集』2(1)、pp.159～176。
鳥羽達郎［2009］「小売企業の海外進出と参入様式──「フランチャイジング」と「合弁」を中心として─」『大阪商業大学論集』5(1)、pp.279～295。
日本フランチャイズチェーン協会編［2003］『フランチャイズ・ハンドブック』商業界。

農林水産省［2007］『我が国の外食産業の海外展開支援マニュアル―中国編―』農林水産省。

野村総合研究所［1970］『資本自由化のわが国小売業とくに百貨店におよぼす影響とその対策に関する調査』（最終報告書）

深澤琢也［2006a］「日本型コンビニエンス・ストアの小売システムの国際移転について」『商学研究論集』25号、pp.383〜397。

深澤琢也［2006b］「日本型コンビニエンス・ストアの小売システムの国際移転について――タイにおける日系コンビニエンス・ストア企業のケース」『中央学院大学社会システム研究所紀要』7(1)、pp.123〜140。

藤川佳則・鈴木謙一・F.トロエル［2008］「公文教育研究会――インドにおける理念主導型サービス・グローバル戦略の展開」『一橋ビジネスレビュー』56(3)、pp.100〜120。

向山雅夫［1996］『ピュア・グローバルへの着地』千倉書房。

矢作敏行［2007］『小売国際化プロセス――理論とケースで考える』有斐閣。

流通政策研究所［1988］『海外小売業の国際化戦略に関する調査研究』（昭和62年度通商産業省委託調査報告書）

著者紹介

川端基夫（かわばた・もとお）
1956年生。大阪市立大学大学院修了、博士（経済学）。
関西学院大学商学部教授
専門：国際流通論、産業立地論。
著書（単著）：
『アジア市場幻想論』(1999)
『小売業の海外進出と戦略』(2000、日本商業学会賞)
『アジア市場のコンテキスト【東南アジア編】』(2005)
『アジア市場のコンテキスト【東アジア編】』(2006)
『立地ウォーズ』(2008)
『アジア市場を拓く』(2011、第24回アジア・太平洋賞特別賞)
いずれも新評論刊。

日本企業の国際フランチャイジング
——新興市場戦略としての可能性と課題——　　　　　　（検印廃止）

2010年2月28日　初版第1刷発行
2012年10月15日　初版第2刷発行
2015年3月25日　初版第3刷発行

著　者　川　端　基　夫

発行者　武　市　一　幸

発行所　株式会社　新　評　論

〒169-0051 東京都新宿区西早稲田3-16-28　　TEL 03 (3202) 7391
http://www.shinhyoron.co.jp　　　　　　　　FAX 03 (3202) 5832
　　　　　　　　　　　　　　　　　　　　　振替 00160-1-113487

落丁・乱丁はお取り替えします。　　　　印刷　フォレスト
定価はカバーに表示してあります。　　　装丁　山田英春
　　　　　　　　　　　　　　　　　　　製本　松岳社

Ⓒ川端基夫　　2010年　　　　　　　　　　　Printed in Japan
　　　　　　　　　　　　　　　　　ISBN978-4-7948-0831-8

新評論 好評既刊
川端基夫の本

アジア市場を拓く
小売国際化の100年と市場グローバル化

100年に及ぶ日本小売業の海外進出史。その苦闘の歴史から「アジア市場の真実」と「市場との正しい向き合い方」を探る。
◎**第24回アジア・太平洋賞（2012年）特別賞受賞作！**
[A5上製 344頁 2800円 ISBN978-4-7948-0884-4]

改訂版 立地ウォーズ
企業・地域の成長戦略と「場所のチカラ」

激しさを増す企業・地域の立地戦略と攻防。そのダイナミズムに迫る名著が、最新の動向・戦略・事例を反映した待望の改訂版として再生！
[四六上製 288頁 2400円 ISBN978-4-7948-0933-9]

アジア市場のコンテキスト［東南アジア編］
グローバリゼーションの現場から

企業のグローバル化と対峙して多様な攻防をくりひろげる、アジアのローカル市場のダイナミズムを追う。
[四六上製 268頁 2200円 ISBN4-7948-0677-9]

アジア市場のコンテキスト［東アジア編］
受容のしくみと地域暗黙知

中国、韓国、台湾の消費市場のダイナミズムを現場の視点で解読し、グローバル化の真実を明らかにする。
[四六上製 312頁 2500円 ISBN4-7948-0697-3]

小売業の海外進出と戦略
国際立地の理論と実態

「アジア進出」を国際市場の文脈で捉える先駆的研究。50社以上、延べ100人の実務家からのヒアリングに基づく。
[A5上製 340頁 3800円 ISBN4-7948-0502-0]

＊表示価格はすべて本体価格（税抜）です。